AF429925

ACENTOS SOBRE ARQUITECTURA BIOCLIMÁTICA Y EFICIENCIA ENERGÉTICA

ACCENTS ON BIOCLIMATIC ARCHITECTURE AND ENERGY EFFICIENCY

Juan Carlos Sánchez González

argos

PRIMERA EDICIÓN
ARGOS, NOVIEMBRE 2020

Juan Carlos Sánchez González
Acentos sobre arquitectura bioclimática y eficiencia energética
Accents on bioclimatic architecture and energy efficiency

ISBN Kindle: 979-8554951626

Portada:
Juan Carlos Sánchez González

Editorial Argos
Santo Domingo, República Dominicana
Teléfono: (809) 482 4700
email: libros@mail.com

Edición al cuidado del autor

SANTO DOMINGO, R.D.

Agradecimientos
Acknowledgements

A YHWH

A Eloísa Cano

Al periódico www.acento.cºm.do por permitir un espacio para la divulgación.

A Orlidy Inoa por facilitar el inicio de todo.

A Diana Hutton Gibson, escritora, por escribir la versión inglesa; por su apoyo.

A Benito Lauret Aguirregabiria por prologar mis aspiraciones doctorales

To YHWH

To Eloísa Cano

To the digital journal www.acento.com.do for offering me the opportunity

To Orlidy Inoa for helping to start it all.

To Diana Hutton, writer, for translating the english version; for her support.

To Benito Lauret Aguirregabiria for his prologue to this book.

Dedicatoria
Dedicated to

A Eloísa.

A mis padres.

A Hernán González Roca, por su ejemplo; inspirador de grandes cosas.

A María Espinosa, In memóriam.

A mi familia.

Jc.-

Eloísa.

My parents.

Hernán González Roca, as an inspiring example of great things.

María Espinosa, In memoriam.

My family.

Jc.-

Sobre el Autor

Juan Carlos Sánchez González es Doctor Arquitecto (2016), por la Escuela Técnica Superior de Arquitectura de Madrid (ETSAM –UPM) de España, especializado en Construcción, Tecnología Arquitectónicas y Eficiencia Energética en la Edificación. Diplomado de Estudios Avanzados, DEA (2009) y Máster en Medio Ambiente y Arquitectura Bioclimática (2005) por la misma escuela. Graduado de la Facultad de Ingeniería y Arquitectura de la Universidad Autónoma de Santo Domingo, en República Dominicana (FIA-UASD) en el 2003 y por la Escuela Técnica Superior de Arquitectura de Madrid (ETSAM –UPM) de España en el 2013.

Colegiado en el Colegio Dominicano de Ingenieros Arquitectos y Agrimensores de la República Dominicana (CODIA) y del Colegio Oficial de Arquitectos de Madrid (COAM). Ha desarrollado proyectos de arquitectura y urbanismo tanto en Santo Domingo como en Madrid, ciudades en las que tiene ejercicio profesional actualmente.

About the author

Juan Carlos Sánchez González has a PhD in Architecture (2016) from the Superior Technical School of Architecture in Madrid (ETSAM-UPM), Spain, specialising in Building, Architectonic Technology and Energy Efficiency in Building. Juan Carlos also has a Diploma in Advanced Studies (DEA) (2009) and a Master in Environment and Bioclimatic Architecture (2005) from the same School. He graduated from the Faculty of Engineering and Architecture at the Autonomous University of Santo Domingo, Dominican Republic (FIA-UASD) in the year 2003 and from the Superior Technical School of Architecture in Madrid (ETSAM-UPM) in Spain in the year 2013.

Member of the Dominican College of Engineers, Architects and Surveyors in the Dominican Republic (CODIA) and of the Official College of Architects of Madrid (COAM), Juan Carlos has carried out architecture and urbanism projects in Santo Domingo and Madrid, cities where he currently exercises.

CONTENIDO

Prólogo

Tomar conciencia de la necesidad de cambiar nuestros métodos de arquitectura no es simplemente una opción, sino una obligación. El cambio climático o el calentamiento global no es una invención, sino un gran desafío para las generaciones presentes y futuras, y la arquitectura es uno de los campos en los que se evoluciona hacia soluciones más sostenibles para reducir el consumo de energía.

Cualquier esfuerzo para crear conciencia sobre este problema entre los lectores debe ser bienvenido. Los arquitectos en general saben poco o nada acerca de la energía y cómo lidiar con soluciones de construcción más eficientes. En general, la construcción en el siglo XX se ha centrado en cuestiones estilísticas. Los expertos más avanzados en tecnología de construcción se han preocupado más por "¿cuánto pesa su edificio?" Que por cuestiones de sostenibilidad.

En las siguientes páginas, se brinda una buena cantidad de ejemplos y sugerencias útiles, junto con el criterio de un investigador diligente. El autor también tiene en cuenta que la mayoría de la gente no tiene formación previa en cuestiones técnicas, por lo que su objetivo ha sido hacer que el libro sea accesible para todos, dando ejemplos comprensibles, explicaciones fáciles y sugerencias sencillas para mejorar la sostenibilidad de la arquitectura.

Parece que la mayoría de las personas está esperando una solución mágica para todos los problemas. ¿Será la energía fotovoltaica la respuesta? ¿Será posible reducir el consumo de energía a un mínimo facilitado? ¿Las grandes turbinas de viento harán el trabajo para todos? Nadie sabe la respuesta, ni siquiera cómo comenzar a buscarla.

Tal vez un buen punto de partida sea informar, explicar y sugerir que otra forma de pensar y observar la arquitectura es posible y, por decir lo menos, urgente.

Este libro y su autor ayudan a la comunidad arquitectónica a prever soluciones diferentes a los métodos de construcción ineficientes, difundidos en todo el mundo por las revistas del sector, sin ninguna preocupación por el clima local o la disponibilidad de materiales. Las futuras generaciones estarán agradecidas a aquellos que, en estos tiempos, se han comprometido tanto a hacer cualquier contribución para salvar el planeta.

Benito Lauret Aguirregabiria. Doctor Arquitecto
Profesor Titular Departamento de Construcción y Tecnología Arquitectónicas
Escuela Técnica Superior de Arquitectura de Madrid
Universidad Politécnica de Madrid.

Preface

To be aware of the need to change our methods of architecture is not merely a choice, but a must. Climate change or global warming is not an invention but is a serious challenge for present and future generations and Architecture is one of the fields for evolving towards more sustainable solutions to reduce energy consumption.

Any effort to raise awareness about this problem amongst readers should be welcomed. Architects in general know little or nothing about energy and how to deal with more efficient construction solutions. In general, building in the twentieth century has been focused on stylistic questions. The more advanced experts in building technology have been more concerned about "how much does your building weigh?" than about sustainability issues.

In the following pages a good number of examples and useful suggestions are given, together with the judgement of a diligent researcher. The author also bears in mind that most people have no previous training in technical issues so his aim has been to make the book accessible to everybody, giving understandable examples, easy explanations and plain suggestions to improve architecture sustainability.

It seems that most people are waiting for a magic solution to all the problems. Will photovoltaic energy be the answer? Will it be possible to reduce energy consumption to an easily-supplied minimum? Will big wind turbines do the job for everybody? Nobody knows the answer, or even how to begin looking for it.

Maybe a good starting point is to inform, to explain and to suggest that another way of thinking and observing architecture is possible and, to say the least, that it is urgent. This book and its author help the architectural community to foresee different solutions to inefficient construction methods, spread worldwide by magazines in the sector, without any concern for local climate or material availability. Future generations will be grateful to those who, in these times, have been so strongly committed to make any contribution to save the planet.

Benito Lauret Aguirregabiria
PhD Architect. Associate Professor; Department of Construction and Technology in Architecture

High Technical School of Architecture. UPM

Introducción

Este libro, que supone el esfuerzo de investigación y publicación semanal de varios años, tiene la particularidad y la ventaja de que "se ha escrito solo". Esta ventaja, que se le presenta al autor, tras haber hecho una compilación del material escrito cada semana para su columna divulgativa, llamada Arquitectura y Energía, en el diario digital www.acento.com, de la República Dominicana, quizás en el fondo no supone tal cosa, porque lo que realmente se ha hecho es escribir e investigar durante días, semanas y meses para publicar cada sábado o domingo, un artículo que fuera lo suficientemente técnico para que no pasara a ser banal, pero lo suficientemente divulgativo para que una persona no versada sobre temas de arquitectura y energía (público objetivo de la columna), pudiera disfrutarlo, leerlo sin mayores dificultades y sobre todo aprender un poco de la cultura tecnológica/arquitectónica que le rodea y de la que a veces no es consciente. Otro público objetivo al que se dirigía cada fin de semana, Arquitectura y Energía, era el de los estudiantes de arquitectura e ingeniería de primer, segundo y hasta tercer año; es decir, para aquel estudiante que todavía está en el proceso de incorporar los conocimientos básicos y necesita una pequeña motivación para investigar y profundizar sobre temas que necesariamente tendrán que formar parte de su acervo cultural y tecnológico/profesional, para el desempeño de su oficio.

Habiendo reunido en un solo volumen una buena parte del material desde 2012 hasta 2016, de dicha columna semanal, se han tenido los mismos objetivos que con los artículos de origen y que son: que el lego pueda conocer más sobre la tecnología de la que se sirve (en términos de espacios habitables y los sistemas que permiten su funcionamiento), y que el estudiante iniciado en arquitectura o las ingenierías, se motive para profundizar sobre temas, que se tratan a modo de introducción o nivel de noción general en el presente libro.

Acentos Sobre Arquitectura Bioclimática y Eficiencia Energética, pretende servir como una especie de prontuario sobre temas- y hasta conceptos- relacionados con la arquitectura, la eficiencia energética y la sostenibilidad, asociadas estas últimas dos, a la construcción o al uso de los espacios habitables por el ser humano.

Las referencias bibliográficas, son a este libro lo que las energías renovables son a la arquitectura energéticamente eficiente; es decir, un componente fundamental. Tal es el caso que estas referencias han sido actualizadas e incluso mejoradas con respecto a los artículos originales, para que puedan ser de utilidad, con vistas a profundizar sobre alguna temática. Aquí se presenta, de manera general y de fácil lectura, lo que otros autores ya se encargan de investigar o desarrollar ampliamente. Para mejor manejo del lector, hemos estructurado dos índices, uno de ellos puramente temático y el otro un índice temático de las referencias bibliográficas para facilitar la búsqueda por tópicos. Sirvan estas líneas como una llave a una puerta, que le tocará al lector abrir para avanzar hacia el conocimiento.

Introduction

Perhaps it could be said that this book, the result of weekly research over several years, has "written itself". The author has this advantage after having compiled written material each week for his informative column, Arquitectura y Energía, in the digital journal www.acento.com , in the Dominican Republic; yet this is not what it seems to be. The reality has been to write and research during days, weeks and months to publish an article each Saturday or Sunday which was sufficiently technical so as not to be commonplace, yet sufficiently informative so that someone unfamiliar with architecture and energy themes (the public targeted in these columns), could enjoy it, read it easily and, particularly, learn a little of the technological culture that surrounds him and of which he is often not aware. Another target audience for these columns on architecture and energy are first, second and even third year students of Architecture and Engineering; that is, for the student who is still in the process of acquiring basic knowledge and needs motivation to investigate and delve more deeply into subjects that will necessarily be part of his cultural and technological/professional baggage so that he can exercise his career.

Having compiled in one volume a large part of the material in this weekly column between 2012 and 2016, the objectives are still the same as they were in the original articles. That is, that the lay person can learn more about the technology he uses (in terms of living spaces and how they function) and that the beginner student in Architecture or Engineering feels motivated to discover more about subjects in the book that are only dealt with in an introductory way or in general.

The aim of Accents on Bioclimatic Architecture and Energy is to provide a manual on subjects - and even concepts - related to architecture, energy efficiency and sustainability, these last two being associated to building or to the use of spaces inhabited by man.

The bibliographic references are to this book what renewable energies are to energy efficient architecture: namely, a basic component. So much so, that these references have been updated and even improved with respect to the original articles, so that they can be of use in an in depth study. In a general and easily readable way we present in this work what other authors have investigated or widely developed. To help the reader we have made two indexes, one purely thematic and the other a thematic index of bibliographical references to facilitate a search by topics. These lines serve as a key to the door that the reader will open to progress towards knowledge in this area.

VERSIÓN EN ESPAÑOL

1. SOBRE DISEÑO
Y ARQUITECTURA BIOCLIMÁTICA

1.1 Arquitectura y energía

Desde que el ser humano ha poblado el planeta, ha venido alterando el entorno en el que vive y en menor o mayor medida, las condiciones climáticas generales de nuestra aldea global. Este proceso se ha incrementado a partir de la Revolución Industrial y aún más en los últimos 50 años. Cada día se van agotando los recursos naturales de los que disponemos y nos encaminamos aceleradamente a una situación de crisis. Conceptos tales como Cambio Climático, Calentamiento Global, Energías Renovables, Sostenibilidad, Reciclaje, Protección del *Medioambiente*, entre otros, están presentes en nuestras vidas a través de los medios de comunicación.

La mayoría de las naciones ha tomado conciencia real de la situación actual en que se encuentra el planeta. No todas están dispuestas a aplicar las políticas reales para conseguir la reducción de emisiones de gases contaminantes y de efecto invernadero. Muestra de ello son los distintos marcos operativos que se han creado y no se han cumplido, siendo el más conocido el Protocolo de Kioto[1].

Dentro de este gran marco general, los profundos rasgos humanísticos de la arquitectura, combinados con su carácter eminentemente técnico, han hecho que sea un vehículo, protagonista principal y a la vez el escenario de los grandes acontecimientos sociales que acompañan a la humanidad.

El quehacer arquitectónico entendido como un servicio a la sociedad y las buenas prácticas en el ejercicio de la profesión plantean soluciones certeras que repercuten positivamente sobre el objetivo de preservar nuestro medio natural y social.

En este sentido, la Arquitectura Bioclimática o Sostenible hace uso de materiales y técnicas de construcción que garantizan un desempeño energéticamente eficiente para el organismo arquitectónico, un importante ahorro y confort para el usuario y una relación saludable con el planeta.

"El proceso lógico sería trabajar con las fuerzas de la naturaleza y no contra ellas, aprovechando sus potencialidades para crear unas condiciones de vida adecuadas"[2] y mediante métodos pasivos y/o activos, conseguir el objetivo de vivir en armonía con nuestro entorno[3] , sin comprometer con el uso actual el futuro aprovechamiento de los recursos para las generaciones venideras.

La interrelación del organismo con el entorno, el confort en los espacios habitables y la eficiencia o aprovechamiento energético tanto en la captación como en el uso (desde la concepción del proyecto), son en resumen los aspectos fundamentales que definen la arquitectura bioclimática. Un balón de oxígeno para nuestro mundo.

1.2   ¿Por qué insistir en la arquitectura bioclimática?

Básicamente porque es la mejor opción. Es la arquitectura autóctona, la que reconoce los valores y condicionantes del lugar, la que hemos heredado de los que estaban antes que nosotros. A grandes rasgos la Arquitectura Bioclimática[4] – entre otras cosas - es lo opuesto a la práctica de exportar modelos predeterminados a lugares con características climáticas y ambientales distintas a la de su ubicación original. En la mayoría de los casos éste es un factor causante de gastos excesivos de energía y pérdida de confort, por el hecho de tener que compensar deficiencias de diseño. En resumen es la antítesis de la buena arquitectura.

Para que un organismo arquitectónico se maneje con un consumo moderado, o mejor, incluso con un plus energético, debe estar pensado y construido a favor de la naturaleza y no en contra. Esto nos la han enseñado los grandes maestros como Victor Olgyay[5].

Los términos, ahorro, aprovechamiento y eficiencia - sin ser sinónimos - responden a un solo concepto de optimización de la energía y sobre todo al uso de las renovables, que en lo concerniente a la arquitectura se podrían dividir en solar, eólica, biomasa y residuos sólidos urbanos o R.S.U. La captación, la acumulación y la distribución de energía, son las claves para alcanzar estos objetivos de eficiencia.

Gran parte del consumo de una vivienda va ligado a la necesidad de proporcionar confort higrotérmico en su interior. En la medida de lo posible éste debería conseguirse de manera natural o auxiliándose de una producción eléctrica y térmica sostenible. Cuando hablamos de confort y bienestar en los espacios habitables nos referimos - entre otras cosas - a buena iluminación, equilibrio acústico/sonoro, kinestesia favorecida y ritmos biológicos calibrados de los individuos, agradable sensación olfativa y factores higrotérmicos (calor, frío y humedad) adecuados.

En cuanto a la iluminación, el tema está en conseguir espacios bien iluminados, dando prioridad a la luz natural y determinando la actividad a realizar en ellos en las diferentes horas del día.

Con relación al equilibrio acústico, antes de disponer de aislamientos o barreras acústicas hay que estudiar las posibilidades de ubicación de los espacios, de manera que por sus usos no se vean afectados por emisiones sonoras contradictorias con la naturaleza de éstos.

Trabajar contando con los factores kinestésicos y biológicos, consiste en coordinar de tal manera los ambientes y espacios, para que resulten cómodos a los movimientos realizados por el usuario.

Para una agradable sensación olfativa, es preciso el uso de materiales sanos que no desprendan olores ni sustancias nocivas para la salud, tomando en cuenta el régimen de vientos predominantes en la localidad y evitando el paso de los mismos desde el exterior, si se desea, por medio de barreras o elementos de cierre. Partiendo de que las variables anteriores son determinantes en sí mismas, lo que caracteriza el confort y el bienestar de un espacio interior o exterior, es la calidad del aire; es decir, sus condiciones higrotérmicas (humedad, ventilación, temperatura) y esto es lo que se pretende garantizar con las buenas prácticas arquitectónicas.

La Bioarquitectura[6] y sus técnicas han de emplearse para satisfacer esas necesidades de confort de las que hemos ido hablando, sea en condiciones de verano o invierno; con una buena orientación y aislamiento de los espacios cuando sea necesario, un adecuado dimensionamiento y disposición de los planos de cerramiento y de los huecos para la entrada de luz/aire, así como una captación favorable de la radiación solar en los casos que haga falta.

Siendo el bienestar del usuario, junto con una eficiente gestión de los recursos, los objetivos primordiales de esta manera de proyectar, la correcta consecución de pasos en el proceso de diseño - y previo a éste - es asunto fundamental; lo iremos viendo.

1.3 Arquitectura bioclimática. Un camino eficaz

Como ya hemos venido diciendo, Arquitectura Bioclimática no es más que un nombre relativamente reciente dado al conjunto de métodos, conceptos, filosofía y manera de hacer bien las cosas en el proceso de diseño y ejecución del proyecto[7]. Un buen arquitecto sabe por formación cuál es la secuencia ordenada de pasos para satisfacer las necesidades del usuario y las del contexto social en que vive. Estas pautas siempre han estado presentes en el momento de proyectar, siempre han sido el punto de partida.

Estas directrices generales que, como decimos, son parte integral del ejercicio cotidiano de un proyectista en el esquema de la fórmula arquitectura + sostenibilidad = eficiencia, adquieren una importancia capital, un valor absolutamente determinante. No son fijas, son más bien variables para ser consecuentes con el espíritu de la arquitectura bioclimática de no repetir recetas mágicas, válidas para cualquier escenario. No son las mismas para un proyecto u otro, no pueden serlo, pero sin embargo obedecen – sin que esto sea contradictorio - a una línea de acción determinada[8-9].

Puestas en limpio y a modo de resumen serían:

-   Estudio del comportamiento y hábitos del usuario. Esto implica la observación y examen de los patrones seguidos en cuanto a actividades a realizar, comportamientos en determinadas situaciones y horas del día, hábitos de consumo energético, etc.
-   Análisis del lugar, su entorno y datos climáticos. Esto incluiría desde las condicionantes socioculturales, materiales, aspectos urbanos, hasta flora y fauna, orografía, topografía, geobiología, recursos hidráulicos, temperatura, niveles de humedad, régimen de vientos, índices de soleamiento e irradiancia solar, régimen de lluvias, nubosidad, etc.

Luego de esto, se elabora el programa de necesidades de diseño. Conocidas ya las necesidades del usuario y las condicionantes climáticas y de entorno, es relativamente fácil, pero de suma importancia, plantear de manera preliminar las soluciones espaciales que estructurarían el proyecto junto con un pre-estudio de las necesidades y posibles consumos de energía.

A seguidas y bastante unido a la elaboración del programa, está el proceso de zonificación y pre-diseño de espacios que permite esbozar las primeras ideas del proyecto, interpretando y conjugando las condicionantes anteriores con las aspiraciones de diseño del usuario, teniendo como prioridad la implementación de técnicas pasivas de acondicionamiento interior o exterior.

Es seguro que, llegados a este punto, sea factible hacer una selección de materiales sostenibles, materiales que por su propia definición deberían ser autóctonos en la medida de lo posible - para minimizar la huella ecológica - reciclados y/o reciclables para garantizar que su ciclo de vida sea un ciclo cerrado, y desde luego que no representen peligro de toxicidad para los seres humanos, animales o plantas.

Ya con los datos obtenidos es preciso realizar el estudio definitivo de necesidades energéticas y consumos, ponderando la factibilidad del uso de renovables como Solar/ Fotovoltaica, Eólica, Biomasa, etc…, según sea el caso.

Todos los pasos anteriores llevados a cabo adecuadamente, tienden a minimizar el impacto ambiental del proyecto sobre nuestro medio. Para confirmar esta hipótesis es recomendable evaluar el comportamiento energético del edificio mediante simulaciones energéticas.

Y finalmente se llega al objetivo deseado: la Propuesta de Diseño definitiva; el resultado de una secuencia ordenada de pasos que, como fin último, buscan proporcionar cobijo y comodidad al usuario. Una comodidad que siempre deberá estar en armonía con la naturaleza, para que nuestro planeta pueda estar limpio, libre de contaminación y saludable para que nuestros hijos puedan seguir viviendo en él.

1.4 Ventilación natural

En el ejercicio de la arquitectura bioclimática y con la puesta en práctica de sus postulados para alcanzar el confort deseado, se conjugan dos líneas maestras de actuación: el uso de técnicas pasivas y el uso de técnicas activas. A grandes rasgos, al hablar de técnicas activas, estaríamos hablando de la implementación de energías renovables en la edificación (solar fotovoltaica, solar térmica, eólica, geotermia, micro-cogeneración), para la generación de energía; así como sistemas de domótica para el funcionamiento óptimo de las mismas.

Por otro lado, las técnicas pasivas son todas aquellas que se basan en las decisiones de diseño y configuración de los espacios para aprovechar las condicionantes climáticas y de entorno en beneficio del proyecto. Además de esto, como técnica pasiva, cobra un valor importante la selección de los tipos de materiales para la construcción, partiendo de sus características y prestaciones.

Dentro de los métodos pasivos de aprovechamiento, está el manejo de los recorridos y circulación del aire a través de los espacios. Cualquiera que sea la latitud o el lugar donde se decida llevar a cabo un proyecto, el tema de la ventilación natural está asociado a las condiciones de salubridad de los espacios habitables y al confort de los usuarios. En países tropicales donde los niveles de humedad próximos al 100% se combinan con temperaturas superiores a los 26 grados centígrados, la necesidad de ventilar adquiere una importancia capital[10].

El uso de sistemas mecánicos de ventilación y refrigeración - tan extendidos en nuestro medio - deberían ser un apoyo para la ventilación natural, y no lo contrario, en el entendido de que las técnicas naturales de ventilación favorecen un mejor intercambio de aire interior-exterior y reducen la factura por consumo energético derivado del uso de sistemas mecánicos[11].

El diseño y disposición de huecos - en cuanto a dimensiones, forma y ubicación - que permiten el movimiento del aire, funciona mediante el efecto de las sobrepresiones que se generan entre el exterior y el interior y/o entre los estratos fríos y calientes de un mismo espacio. El más sencillo y conocido sistema de movimiento de aire es la ventilación cruzada. Ésta se consigue abriendo una ventana o puerta a un lado y otra ventana o puerta hacia otro lado opuesto, cuyas espacios exteriores adyacentes, tengan niveles diferentes de radiación solar o exposición al viento.

Otro sistema bastante conocido es el de efecto chimenea. Este efecto se produce al disponer una entrada de aire en la parte inferior del espacio y una salida de aire con huecos ubicados en la parte superior, conectado a un conducto de extracción vertical con salida al exterior. Esta salida de las altas temperaturas es para que no afecte el buen funcionamiento del mismo.

Un sistema o método menos conocido es la cámara o chimenea solar. Funciona al captar a través de un cristal, toda la radiación solar hacia su interior de color oscuro. Esto quiere decir, que cuando se calienta el aire y disminuye su densidad, se produce una succión en los huecos conectados con el exterior y situados en la parte inferior del espacio a ventilar.

Utilizando un efecto contrario, está el sistema de torre de viento, que crea un movimiento de aire hacia el interior del edificio. Se utiliza una torre captadora que se eleva sobre la cubierta y capta el viento que circula sobre el edificio.

En esta línea, podríamos citar otras maneras de producir ventilación natural para los distintos espacios del edificio, pero el estudio de cada caso particular sería lo que determinaría la mejor solución para ser adoptada. De todos modos el concepto es el mismo: procurar la ventilación natural siempre que sea posible, dándole preferencia sobre la ventilación y refrigeración mecánicas[12].

Hacerlo de esta manera garantiza un ahorro importante en la factura eléctrica, y por eso es un deber del proyectista diseñar con esta premisa de partida. Siempre será mejor aprovechar de manera sostenible los recursos naturales, que tratar de conseguir el mismo confort a cambio de grandes emisiones de CO^2 al medio ambiente.

Esperemos que el aire esté limpio de contaminación y sea factible abrir las ventanas para ventilar de manera natural; pero esto de la contaminación, será tema para otra ocasión.

1.5 La iluminación natural

Junto con el concepto de ventilación natural – con todo lo que supone para el ahorro energético/económico y confort del usuario - está el tema de la iluminación natural. Estos dos aspectos son fundamentales dentro de los planteamientos de la arquitectura sostenible. Las ventajas y beneficios de este tipo de iluminación, pueden ser muy significativos no solo en cuanto al ahorro energético y la reducción de la factura eléctrica, sino también en cuanto al confort del ambiente luminoso interior. Es decir, que la iluminación natural se debe considerar favorablemente desde dos puntos de vista. El primer punto de vista es el energético, ya que supone un ahorro económico y cierta independencia - diurna - de la iluminación artificial, con el consiguiente beneficio para el medio ambiente. El segundo punto de vista tiene que ver con la comodidad derivada de la buena iluminación, vinculada directamente al diseño y a la concepción arquitectónica de los espacios[13].

Debemos valorar el tema de la luz natural en términos cuantitativos, por lo del ahorro y la reducción de emisiones de GEI (Gases de efecto invernadero), derivadas de este ahorro; y en términos cualitativos por la mejor calidad lumínica que se puede obtener para los ambientes donde desarrollamos nuestras vidas.

Le Corbusier, el gran maestro de la arquitectura moderna, nos decía que la arquitectura es el juego de los volúmenes bajo la luz, y es por la luz que se puede apreciar en su justa dimensión la arquitectura. La luz natural que entra al interior de los espacios, nos llega desde fuera a través de las ventanas, puertas, huecos y acristalamientos dispuestos en la piel del edificio, bañando de matices distintos y de registros luminosos, las superficies, los volúmenes y sus texturas, modelando los espacios al aportar dinamismo en cuanto a intensidad y cromatismo.

Un espacio bien iluminado siempre es agradable al ojo humano, pero bien iluminado implica proporcionar la luz correcta según las características propias de dicho espacio. El tipo y/o nivel de iluminación depende de si es un ambiente interior o exterior, un lugar de descanso o de estudio, de actividad laboral o de ocio. Por ejemplo en el caso de una biblioteca o una sala de lectura, una iluminación natural es determinante para la salud psíquica y visual del usuario. En este caso concreto, una orientación oeste no es para nada recomendable dado que por la mañana el nivel de iluminación es mínimo y por la tarde el deslumbramiento por los rayos del poniente - paralelos a la horizontal - dificulta la cómoda lectura; por no mencionar el sobrecalentamiento en este lado del edificio. Para esta clase de espacio una orientación norte es la más adecuada, por el tipo de luz difusa y tranquila que durante todo el día se puede disfrutar. En el caso de una sala de estar o un espacio de actividad, la orientación sur suele ser mejor por el nivel de claridad y potencia que ofrece. Por otro lado, las orientaciones este y sureste ofrecen unos niveles de iluminación adecuados para dormitorios y áreas de descanso. Los baños, cocinas y cuartos húmedos estarán mejor ubicados hacia el oeste[14].

Naturalmente, cualquiera que sea la orientación (excepto al norte), o cualquiera que sea el espacio a iluminar, los huecos deben ser convenientemente ubicados, dimensionados y protegidos, para evitar una entrada excesiva de luz o un sobrecalentamiento interior por la incidencia del sol en los planos horizontales y verticales.

Existen tres criterios a tomar en cuenta en el momento de diseñar un espacio contando con la luz natural, que son:

a) alcanzar un nivel de iluminación adecuado a la actividad, combinado con el ahorro energético;

b) evitar reflejos y deslumbramientos;

c) plantear una relación entre los ambientes interiores y exteriores.

En sentido general, tomar también como premisa de diseño el aprovechamiento de las horas de luz natural, debe ser la constante en la práctica profesional. Desde luego, la iluminación natural no suplirá por completo la demanda en todos los espacios interiores, ya sea por la hora del día o por lo retirado que esté el espacio de los accesos de luz. Para solucionar en parte esta última dificultad existen técnicas y métodos de captación como son la implementación de superficies reflectantes y los conductos de luz que la llevan a las zonas menos iluminadas. En edificios ya construidos y ocupados, el usuario tendrá la opción de colocar este tipo de superficies para conseguir el efecto deseado con mayor o menor dificultad. Lo que está claro, es que siempre será mejor contar con la iluminación natural como primera solución y solo cuando haga falta encender las bombillas[15].

En lugares donde el servicio energético es caro y precario, como es el caso de nuestro país, el ahorro eléctrico se hace imprescindible; independientemente de que sean las compañías generadoras, distribuidoras, y el estado, quienes tengan que garantizar el suministro adecuadamente.

De momento como proyectistas y como usuarios, procurar una buena iluminación natural acorde con la naturaleza de cada espacio y poder apagar la luz durante el día como medida infalible de ahorro, sería de beneficio para nuestra economía particular y, sobre todo, contribuiría -además- a preservar el medio ambiente, que es la garantía para preservar la raza humana.

1.6 Edificios verdes I

En los últimos veinte años, muchas ciudades de los llamados países emergentes han ido cambiando su trazado urbanístico y, a la par, aumentando su densidad edificatoria. Tal es el caso de la ciudad de Santo Domingo cuya infraestructura vial es hoy más moderna, además de que su skyline poco a poco se ha ido transformando y creciendo verticalmente. Estamos siendo testigos de cómo urbanizaciones completas, pasan a tener edificios en altura ocupados por varias familias donde antes solo había viviendas unifamiliares con una sola familia.

Desde el punto de vista del desarrollo urbano esto puede ser cuestionable, partiendo del hecho de que se multiplica la demanda de servicios sin que la respuesta estatal aumente en la misma proporción. Desde el punto de vista económico, este proceso podría interpretarse como una señal de progreso de una sociedad que camina hacia su desarrollo. La realidad incuestionable es que este cambio del perfil urbano impulsado mayormente por el sector privado, se está haciendo obviando algunos aspectos, como la sostenibilidad, quizás desconocidos para sus promotores.

Si algo bueno tienen los países en vías de desarrollo, es que están en ese proceso de crecimiento y esto con un mínimo de voluntad, les permite planificar y adoptar buenas prácticas edificatorias; naturalmente siempre al amparo de una normativa legal que lo sustente. No es fácil, ni siquiera lo es para países con estándares de vida superiores, pero es posible poco a poco.

Los edificios verdes, asociados a buenos hábitos de uso y consumo, pueden ser una alternativa compensatoria al crecimiento desproporcionado que experimentan nuestras ciudades. Debemos insistir y hacer énfasis en los buenos hábitos de uso y consumo de las personas, porque por muy verde y ecológico que sea un edifico, por sí solo no sería suficiente como para que determine un cambio positivo en su entorno.

Un ejemplo de buen hábito de consumo, es el uso responsable del agua potable que llega a nuestros hogares. Se calcula que una persona, como mínimo suficiente, debe tener acceso a, por lo menos, 50 litros de agua al día, según la Organización Mundial de la Salud (OMS)[16]. Si a esto se le suma el gasto proporcional por el aporte necesario para la agricultura, la industria, etc.., podrían considerarse unos 100 litros por persona por día. Cabe preguntar ¿disfrutan todos los dominicanos de 100 litros de agua al día? ¿y quienes lo disfrutan solo consumen racionalmente esa cantidad? Otro buen hábito es el uso moderado del vehículo. Haciendo las salidas realmente necesarias en auto, combinando los itinerarios de los miembros de la familia y caminando siempre que la seguridad lo permita se puede sumar al bienestar ambiental. Ciertamente usar mucho o no el vehículo, no repercute directamente en el consumo del edificio como tal, pero sí está asociado al concepto de huella ecológica de los habitantes de una ciudad, y sobre todo tomando en cuenta el hecho que donde antes solo se estacionaban uno o dos coches por vivienda unifamiliar, ahora se estacionan en el mismo solar con un edificio nuevo en altura, hasta veinte vehículos; todo esto sin que aumente el ancho de vía promedio de la urbanización, y sí aumentando la contaminación por combustión de carburante.

Pero a todo esto, ¿qué son los edificios verdes?[17]. El título de edificio verde es uno de los varios nombres con el que se denomina a aquellos edificios cuyo consumo de energía es casi nulo o muy próximo a la eficiencia energética por su autoabastecimiento con fuentes renovables de energía, combinado con un buen diseño que aproveche las condicionantes climáticas y que con su uso ayude a reducir el impacto ambiental. Como ya hemos comentado en otras ocasiones las técnicas pasivas de aprovechamiento energético, conocidas también como estrategias de diseño para verano o para invierno según la época del año, se combinan con tecnologías renovables de generación de energía limpia dando como resultado un óptimo desempeño del edificio.

Estas estrategias que, en países tropicales como el nuestro, tienen fronteras menos definidas, son la garantía de que un edificio se encamine hacia un balance de demanda y consumo energético adecuado. Desde los tipos de materiales seleccionados para la obra gruesa, hasta las carpinterías, terminaciones y acabados, forman parte de un paquete de medidas tendentes a mejorar las prestaciones en un proyecto.

Si bien es cierto que el gasto total de construcción de un edificio bioclimático aumenta entre un 5% y 10%[18], y de acuerdo a qué proyecto, podría llegar a casi un 20%, en comparación con un edificio convencional, también es cierto que con una buena gestión energética se conseguiría un importante ahorro y hasta un plus, que permitirá amortizar en un período relativamente corto este sobrecoste.

Para determinar que un edificio tenga la categoría de verde, bioclimático, eficiente o de consumo casi cero, existen estándares y sistemas internacionales que certifican esta característica basándose en una serie de parámetros por definición cuantificables, que nos dan una idea del grado de sostenibilidad de un edificio. Este grado de sostenibilidad es cuantificable, pero siempre estará supeditado a la actividad humana para que resulte o no efectivo. Educarnos en esta dirección es el único camino hacia la preservación de nuestro medio ambiente y la recuperación, si es posible, de lo hasta hoy perdido.

1.7 Edificios verdes II

Un edificio sostenible es un sistema constructivo estructurado de forma que sea saludable para sus ocupantes y eficiente en los recursos que utiliza, y que además en consecuencia, minimiza su impacto sobre el medio ambiente. Por tanto, un edificio sostenible se caracteriza por la economía en el consumo de agua, energía y materiales, ofreciendo al mismo tiempo un alto grado de confort y satisfacción para el usuario.

Los edificios sostenibles o verdes, poseen características que no están determinadas al azar; si así fuera no pasarían de ser una aspiración o una declaración de intenciones. Estas características que están claramente definidas por estándares internacionales, van más allá de la colocación de plantas ornamentales o de la implantación de paneles solares en las cubiertas de los nuevos edificios construidos en nuestras ciudades. Ambas cosas pueden ser buenas, pero son solo una parte de la propuesta bioclimática.

Un proyecto eco-eficiente, más que el mero deseo de un cliente, de un dueño o de un proyectista, es una magnitud a la que se le puede asignar distintos valores como resultado de una medición. Debe responder - en sus soluciones constructivas y de diseño - a parámetros que pueden ser cuantificables. En este proceso, se hace necesario completar una serie de objetivos que lleven al establecimiento de pautas muy concretas a ser cumplidas. Estos estándares permiten medir el grado de eficiencia energética conseguido por el edificio y, si es el caso, alcanzar la certificación correspondiente a ese nivel de sostenibilidad. Aunque existen en el mundo varios sistemas de certificación como el LEED[19] (Leadership in Energy & Environmental Design) o el BREEAM (Building Research Establishment Environmental Assessment Method), no siempre someteremos un proyecto a un análisis exhaustivo para que alcance los niveles exigidos por estas certificaciones; de hecho su implementación es, aún, relativamente reciente en lugares con una tradición bioclimática ya consolidada. Lo que sí sería altamente recomendable es tratar de seguir las directrices establecidas en estos sistemas, como garantía de un buen diseño, que es lo mismo que decir garantía de un buen resultado.

¿Y cuáles son las pautas o directrices que establecen estos sistemas de certificación? Las que están relacionadas con el objetivo fundamental de proporcionar confort al usuario y a la vez preservar el medio ambiente.

Con el sistema de certificación BREEAM[20] se miden y ponderan los niveles de sostenibilidad de una edificación, tanto en fase de diseño como en fases de construcción y mantenimiento.

No son recetas pre-establecidas, pero sí son las mismas soluciones que la buena arquitectura tradicional trae consigo desde los tiempos de Vitruvio, que se imponen con el sentido común y que ahora se estandarizan en programas normalizados y cuantificables.

En el sistema LEED, las pautas y metodología de evaluación son las mismas, cualquiera que sea el proyecto, aunque adaptándose a la tipología que corresponda y al ámbito de aplicación seleccionado. Según sea el caso, puede ser de aplicación para edificios de nueva planta y grandes remodelaciones, mantenimiento en edificios existentes, remodelaciones de interiores, construcción y estructura, viviendas unifamiliares o desarrollos urbanísticos. Se establecen por lo menos siete categorías a ser evaluadas:

1) Emplazamiento sostenible, que tiene que ver con una buena selección del lugar de construcción del proyecto y la orientación del mismo.

2) Ahorro de agua, que se relaciona con el consumo responsable del agua.

3) Eficiencia energética y energías renovables que se enfocan a la optimización de los sistemas energéticos que sirven al edificio y la implementación de fuentes alternativas de energía.

4) Materiales de construcción, que trata sobre la correcta selección de materiales reciclados y/o reciclables y la huella ecológica de los mismos.

5) Calidad de aire interior, que toca lo relativo al intercambio de aire adecuado entre el interior y el exterior.

6) Innovación en el proceso de diseño, que evalúa la calidad del diseño y la creatividad en la disposición de los espacios.

7) Prioridades regionales, concerniente a los aspectos favorables para una región en materia de desarrollo *medioambiental*.

Dentro de estos capítulos se incluye una serie de requisitos de cumplimiento obligatorio y otros de cumplimiento voluntario. Al cumplir dichos parámetros se asignan una serie de puntos, en función de los cuales se otorga el grado de la certificación: LEED Certificate, Silver, Gold o Platinum. Con el LEED, el proceso de certificación más habitual (en edificios de nueva planta) tiene lugar en las fases de proyecto y obra del edificio, obteniéndose la certificación al final de la fase de obra.

Con el sistema de certificación BREEAM se miden y ponderan los niveles de sostenibilidad de una edificación, tanto en fase de diseño como en fases de construcción y mantenimiento. Se toman en cuenta las particularidades propias de cada una de las principales tipologías de uso existentes, ya sean viviendas, edificios de oficinas, edificios industriales, centros de salud, escuelas, entre otros. BREEAM evalúa diez categorías de impacto:

1) Gestión de recursos, que tiene que ver con las acciones llevadas a cabo en la ejecución de la obra y durante su funcionamiento.

2) Salud y Bienestar, relacionada con el confort de los usuarios.

3) Energía, que mide la eficiencia energética y el uso de renovables.

4) Transporte, con esta categoría – cuando el caso lo amerita - se evalúa el impacto en materia de transporte relacionado con el proyecto.

5) Uso del Agua, tiene que ver con el consumo adecuado de los recursos hídricos.

6) Materiales, esta característica está relacionada con la selección correcta de materiales de construcción y su impacto ecológico.

7) Residuos, evalúa el tratamiento dado a los residuos tanto en el proceso constructivo como en la vida útil del proyecto.

8) Uso ecológico del suelo, se relaciona con la ubicación y localización del proyecto y su relación con el entorno.

9) Contaminación, se relaciona con el impacto ambiental que puede producir el proyecto durante su construcción y posterior vida útil.

10) Innovación, toma en consideración los niveles de innovación que presenta el proyecto.

Estos sistemas de evaluación, tanto el uno como el otro - y sus respectivas categorías - permiten conseguir la certificación de acuerdo a distintos niveles de sostenibilidad, y sirven a la vez de referencia y guía técnica para una construcción más sostenible. Si este último puede ser posible, que lo es, estaríamos avanzando en una buena dirección. Lo cierto es que en países emergentes, hablar de sistemas de certificación energética y

sostenibilidad, cuando todavía queda crear conciencia, educar, conocer más sobre el tema e ir introduciendo una normativa legal al respecto, puede sonar anecdótico. No podemos pretender dar pasos de gigante cuando aún debemos aprender a caminar, pero la tecnología avanza, y ponerla al servicio de la población es un trabajo urgente de los arquitectos y de las autoridades competentes. Asumir usos y costumbres acordes con el ahorro y la conservación de los recursos que tenemos, eso sí es trabajo de todos.

1.8 Edificios verdes III

El arquitecto debe ser un profeta… Un profeta en el verdadero sentido del término… Si no puede ver por lo menos diez años hacia adelante, no lo llamen arquitecto.
Atribuido a Frank Lloyd Wright.

El concepto de edificación verde no puede ser más un concepto de futuro, ni tampoco una aspiración remota; como sociedad debemos plantearlo y asumirlo como una realidad actual y urgente. Proyectar, construir y habitar un edificio, no puede hacerse alejado de los objetivos de sostenibilidad y ahorro energético. Estamos viviendo el tránsito hacia un nuevo paradigma, donde temas como el cambio climático o la escasez de recursos energéticos, nos obligan a modificar nuestros hábitos de vida en todos los aspectos y más allá de una moda pasajera.

Todos en conjunto, debemos hacer los ajustes necesarios para adecuar los niveles de consumo energético a la nueva realidad. El gobierno y el sector privado deben seguir avanzando en la creación y consolidación de un marco normativo que fomente, por un lado, la eficiencia en el uso de los recursos disponibles, (agua, electricidad, etc...); y por otro lado, que penalice con contundencia la contaminación ambiental. Todo esto respaldado por una campaña educativa para la ciudadanía.

Por suerte, en este sentido ya existen iniciativas en otros lugares, que nos pueden servir de inspiración. Como buenos ejemplos de compromiso, entre los actores sociales y la sostenibilidad, tenemos las Directivas 2009/28/CE [21] y 2010/31/CE [22], que obligan a los 27 países miembros de la Unión Europea a asumir el triple objetivo "20-20-20" para el año 2020. Este triple objetivo implica:

1) La reducción de las emisiones de dióxido de carbono (CO^2) en un 20%.
2) El aumento de la eficiencia energética en un 20%.
3) Que toda la energía consumida en la Unión, provenga en un 20% de energías renovables.

Estas directivas de carácter vinculante, establecen planes de acción para una serie de tecnologías renovables, entre las que incluye la bioenergía (biocombustibles y biomasa) y las energías solar térmica, fotovoltaica, mini-hidráulica, oceánica y eólica. Cuando se habla del carácter vinculante, se refiere a que estas directivas obligan a que cada estado de la UE haga la adaptación de las mismas a su ordenamiento jurídico nacional. Con esta iniciativa, se busca reducir el consumo energético del sector de la edificación en la UE, dado que representa en torno al 40% del consumo general de estos países.

En este marco, los Estados miembros tienen el deber de desarrollar una metodología de cálculo de la eficiencia energética para los edificios, que incluya las características térmicas, los tipos de aislamientos, la climatización, la iluminación y el confort interno.

Partiendo de esta metodología de cálculo, cada estado debe establecer unos requisitos mínimos, revisables cada cinco años, para alcanzar los objetivos de eficiencia y costes. Al fijar estos requisitos, se hace distinción entre tipologías de edificios (viviendas unifamiliares, viviendas colectivas, edificios terciarios, industriales) y entre edificios nuevos y edificios existentes. En algunos casos se excluyen tipologías específicas como son los de edificios protegidos, los provisionales o efímeros, o los dedicados al culto religioso. En el caso de España estos requisitos se recogen -en parte- en el Documento Básico HE del Código Técnico de la Edificación[23].

Los edificios nuevos deben cumplir estos requerimientos de sostenibilidad desde el proceso mismo de diseño, que incluyen un estudio de viabilidad para la implementación de energías renovables. Los edificios existentes, cuando son objeto de trabajos de renovación importantes, deben beneficiarse de una mejora de su eficiencia energética de manera que también se puedan cumplir los requisitos mínimos.

En resumen, la consigna -si se puede llamar así- no es solo satisfacer las necesidades de consumo energético de los edificios o sistemas urbanos con equipamiento eficientes o fuentes renovables de energía; ni siquiera es tomar las normativas extranjeras y copiarlas, aunque si se puedan usar como ejemplo.

La misión de la sociedad en su conjunto, es conseguir edificios verdes porque su dependencia de la energía sea mínima o porque su consumo sea casi nulo como consecuencia de buenas decisiones de diseño tomadas desde el inicio del proyecto (arquitectura pasiva); que a su vez estén controladas por claras directrices legales y combinadas con una cuota importante de responsabilidad por parte del usuario.

¿Pero es esto posible conociendo el hecho que nuestros edificios hoy en día son devoradores de energía, y que nuestros hábitos y modo de vida son lesivos para el medio ambiente? Sinceramente sí.

La respuesta es tan afirmativa y contundente como la imperiosa necesidad de tener que conseguirlo. Hace falta voluntad política y conciencia ciudadana, no es fácil, lo sabemos, pero con la segunda, podemos inducir la primera. Esto solo será el primer paso

1.9 Pequeños jardines en altura

Charles Édouard Jeanneret-Gris, conocido como Le Corbusier, nació en 1887 en La Chaux de Fonds, Suiza y murió en 1965 en Roquebrune Cap Martin, Francia. Fue, sin duda, el principal exponente de la arquitectura moderna y junto a Frank Lloyd Wright, Walter Gropius y Ludwig Mies van der Rohe, uno de los más grandes arquitectos del siglo XX y de todos los tiempos. En 1926, Le Corbusier presentó los cinco puntos para una nueva arquitectura que son:

1) Separación del edifico del plano horizontal mediante pilares.
2) La terraza-jardín (cubiertas planas ajardinadas).
3) La planta libre.
4) La ventana longitudinal.
5) La fachada libre independiente de la estructura.

Definir cada uno de estos puntos sería material para varias páginas, por la importancia capital que han significado en la teoría y la práctica de la arquitectura, desde su publicación y hasta nuestros días. La validez o no de cada uno de ellos se relaciona directamente con las condicionantes climáticas y socio-culturales del lugar, las aspiraciones del promotor del proyecto y la capacidad del arquitecto para proponer una solución de diseño a partir de estas variables.

De estos puntos presentados por el maestro, a día de hoy el de la terraza jardín renueva su vigencia desde el punto de vista bioclimático. La cubierta ajardinada propuesta por Le Corbusier se plantea como una solución eficaz para evitar el sobrecalentamiento de los techos planos. Este tipo de cubierta ecológica le proporciona a la cara del edificio más expuesta al sol, un escudo vegetal que además es agradable a la vista y que en cierta medida restituye el terreno ocupado por la huella física del edificio proyectándolo hacia la última planta.

Si observamos muchas de nuestras ciudades y comparamos lo que vemos con lo que teníamos antes, podemos notar como muchos de sus árboles han desaparecido, como la vegetación de sus barrios, integrada a la vida cotidiana de los vecinos, ha sido sustituida por hormigón y asfalto, dejando poco a poco fuera del escenario urbano aquellos pulmones verdes de los que antes disfrutábamos.

Plantear la cubierta ajardinada como un sustituto a los extintos espacios verdes de nuestras ciudades no es la intención de este artículo ni de quien lo escribe. Los espacios verdes urbanos deben ser recuperados (o planteados donde nunca han existido), para que jueguen su papel social y de descontaminación atmosférica. La que sí se puede plantear es una cubierta vegetal o ecológica, como aproximación razonable al camino de las soluciones complementarias. Como solución técnica, la cubierta ecológica nos ofrece ventajas tales como[24]:

- la reducción del salto térmico entre el exterior y el interior, es decir, que el calentamiento excesivo de la cubierta no se transmitiría a los espacios interiores al ser disipado por las plantas dispuestas en el techo;
- se obtendría un aislamiento acústico bastante mayor que con otro tipo de solución;
- si se selecciona la especie vegetal adecuada se puede implementar un sistema de captación pluvial que permita la reutilización del agua y/o el riego de las zonas ajardinadas del edificio con un consumo realmente mínimo;
- también se podría considerar la opción de crear un pequeño huerto urbano sin mayores pretensiones.

Un techo jardín[25] bien diseñado, acorde a las características climáticas del lugar, no supondría ningún problema en caso de tormentas o huracanes (la selección de la especie de planta es fundamental tanto en su tamaño como por su manera de ser instalada); más bien podría ser una garantía de estanqueidad para la cubierta, asegurando su impermeabilización y alargando su vida útil.

Además de todo esto, las plantas sirven de captadoras de partículas de polución y, hasta cierto punto, de purificadoras del aire. Lo cierto es que, como cualquier propuesta bioclimática, la cubierta ajardinada implica un sobrecoste en el total final de obra, pero este gasto adicional no solo se convertirá más adelante en un valor añadido para el inmueble, sino que implicará un ahorro energético en el gasto de climatización por ser ésta una excelente solución térmica.

Estos pequeños jardines en altura, más allá de un guiño al medio ambiente, pueden llegar a ser excelentes aliados para las ciudades[26] en su camino hacia la recuperación de espacios verdes; además de ser alternativas para la reducción del consumo y el ahorro energético de los edificios.

Si el ser humano decide invertir en la preservación del medio natural, habrá dado un paso importante para la preservación de su propia especie…

1.10 Jardines verticales, verdes y funcionales

En los últimos años todo lo que tenga la etiqueta de verde o ecológico está de moda. En nuestro diario vivir podemos encontrarnos con lo eco-sostenible hasta en la sopa, muchas veces de verdad pero otras tantas solo como reclamo publicitario. Ser verde vende y por eso se manosea mucho el término. Lo bueno de esto -claro que tiene algo bueno- es que la conciencia ecológica colectiva aumenta y cada día la gente conoce los beneficios que puede obtener cuando el producto que compra se concibe con criterios de sostenibilidad *medioambiental*.

En el caso de los organismos arquitectónicos, vemos como los mismos son un potenciador incuestionable de esta cultura y desde luego unos grandes beneficiarios. Un edificio que funcione bioclimáticamente no solo es bueno en términos técnicos, de eficiencia o de confort; es también un testimonio visual de la cultura del buen hacer constructivo y es ahí donde su piel cobra protagonismo como evidencia tangible de ese verdadero "espíritu verde".

La envolvente vegetal[27]

Esta piel -formada por la cubierta y las fachadas- es el elemento intermedio entre los habitantes interiores y el mundo exterior, y también, en los buenos ejemplos de arquitectura, es una especie de avanzada de las buenas prácticas llevadas a cabo en el proyecto. A pesar de sus potenciales beneficios, las envolventes vegetales son todavía una práctica muy poco habitual y su aplicación se ha centrado especialmente en edificios singulares diseñados íntegramente bajo criterios de sostenibilidad.

En cualquier libro básico sobre los principios de la arquitectura bioclimática (solo principios, nunca directrices), el tratamiento de cada fachada se enfoca de manera diferenciada de acuerdo a su orientación. Así las cosas, una cara norte no puede ni debe ser igual que una cara sur, dado que por una el sol nunca aparece y por la otra está presente en gran parte de las horas diurnas. Cuando el proyectista consigue que un elemento de su fachada pase de ser algo meramente decorativo a tener un sentido, entonces eso es arquitectura[28]. Este es el caso de las fachadas verdes. Si su uso en los edificios pasa de cumplir esa función decorativa -nada despreciable- a ser parte integral del conjunto de soluciones bioclimáticas de un edificio sostenible o incluso convencional, usando el tipo de planta adecuada para cada clima y para cada orientación de fachada, sería algo más que aquel reclamo publicitario del que hablábamos antes. También es cierto, y hay que decirlo todo, que hablar de una fachada vegetal como algo solo decorativo es muy relativo, dado que su propia naturaleza verde proporciona a su entorno un toque de vida muy apreciado en nuestras selvas de cemento y asfalto.

Con todo esto y a pesar de sus potenciales beneficios, la envolvente vegetal es todavía una práctica muy poco habitual en el mercado local e incluso en países más desarrollados. Su aplicación se centra casi exclusivamente en edificios singulares diseñados íntegramente bajo criterios de sostenibilidad, cuando en solitario bien podría ser un elemento diferenciador que sume al balance positivo de un edificio convencional.

Por suerte, las diferentes tecnologías de fachadas verdes, se van extendiendo poco a poco a todo el sector de la edificación mediante el desarrollo de soluciones flexibles, sencillas de aplicar y a un coste cada día más competitivo. Esto va ayudando a que puedan ser integradas cada vez más en proyectos de construcción. Por otro lado, estas soluciones podrían ser utilizadas también en la rehabilitación de la envolvente de edificios ya existentes formando parte de programas de rehabilitación de entornos degradados e incluso de barrios enteros. La aplicación de estas soluciones permite adicionalmente mejorar el microclima exterior, proporcionando temperaturas más bajas durante el verano y regular la humedad.

Haciendo una relación de algunas de las ventajas de una fachada vegetal concebida e instalada adecuadamente, citaríamos:

Estabilización de las temperaturas interiores de los edificios por el aislamiento que proporcionan frente al calor y al frío, refrescamiento y humidificación del medio exterior circundante, contribución a la captura de CO^2 del medio ambiente y ornamentación del entorno.

Uno de los tipos más innovadores de fachada vegetal son las que incorporan un sistema aljibe, que ofrece las siguientes ventajas frente a cualquier otro sistema de fachada vegetal como son: el ahorro de consumo de agua asociado a la vegetación, un mejor crecimiento y desarrollo de las plantas, menores gastos en mantenimiento y un alto ahorro de consumo energético en climatización dentro del edificio, gracias a la protección que ofrece al sobrecalentamiento de la fachada.

A este tipo de fachada vegetal se le puede incorporar materiales y productos renovables, fácilmente reciclables que, combinados con el potencial ahorro energético en refrigeración, ayudarán a mejorar el comportamiento ambiental de los edificios.

El objetivo final

El fin social y tecnológico de la arquitectura bioclimática, es hacer que sus soluciones combinen eficiencia energética + confort interno + armonía con su entorno. Las fachadas verdes son un elemento más dentro de este concepto.

Combinar belleza y función tiene que ser el norte de toda solución arquitectónica y por demás tiene que ser el objetivo de una fachada verde para que la inversión hecha en ella repercuta plenamente en la vida de los usuarios que la disfrutan; o lo que es lo mismo: que la función y la forma sean parte de un todo.

1.11 Construir con criterios de sostenibilidad

"…La arquitectura es el punto de partida del que quiera llevar a la humanidad hacia un porvenir mejor."
Frase atribuida a Le Corbusier.

En otras ocasiones hemos hecho apología sobre las ventajas que supondría que cada constructor, una vez iniciada la empresa de levantar un edificio, velara por que éste cumpliera varios (si no todos) de los postulados que propugnan por una relación armónica no solo con la sociedad a la que sirve el edificio, sino con el *medioambiente* que es el escenario de su puesta en escena[29].

La construcción sostenible que engloba la correcta selección de materiales, técnicas y procesos constructivos, además abarca la salud del entorno urbano y el desarrollo del mismo. Estudia todo el ciclo de vida, desde la concepción del diseño arquitectónico hasta la disposición de las materias primas, incluido su proceso de deposición. Está basado en la gestión y reutilización óptima de los recursos naturales y por ende de la conservación de la energía que se nos brinda. El concepto de construcción sostenible cubre de alguna manera aspectos tales como la planificación y comportamiento social, y hasta - si fuera el caso - reinterpretaciones de los usos de los organismos arquitectónicos para, en muchos casos, alargar su vida útil.

Según datos de estudios científicos en la Unión Europea, el sector de la construcción, incluido todo su radio de influencia, es uno de los que genera mayor impacto ambiental, el cual se estima entre el 25% y el 50%, contribuyendo, así, considerablemente al aumento de las emisiones de gases de efecto invernadero y la contaminación ambiental. Esta estimación europea, así como los datos en el ámbito nacional español, como referente de país desarrollado, bien nos puede servir, de alguna manera, como referencia para el análisis de estos datos[30].

Si pasamos a considerar los recursos de los que disponemos durante el ciclo constructivo en una sociedad en vías de desarrollo, tendríamos que pasar a enumerar los siguientes aspectos a tomar en cuenta: energía, terreno, agua y materias primas. Inmediatamente tendríamos que establecer cinco criterios básicos sostenibles que nos permitan analizar y medir tanto al inicio del proceso como los posteriores años de vida útil de los edificios[31]:

- Nivel de ocupación del territorio.
- Responsabilidad frente al cambio climático.
- Alteración del ciclo natural del agua.
- Modificación del ciclo de los materiales.
- Calidad de espacios habitables.

La puesta en marcha de estos criterios -mediante parámetros que definirán una actuación constructiva sostenible -necesariamente tendrá que influir, mediante acciones concretas en los siguientes puntos:

- o **Correcta integración en su entorno**
- o Control en la disposición y utilización del terreno.
- o Realización de estudios geobiológicos.
- o Conservación de áreas naturales y biodiversidad.
- o **Elección de materiales, técnicas y procesos**
- o No uso de materiales potencialmente peligrosos.
- o Buen uso (o no uso) de materiales no renovables.
- o Reutilizar y reciclar materiales.
- o Uso preferente de materiales procedentes de recursos renovables.
- o **Gestión eficiente del agua y de la energía**
- o Reducción del consumo de agua y de fuentes contaminantes o no renovables.
- o Disminución de las emisiones de gases.
- o Correcta disposición de espacios, ventilación natural, etc.
- o Uso de energías renovables.
- o **Planificación y control de la generación de residuos**

o   Gestión para la disminución de residuos y fomento del reciclaje.

o   Facilitar el desmontaje y la separación selectiva de los residuos durante los procesos de rehabilitación y demolición.

o   **Creación de atmósfera interior saludable**

o   Utilización de materiales no tóxicos.

o   Previsiones para buen sistema de transporte.

o   Mantenimiento del ambiente interior saludable y de la calidad de los ambientes urbanizados.

Éstas son algunas sugerencias para conseguir un buen quehacer constructivo. Tomarlas en consideración ayudaría en gran medida en la misión de preservar de manera saludable nuestro entorno *medioambiental*. El compromiso es de todos los agentes intervinientes quienes, aunando esfuerzos, podemos avanzar en la dirección correcta. Ojalá nos inspiren las palabras para luego pasar a los hechos

1.12 Por un código técnico para la edificación I

Un Código Técnico de Edificación (tomando el término utilizado en España)[32], tal y como indica su nombre, es un conjunto de normas que sirven para regular el quehacer constructivo en un lugar determinado. En países en vías de desarrollo, como la República Dominicana, existen varias normativas vigentes que regulan la construcción y el ordenamiento urbano. Aunque en algunos casos no son lo suficientemente pormenorizadas, la mayoría de las veces cumplen su cometido de regulación y forman parte de un esfuerzo bien intencionado - no siempre bien coordinado - de administraciones centrales y municipales.

A nuestro modo de ver y a la luz de la experiencia de otros países con niveles de desarrollo parecidos o superiores al nuestro, podríamos hacer tres grandes divisiones de tipos de normativas que afectan a un proyecto de edificación: normativa de construcción (soluciones constructivas, estructuras e instalaciones), normativa urbana (emplazamiento del proyecto, geometría y/o volumetría del edificio, etc…) y normativa *medioambiental* (tratamiento ambiental del emplazamiento, posibles intervenciones en el entorno natural, deposición de residuos, etc...). La correcta coordinación o el correcto acoplamiento de este "paquete" es lo que conduce a un abordaje concienzudo del asunto.

En nuestro país las autoridades -en diferentes administraciones, períodos y niveles de gobierno- vienen avanzando en el planteamiento de iniciativas tendentes a la coordinación; nuestra queja es que no se haya podido avanzar a la velocidad deseada ni que la mesa de diálogo permanezca realmente dispuesta de manera permanente. Si es lo contrario a lo que pensamos… ¿Quizás es solo una falsa percepción que hemos captado?

A modo de ejemplo

En el año 2006, después de varios años de normativas dispersas y después de un estudio serio del estado de la cuestión, España se abocó a un documento principal y unitario que, junto a las normativas municipales, responde a sus necesidades como sociedad. En este documento se establecen requisitos básicos de seguridad pero también de habitabilidad de las construcciones y que están definidos por una ley de ordenación de edificaciones. Sus requisitos de aplicación abarcan desde las fases de proyecto y construcción hasta las de mantenimiento y conservación.

Aunque en el CTE (Código Técnico de Edificación) estén reunidas la mayoría de las normativas de edificación del Reino de España, también existen otras, que aun estando vigentes, no pertenecen al CTE, como son la NCSE y la EHE, que son las normativas sobre sismoresistencia y estructuras de hormigón. Esto es por lo particular de sus contenidos.

Es bueno señalar que el CTE es un código basado en prestaciones, lo que quiere decir que para ser cumplido obliga a que la construcción cubra unas determinadas prestaciones, independientemente de las técnicas que se hayan utilizado para cumplirlas.

La estructura general del mismo está organizada de la siguiente manera: objetivos, exigencias, metodología de verificación y soluciones aceptadas que iremos definiendo.

El CTE está formado por un conjunto de normas a las que se les ha llamado Documentos Básicos, existiendo dos clases de DB, los que se aplican a la seguridad y los que se aplican a la habitabilidad; temas que iremos viendo.

Al momento de aplicación de este nuevo código, en España se vivía la llamada burbuja inmobiliaria que se constituyó en el motor de la economía ibérica. En su momento se quiso ordenar gran parte del proceso constructivo de aquel país sobre todo en lo concerniente a la eficiencia energética (contenido en gran parte en el DB-HE del CTE) y se ha avanzado en esa dirección. La burbuja explotó por causas político/económicas pero el CTE sigue su proceso de revisión y adecuación. Al día de hoy en Santo Domingo vivimos un importante desarrollo de la construcción y nos toca a nosotros ahora poner la casa en orden.

1.13 Por un código técnico para la edificación II

En la República Dominicana, para ser más específicos con un país, aun cuando existen unas normas para la construcción más que aceptables (reglamentos, etc.), siempre cabe la posibilidad de que sean mejoradas, que puedan estar contenidas en un documento unitario y accesible, sobre todo coordinado entre sus partes; un código que permita un mejor manejo y aplicación de toda la reglamentación al respecto por parte de los gremios profesionales y los promotores del proyecto cuando sea de lugar.

Hemos hecho referencia al CTE español aprobado en 2006 como un buen ejemplo de unificación y coordinación de gran parte de la normativa. Es un solo volumen de libre acceso y obligado cumplimiento que reúne la mayor parte de los procedimientos y reglamentación para la construcción en España.

Tomando como punto de partida una estructura un tanto simplificada de los esquemas del norte de Europa para códigos de edificación, este documento único se estructura en un esquema de 4 niveles que son:

1) Objetivos: Es la parte donde se definen los objetivos generales que se deben de cumplir en los edificios según la Ley de edificación.

2) Exigencias: En esta parte está desarrollada la parte técnica de las exigencias que se establecen sobre edificios para que se consideren que estos cumplen los objetivos del CTE.

3) Métodos de verificación: Aquí se establecen los métodos de verificación admitidos para comprobar que un proyecto cumple cabalmente con las exigencias.

4) Soluciones aceptadas: Es un sumario de las distintas soluciones constructivas que se consideran válidas y que cumplen con los métodos de verificación, las exigencias y los objetivos.

El Código Técnico[33] al que hacemos referencia está compuesto por un conjunto de reglamentaciones denominadas Documentos Básicos (DB). De estos documentos hay dos clases, los dedicados a la seguridad y los dedicados a la habitabilidad:

Documentos Básicos de seguridad
DB-SE (Documento Básico de Seguridad Estructural) que está compuesto a su vez por 5 normativas:
DB-SE AE (Acciones en la Edificación): recoge las fuerzas externas que deben de soportar las estructuras, principalmente el peso.
DB-SE C (Cimientos).
DB-SE A (Acero): sustituye a la NBE-EA 95.
DB-SE F (Fábrica): para estructuras de ladrillos o bloques.
DB-SE M (Madera).
DB-SI (Documento Básico de Seguridad en caso de Incendio).
DB-SUA (Documento Básico de Seguridad de Utilización y Accesibilidad).

Documentos Básicos de habitabilidad

DB-HS (Documento Básico de Salubridad)

DB-HR (Documento Básico de Protección frente al Ruido)

DB-HE (Documento Básico de Ahorro de Energía): en esta normativa se requiere la introducción en el proyecto de sistemas de energía solar y el uso de materiales y técnicas de construcción que fomenten el ahorro de energía.

La ventaja principal

En nuestro país tenemos reglamentos varios que cubren la gran mayoría de los requerimientos que hoy en día se deben hacer para que un proyecto de construcción esté del lado de la seguridad y con condiciones de habitabilidad óptimas.

Al margen de la interesante organización por "capítulos" y del contenido de los mismos, la gran ventaja que pudiéramos obtener al crear un documento único o código técnico como el del ejemplo, a modo de "Vademécum", sería el poder interrelacionar con mayor facilidad cada uno de los reglamentos existentes en nuestro país y que estén en un solo lugar y no dispersos.

Lo que proponemos es un solo documento (o casi uno solo), revisable cada cierto tiempo, accesible y gratuito en la red, aunque se pueda vender el volumen impreso; pero sobre todo ordenado y coordinando sus distintas partes entre sí. Ciertamente es un ejercicio relativamente sencillo de reordenamiento, que a simple vista no representa gran cosa pero que, por la experiencia en otros países, sabemos que a la larga es el primer paso para poner orden en casa y hacer lo que nunca se hizo.

1.14   Aislamiento acústico I

De toda la vida el tema de los ruidos ha sido recurrente en nuestras ciudades. Dada nuestra idiosincrasia latina, muchas veces es difícil evitar los sonidos del vecindario, alguien que taconea en el piso de arriba o el pregón de la mañana de domingo.

¿Qué es el sonido y cómo se transmite?

El sonido en física se define como una alteración del medio que produce cambios de presión, cuya unidad de medida es el decibelio (dB), y que es captado por el oído humano en forma de vibraciones. Cuando hablamos del medio físico puede ser líquido, sólido o gaseoso y por éstos viaja el sonido. Haciendo una descripción gráfica, el sonido (ruido en nuestro caso) diríamos que incide sobre una superficie dada, se refleja o proyecta, se absorbe una parte y se transmite otra. Para detener el sonido se interpone una barrera que lo bloquea. Al referirnos a absorción acústica estamos hablando de la amortiguación de esas ondas en el interior de un recinto.

El hormigón, el vidrio, el metal, los azulejos, la piedra (materiales duros) reenvían el sonido, mientras que las alfombras, cortinas, textiles en general, superficies esponjosas, etc..., (materiales blandos) absorben el sonido. Con estos últimos lo que sucede es que al amortiguar las reflexiones obtenemos una sonoridad menos resonante, más agradable y matizada[34].

El ruido en los edificios[35-36]

El ruido, ese sonido desagradable para nuestros oídos, se puede transmitir por aire, por impacto, e incluso por los dos (alguien taconeando en el piso de arriba) que es una combinación muy común. El ruido aéreo, como bien indica el término, viaja por el aire propagándose por los elementos de cerramiento de los edificios. El ruido de impacto que genera vibraciones en las estructuras de la construcción (por la rigidez de las mismas) y las convierte en una especie de foco sonoro, se produce por golpes de objetos contra alguna superficie, por desplazamientos o incluso por las instalaciones de los inmuebles, viajando luego también por el aire.

Para solucionar este problema se aborda primero la naturaleza que los diferencia, es decir si es ruido aéreo o ruido de impacto, pero el objetivo es el mismo: determinar el ruido que puede pasar a través de los elementos constructivos e interponer masa (y/o elementos absorbente/aislantes) entre la fuente emisora y el receptor.

Diferenciando conceptos tenemos que el aislamiento impide la propagación del ruido o energía acústica que eventualmente incide sobre él; y con el material absorbente se procura transformar una parte de la energía incidente.

Llegados a este punto concluimos que aislar acústicamente un recinto o algo en particular es proporcionar a este algo o recinto, una protección contra la transmisión del ruido generado/emitido por una fuente y que es captado en el lugar donde se desea cierto silencio. En otras palabras mientras la sociedad se educa y aprendemos a ser menos ruidosos, podemos acondicionar nuestro entorno inmediato para esa deseada tranquilidad.

Según el poeta estadounidense Oliver Holmes: "El ruido de un beso no es tan retumbante como el de un cañón, pero su eco dura mucho más. "Nosotros preferimos el primero.

1.15 Aislamiento acústico II

En los últimos tiempos las sociedades desarrolladas han comenzado a concienciarse sobre el tema del ruido como mal social. Podríamos considerar esta toma de conciencia como resultado de una necesidad básica de confort que hemos desarrollado los seres humanos. El ruido genera malestar psicosomático; también es en parte responsable de enfermedades cardiovasculares y digestivas; por otro lado conlleva un coste social que es complicado cuantificar. Las estadísticas nos cuentan que alrededor de un 62 % de las personas que viven en grandes ciudades construidas durante la década de los 50 consideran que uno de los principales defectos de sus casas e inmuebles es la insonorización deficiente. El ruido excesivo genera mucho *stress*. Muchos trastornos de ansiedad se magnifican cuando la persona afectada vive en un entorno "agresivo" acústicamente. Y sabemos que el *stress* y la ansiedad tienen un coste social y farmacológico muy alto para la sociedad.

Es por esto que no nos resulta extraño saber que algunos estudios demuestran que una de las características principales que los humanos valoran a la hora de elegir un nuevo hogar es su nivel de confort acústico. El insomnio está directamente relacionado con el nivel acústico de nuestra vivienda.

Existen nuevas y variadas tecnologías que nos permiten disfrutar de un nivel acústico aceptable. Si desde el inicio de un proyecto arquitectónico se tiene en cuenta la temática del ruido, se sabe que los costes de estas nuevas tecnologías son muy bajos. Los técnicos de la arquitectura, los ingenieros y las promotoras inmobiliarias son conscientes de ello. Desgraciadamente no siempre se esmeran en aplicar estas tecnologías o en proponerlas para sus proyectos.

La mejor solución para tratar de evitar el exceso de ruido en una vivienda es por supuesto tener un buen sistema de aislamiento. Por poner un ejemplo – y solo eso - podríamos hablar de la lana de roca como un material complementario, y que conjuga unas propiedades técnicas que la hacen apto para obtener muy buenos resultados, tanto en el diseño de particiones ligeras de yeso laminado o en aglomerados de madera como trasdosados. Su uso más extendido en muchos países templados es como aislamiento térmico; aquí hablamos de su propiedad acústica.

La lana de roca, combinada con el adecuado dimensionado de placas de yeso laminado, es capaz de aislar una habitación de otra contra ruidos de hasta 81 decibelios. Este ejemplo sería: 3 placas de yeso laminado de 13 mm de espesor en la cara A + 2 capas de lana de roca de 40 mm de espesor, cada una + 2 capas de lana de roca de 60 mm de espesor, cada una + 2 capas de 40 mm de espesor, cada una + 3 placas de yeso laminado de 13 mm de espesor en la cara B[37].

Se sabe que si el aislamiento entre dos habitaciones es ineficaz, los ruidos pasarán de una a otra sin que haya resistencia alguna, incluso ruidos de poca potencia como los de alrededor de 30 decibelios. Si el aislamiento es de 35 decibelios, se pueden oír voces pero no se entiende el significado de las palabras. Si el aislamiento es de 40 decibelios, se podría percibir una conversación con mucho esfuerzo pero sin comprender su significado.

A partir de un aislamiento de 45 decibelios la habitación se mantiene silenciosa, sin la posibilidad de oír los ruidos externos. Como hemos dicho, la lana de roca es altamente eficaz con ruidos de hasta 81 decibelios, combinada debidamente con el yeso laminado.

¿Pero dónde podríamos utilizar la lana de roca?

Este material se puede usar para aislar los cerramientos o particiones distributivas, con esto nos referimos a las separaciones entre las habitaciones de una casa o piso. También se puede utilizar para aislar lo que llamamos las particiones separativas, esto es, las que separan unas viviendas de otras (en horizontal).

Por otro lado también se puede utilizar la lana de roca como aislamiento acústico en mamparas de oficinas, en locales comerciales, en locales de ocio, en edificios pertenecientes al sector terciario como pueden ser hospitales, hoteles, colegios, etc...

La lana de roca se adapta perfectamente a los diferentes elementos estructurales de cualquier construcción; además, es una protección eficaz contra los incendios.

Este material resulta ser de fácil instalación; además consigue un aislamiento acústico eficaz ya que es capaz de amortiguar las ondas estacionarias entre dos parámetros. Por otro lado es muy ligera y económica... O por lo menos así ha sido históricamente.

Su instalación conlleva algunas ventajas al ser muy simple y rápida. En el caso de una partición de cartón-yeso, se colocan paneles aislantes de lana de roca entre los montantes y listo, tal como hemos descrito anteriormente. Las dimensiones de estos paneles, vienen adaptadas a las dimensiones entre montantes más habituales. Una vez colocados los paneles, es muy importante verificar que no queden fisuras entre las uniones de las diferentes capas de materiales. Cualquier fisura se podría convertir en lo que llamamos un puente acústico o térmico estropeando o afectando al resultado final. Después de hacer esto, se taparán con placas de yeso laminado u otro material que nos parezca adecuado, fijándolo con tornillos, clavos o grapas a la estructura. Las prestaciones y características de estos materiales, combinados o en solitario, están ampliamente definidas en las normativas y documentos anexos de los países donde son utilizados habitualmente[38].

Como podemos ver, la protección contra el ruido excesivo es relativamente sencilla. Un entorno tranquilo y sin ruidos permite un mayor bienestar psicológico y físico, una mayor concentración laboral, un mayor desempeño estudiantil. Por otro lado, el poder dormir y descansar sin sobresaltos implica un mejor rendimiento diurno y tiene una clara incidencia en nuestro humor, en nuestra salud y en nuestra vida social. ¡Todo son ventajas!

Una mayor concienciación de la sociedad a este respecto claramente beneficiaría a todos los sectores de la sociedad, tanto a nivel productivo y económico como a nivel de un mayor bienestar social. Desde luego el mejor método que podemos utilizar es el silencio....Y no molestar a nuestro vecino.

1.16 Maestro Niemeyer

> *"...A gente tem que sonhar, senão as coisas não acontecem..."*
> *(Las personas tienen que soñar, sino las cosas simplemente no suceden)*
> Oscar Niemeyer.

El 5 de diciembre de 2012, en el despacho del número 3940 de la Av. Atlántica (Copacabana) se apagó una luz (aunque se mantiene encendido un sueño eterno); el maestro Niemeyer agotaba la jornada de la vida.

Oscar Ribeiro de Almeida Niemeyer Soares, ya contaba casi setenta años cuando al autor de estas líneas se le ocurrió venir al mundo. Nació en Río de Janeiro en 1907; el 15 de diciembre 2012 hubiese cumplido 105 años. Sentimos un gran privilegio por haber compartido siglo con este hombre que fue, hasta su último suspiro, símbolo de los postulados de la arquitectura moderna de Le Corbusier.

Brasilia, la ciudad que junto a Lucio Costa, concibió (Niemeyer diseñaría la arquitectura y Costa el plan urbanístico), vendría a ser un gran catálogo – con más luces que sombras, creemos - del movimiento moderno y postmoderno, que alcanzaría limites, incluso, más allá de la arquitectura.

Encontró en el Hormigón Armado al más fiel testigo de su plástica poética y sus líneas cotidianas, fueran curvas o rectas. Convirtió al "nuevo material" en el mejor aliado de sus formas y de una corriente que enfrentaba posiciones diferentes para confrontarlas y obtener de éstas su verdad[39].

Trabó amistad con dirigentes políticos de su país lo que le permitió desarrollar gran parte de su obra, pero también conoció el exilio, en 1960, a causa de su militancia de izquierdas. En este exilio experimentó una Europa abierta a sus trabajos y como punto de apoyo para varios de sus proyectos internacionales. De vuelta en su tierra, en la década de los ochenta, se convirtió en el referente de la arquitectura brasileña.

Ganador de premios como el Pritzker[40], en 1988, y el Príncipe de Asturias[41], en 1989, entre otros, Niemeyer siguió compartiendo su genialidad hasta sus últimos días.

Toda una generación de arquitectos venía con ideas y conceptos revolucionarios que movían hacia una reflexión de la arquitectura, siempre en concordancia con el pulso social, económico e incluso *medioambiental*; Niemeyer fue un exponente destacado de este grupo.

En un encuentro con estudiantes, el maestro decía algo así como: "…Es difícil trazar un sistema, un proceso de elaboración del proyecto, sujeto siempre, en cada caso a factores diversos; pero sí es factible establecer ciertas normas capaces de ordenar el planteamiento dentro de una línea lógica, racional y equilibrada. Para eso es necesaria la adopción de algunos principios básicos, como que la solución sea resultante de las condicionantes específicas de cada problema de diseño. Dentro de este criterio la arquitectura será necesariamente de mejor nivel y cuando sea posible provista de una fuerza creadora…"

No le conocimos en persona; otros compañeros brasileños sí pudieron compartir tertulias con él. Solo le conocimos a través de su obra[42], pero sentíamos tal proximidad con su verso y prosa que parecería como si nos hubiese permitido entrar a su taller cada día.

Hasta luego Maestro.

1.17 Exteriores y sostenibilidad I

Los espacios exteriores de los edificios, muchas veces, son como el marco que delimita la obra arquitectónica, otras tantas son parte consustancial de la solución de diseño planteada. En cualquiera de los dos casos, su buen uso, optimización y conservación, reportan al proyecto beneficios que van más allá de sus linderos, llegando a repercutir en el entorno y, desde luego, en el *medioambiente*.

Cuando estos exteriores toman forma de jardines las implicaciones *medioambientales* son de capital importancia, y su aprovechamiento en favor de los espacios interiores, una opción muy ventajosa. Dicho en otras palabras, estos exteriores ajardinados funcionan como pulmones o depuradores naturales del edificio y su entorno.

Conseguir que estos espacios exteriores sean sostenibles, desde un punto de vista ecológico y también económico, resulta relativamente fácil si se implementan una serie de cambios perfectamente abordables por el usuario no experto. Una alternativa clara, encaminada a conseguir estos objetivos, sería seleccionar plantas autóctonas[43] que, por ser propias del lugar, ameriten menos cuidados e incluso menos agua para riego. Otra medida sería tratar de cambiar los tipos de pesticidas, abonos y fertilizantes químicos, por otros de origen orgánico que no contaminan el medio natural. También sustituir el agua potable usada para riego por agua reciclada, ayudaría a equilibrar la balanza a favor de la sostenibilidad.

Árboles y arbustos

Los árboles y arbustos ejercen una función importante como captadores del CO^2 [44] y emisores del oxígeno que respiramos. Plantar árboles y arbustos en nuestros jardines -por muy anecdótico que pueda sonar- contribuye realmente a reducir los impactos del cambio climático.

En el caso de los climas templados, los árboles de hoja caduca se convierten en excelentes aliados para dejar pasar los rayos de sol a la fachada sur en invierno, y en verano – cubiertos de hojas - impedir el sobrecalentamiento de esta cara del edificio. Por otro lado, los arbustos y árboles de hoja perenne situados en la parte norte, protegen del viento invernal y ayudan a refrescar el ambiente en verano. Aunque estos efectos no sean tan apreciables en climas tropicales donde las temperaturas se mantienen casi homogéneas todo el año, sí que ayudan a proteger las fachadas del sol.

Superficies vegetales y césped

Muchas superficies vegetales (con flores, pequeñas plantas ornamentales, etc.) y con césped, son grandes consumidoras de agua. Cuando la pluviometría de la zona es alta esto no significa un gran problema, pero cuando no es el caso, puede convertirse en un dolor de cabeza.

Un metro cuadrado de césped necesita una cantidad de agua determinada, de acuerdo a varios factores climáticos del lugar de emplazamiento, entre los que podemos mencionar: la temperatura ambiente, la humedad relativa, y la evapotranspiración (ETP) que depende de las anteriores y de otras variables como la radiación solar, la velocidad del viento y la presión de vapor. La evapotranspiración combina dos procesos que son, la evaporación desde el suelo - y desde la superficie cubierta por las plantas - y la transpiración desde las hojas de las plantas[45].

Esta cantidad determinada, para regar un metro cuadrado de césped, se puede calcular partiendo de los datos de ETP previamente obtenidos para el lugar de estudio. Suponiendo que la ETP es igual a 5mm día (5 L/m^2 día), se debe incrementar entre un 10 y un 15% para obtener un dato más real del cálculo para riego. Partiendo de una ETP incrementada en 5,75mm (5,75 L/m^2 día), calculando la necesidad de agua de cien metros cuadrado de césped, en un día tendríamos 100 m^2 x ETP x 1 día = 575 L/m^2 [46].

En algunos proyectos se opta por la colocación de césped artificial que, aunque tiene una apariencia homogénea y agradable, no reporta los mismos beneficios higrotérmicos que la grama natural; además, también necesita agua en verano para regular su temperatura.

Antes de acudir al césped artificial, valdría la pena valorar una solución conocida como pradera mixta, que a la vista asemeja al césped natural, pero exige menos cantidad de agua para su mantenimiento. Otra opción es la especie Zoysia Teneifolia que permite desarrollar actividades sobre ella sin problemas, exige poco agua y conlleva un mantenimiento mínimo[47-48].

1.18 Exteriores y sostenibilidad II

El mantenimiento de zonas verdes ajardinadas conlleva cierto compromiso en su cuidado y dedicación. En todo esto el riego juega un papel preponderante. Antes de regar es bueno percatarse si realmente es necesario hacerlo, esto así, para no dañar las plantas por exceso de agua y no desperdiciar tan preciado recurso.

En general, tendemos a echar agua en nuestros jardines con mucha frecuencia. Es mejor hacerlo abundantemente pero más espaciado en el tiempo para que el agua alcance a llegar a las raíces.

Una técnica bastante efectiva y "artesanal" para comprobar la necesidad de riego, es clavar una estaca fina en la tierra a una profundidad de más o menos 30 cm. Si al extraer la estaca del suelo, ésta presenta restos de tierra, el riego puede esperar. Si, por el contrario, sale sin restos, hace falta regar.

También es bueno señalar que, aunque en climas tropicales la temperatura se mantiene más o menos constante durante el año, no es lo mismo regar en verano que en invierno. Durante el período estival el momento ideal para el riego es la tarde cuando el sol se va poniendo; de esta forma se evita la evaporación del agua. En el invierno – nuestro suave invierno del trópico – el riego puede hacerse a cualquier hora del día, Aunque es preferible hacerlo a media mañana cuando el rocío se ha secado y el sol comienza a calentar la superficie vegetal de nuestros jardines.

Además de conocer el momento adecuado para regar, también es recomendable aplicar la mejor técnica, es decir, la que implique menor gasto de agua y mayor beneficio para las plantas.

El riego manual con manguera o regadera es bastante recomendable para espacios de dimensiones reducidas, así como el riego por aspersión se recomienda para espacios más extensos. Este último sistema de riego solo es eficiente si se controla con un temporizador adecuado, se entierran los tubos y las boquillas se dejan lo más próximo al suelo posible. El temporizador impide que se riegue más de la cuenta y los tubos soterrados, con las boquillas a ras del suelo, ayudan a que la trayectoria del chorro de agua sea menor y se evapore menos. Otro sistema de optimización para los aspersores automáticos consiste en instalar un sensor que active el riego de acuerdo al nivel de humedad del suelo, la pluviometría y el viento. Ciertamente este último son palabras mayores, pero también es cierto que a mediano plazo implica un ahorro importante del consumo de agua.

La tercera técnica de riego es el denominado riego por goteo[49]. Este es un sistema, muy aplicado por los israelíes y en zonas secas del mediterráneo dada su alta eficiencia a la hora de mantener, con la cantidad de agua adecuada a setos, arbustos, árboles y plantaciones agrícolas[50].

Agua de lluvia

El agua de lluvia, es sin duda el mejor aliado para el mantenimiento de nuestros espacios exteriores. Al estar exenta de cal, cloro y otros productos agregados por el hombre, el agua que nos cae del cielo resulta ideal para la jardinería y el paisajismo. Partiendo del hecho comprobado de que más del 10% de la población mundial no cuenta con agua potable[51], regar siempre con esta última pudiera considerarse un derroche.

Recuperar el agua de lluvia para luego utilizarla en el jardín, se convierte en una opción, más que recomendable; necesaria.

Podemos hablar de dos métodos para la recuperación del agua de lluvia. El más económico y sencillo consiste en un tinaco o tanque que recoge toda el agua de la cubierta mediante canales y bajantes. Previo a llegar al tanque o tinaco, el agua pasa por una especie de filtro dispuesto a la salida de las bajantes (una rejilla), que impide el paso de restos de hojas y demás. Si el depósito lo situamos en altura y le instalamos una manguera, podríamos utilizar el agua directamente y sin necesidad de bombeo mecánico/eléctrico, dado que la misma gravedad haría bajar el agua. El otro método para recuperar el agua de lluvia, quizás resulte complejo en comparación con el anterior, aunque se base en él un poco; se trata de recoger el agua del techo, canalizarla y "filtrarla" para ser almacenada en una cisterna o aljibe que servirá el agua no solo al jardín, sino a otros usos de la casa que no precisan agua potable, como las lavadoras (¿?), inodoros y lavado de vehículos. Para estar plenamente operativo, este sistema sí necesita de una bomba que extraiga el agua del depósito soterrado y la lleve a los lugares donde será usada.

Los espacios exteriores bien podrían ser la continuación del diseño de nuestros espacios interiores - si ése fuera un objetivo del proyecto, claro está - y permitir una interacción fluida entre ambientes abiertos y cerrados. Lo que sí es una condición general de cualquier proyecto, es el hecho de que la relación con el espacio natural circundante debe admitir múltiples visiones y posibilidades; la clave está en hacer una adecuada

1.19 Fachadas verdes y activas. Una opción interesante

En un proyecto de I+D+i (Investigación + Desarrollo + innovación o inversión) llevado a cabo en Alemania llamado Casa BIQ, se incorporó un sistema de fachada a base de micro-algas denominado Fachada Bio-reactiva. Dicho proyecto fue desarrollado para la Exposición Internacional de la Construcción (IBA) celebrada en Hamburgo en 2013 [52].

Las Fachadas Bio-reactivas han sido concebidas para que las algas se puedan reproducir en tiempo óptimo con los rayos solares (dispuestas en unas láminas u otro elemento similar de vidrio, concebidas para tales fines) ofreciendo, de esta manera, un efecto de sombreamiento en período estival. Estos "Bio-reactores" son productores, tanto de biomasa como de energía solar térmica, sumando así al balance positivo del organismo arquitectónico, en este caso el edificio BIQ[53].

Dicho de otra manera, todo esto lo que significa es que la fotosíntesis ofrece una respuesta activa a las necesidades de control solar, mientras que el cultivo de micro-algas (para biomasa) brinda una fuente de energía excelente y renovable. Varías líneas de investigación se han abierto dentro de esta temática que sirven como referencia para el estudio de la cuestión[54].

La fachada se auxilia de la fotosíntesis para crear micro-algas que luego se cosechan y pasan a ser biomasa.

Una vez Jeff Bezos el fundador de Amazon.com, posiblemente el sistema comercial libre de internet más grande, comentó que: "…Si queremos ser creativos, debemos estar dispuestos a fracasar eventualmente…". Lo cierto es que la osadía muchas veces es la madre de los grandes descubrimientos y aportes que se han hecho en beneficio de la humanidad; y cuando nos enteramos de este prototipo Casa BIQ, pensamos que su principal promotor Splitterwerk Architects de Graz, Austria, había sido lo suficientemente osado como para dar un paso en pos del desarrollo de los revestimientos vegetales en la piel del edifico. Lo que se plantea aquí es cerrar el ciclo de vida de este tipo de fachada, haciendo que su huella ecológica se reduzca casi a cero, toda vez que los restos pueden ser utilizados como biomasa.

Para la arquitectura - en su triple condición de ciencia, arte y tecnología - siempre ha sido un desafío poder equilibrar la función y la forma. Es decir, para la arquitectura – la buena arquitectura - el objeto de diseño no solo debe ser agradable a la vista, sino que debe funcionar, o, a la inversa, no solo debe funcionar, sino que debe ameritar algún tipo de razón armónica en sus formas.

En el caso de la arquitectura bioclimática – la buena arquitectura - decimos que su fin social y tecnológico consiste en combinar eficiencia energética, confort y armonía *medioambiental.*

Ejemplos de optimización como el de la Casa BIQ o las del *Solar Decathlon*, más que reclamos académicos o declaraciones de intenciones, deberían servir como las piedrecitas de Hansel y Gretel que marquen el camino a seguir a toda una generación a la que le tocará operar los cambios de paradigmas.

1.20 Construcción modular prefabricada

La Revolución industrial[55] (mediados del siglo XVIII e incluso principios del siglo XX), consistió en el cambio del trabajo manual hacia procesos de industrialización. Entre los principales aportes de este cambio de paradigma está el aumento de la producción, junto a la disminución de tiempo y costes. Dicho en otras palabras, se inició la era de la producción en serie.

Podríamos decir que como parte – o quizás consecuencia- de este proceso evolutivo, surge la producción en cadena o cadena de montaje, desarrollada por Henry Ford[56] y que sirvió como sistema estándar para la fabricación del modelo de automóvil Ford T [57].

La construcción y, en un sentido más global la arquitectura, ha estado ligada desde el principio a todo lo que significó la Revolución Industrial, ya fuera como beneficiaria directa o como respuesta sociológica a todo lo que provocó este fenómeno, que cambió la forma de pensar de la sociedad.

Sin embargo y con el tiempo, la arquitectura y más específicamente las técnicas constructivas, se han quedado ancladas en una manera artesanal de hacer las cosas. La persistencia de algunos oficios dentro del campo de la construcción es una prueba de ello. Si es cierto que cada vez más y casi como algo habitual, se han industrializado varias fases y elementos compositivos de los edificios, también es cierto que industrias como la del automóvil nos sacan gran ventaja en cuanto al aprovechamiento de la producción en serie.

Gran parte de los productos que usamos y consumimos se han producido en serie en una fábrica. Entonces ¿por qué los edificios prefabricados aún se cuentan como algo un tanto anecdótico o como algo fuera de todo confort y belleza arquitectónica? No conocemos todas las respuestas a esta pregunta, pero sí nos aventuramos a proponer una de ellas: en el imaginario popular, la construcción prefabricada es percibida como algo con vida útil y funcionabilidad limitada, insegura y fuera de todo orden estético. Nada más lejos de la realidad.

Al día de hoy la construcción prefabricada no sólo representa durabilidad, seguridad y estética, sino también menor coste económico, rapidez en la fabricación y montaje (entre cuatro y seis meses para una vivienda unifamiliar mediana y otros plazos bastante competitivos para otras tipologías de edificios) y posibles altas prestaciones energéticas[58].

En cuanto a este último punto, podríamos ponderar algunos aspectos favorables, tales como el hecho de que al realizar gran parte del proceso constructivo en fábrica, se optimiza y se reduce la utilización de materias primas y energía. Al mismo tiempo se genera menor cantidad de residuos no reciclables y al momento de la puesta en obra, solo se llevan a cabo labores de montaje y ensamblaje, minimizando la posible contaminación que genera una construcción convencional.

Cuando utilizamos el término modular dentro del contexto de la construcción prefabricada, hablamos de un sistema alternativo dentro del mismo campo, que ofrece mayores ventajas a la hora de plantear soluciones a un coste razonable, condiciones confortables y energéticamente eficientes. Este sistema de construcción consiste en módulos tridimensionales que salen listos de fábrica[59].

Estos módulos (diseñados y pensados para cada zona según sus condicionantes sociales, *medioambientales* y climáticas), traen ya de serie, los equipamientos y las instalaciones que permiten su conexión inmediata a la red pública para el uso de sus habitantes. Son transportados hasta su lugar de emplazamiento, en vehículos pesados y montados por grúas (apilados o en serie), según sea para un edificio en altura o para una urbanización horizontal.

El aspecto de estos módulos – si ha sido un propósito inicial de diseño- no evidencia ninguna diferencia con el aspecto de una edificación convencional, siendo incluso muchas veces más atractivas las construcciones modulares prefabricadas que las tradicionales.

Las ventajas y beneficios de esta interesante solución de diseño, sobrepasan los estereotipos ancestrales sobre la construcción modular y nos acercan al planteamiento de salidas más que óptimas al problema habitacional dominicano. Las autoridades competentes lo saben o, por lo menos, se lo imaginan.

1.21 Sobre las técnicas constructivas

Con el paso del tiempo y con el avance de la técnica (sobre todo en los países con mayores niveles de industrialización), los procesos constructivos se han ido encaminando a ser más ligeros, resistentes y de ciclo de vida cerrado. A menos que sea un requerimiento inicial de diseño, la arquitectura busca siempre aligerar el peso del edificio en cuanto sea posible y es de ahí de donde surge la iniciativa de crear materiales, que aun cumpliendo una función estructural, aporten esa ligereza. La "aparición" del acero como elemento estructural, antepuso este concepto de lo liviano a la pesada fórmula del hormigón armado.

Un hecho cierto es que el proceso constructivo que lleva un edificio (entendiendo este proceso desde la fabricación misma de los materiales), implica un consumo determinado de energía[60]. Lo triste es que, hoy por hoy y en muchos casos, ni siquiera somos conscientes de este nivel de consumo. Conscientes o no, se genera una contaminación por esta energía consumida, que deberíamos estar capaces de comenzar a reducir.

Se podría decir que los responsables de construir el edificio, no lo son de fabricar los materiales y que los primeros solo lo compran a los segundos. Éste es un análisis muy inocente de la situación; es como si el médico le dijera al paciente: te lo receto, pero no soy responsable de los efectos que este medicamento te pueda ocasionar. Desde luego que el médico no tiene responsabilidad aparente en la fabricación del medicamento y no está presente en la producción del mismo, pero también es cierto que como prescriptor, es absolutamente responsable de la administración adecuada de una medicina que dará alivio a un enfermo. De la misma manera, un arquitecto es responsable de los materiales que prescribe en sus obras y, por ende, tiene que asumir el compromiso de esta situación.

Pero, ¿cómo puede un arquitecto o profesional de la construcción influir en los procesos de fabricación de los materiales que solamente compra?.... Desde la etapa inicial de diseño. Con el diseño y disposición espacial de los ambientes, a raíz de la elaboración del programa de necesidades, con la selección de los materiales, con la forma de utilizar estos materiales, el arquitecto puede influir.

Claro está, esto amerita un arquitecto comprometido con una causa que lo acercaría más a ese hombre del renacimiento: un investigador del estado de la técnica, un ingenioso buscador de soluciones, un profeta que adelanta un paso a la industria de la fabricación de materiales y le propone alternativas. Eso no es utópico; se ha formado en las escuelas para ello.

Se habla, de acuerdo a estudios realizados por especialistas, de varios niveles de consumo de energía en los procesos de construcción de edificios, esto evidentemente, según las tipologías edificatorias y las zonas geográficas del emplazamiento[61]. De acuerdo a estos estudios de referencia realizados por Mercader, Olivares y Arellano, en su artículo: "Modelo de cuantificación del consumo energético en edificación", en un m^2 de construcción de vivienda unifamiliar, se pueden llegar a consumir 10.461,02 MJ de energía, mientras que en un m^2 de vivienda colectiva, unos 8.843,90 MJ/m^2. Esto, en cada caso, serían unos 290.584 kWh/m^2 y 245.664 kWh/m^2 respectivamente.

Desde muchos puntos de vista, y ciertamente desde el nuestro, son claras las ventajas de la industrialización de los procesos constructivos, frente a la cada vez menos ventajosa construcción artesanal. También nos resulta evidente que las técnicas de industrialización aportan valores que la arquitectura contemporánea está buscando: optimización de recursos, control de los procesos, reducción de peso de los materiales sin renunciar a prestaciones, etc. La pregunta sería ¿realmente compensa sustituir la construcción artesanal por un sistema cada vez más industrializado? La respuesta sería sí, pero condicionada.

Toda vez que industrializar las varias fases que conforman el tinglado de la construcción, suponga ahorro de dinero y menos emisiones, la respuesta a la pregunta será sí. En cuanto se deje en un plano secundario el bienestar del consumidor último – el usuario del edificio- o el equilibrio *medioambiental*, entonces será no. Industrialización no siempre es igual a sostenible *medioambientalmente*, ni tampoco es sinónimo de eficiencia energética, directamente. Para que sea así, debe primar el interés de conjugar lo factible económicamente, con lo factible ecológicamente.

La industrialización es un buen camino, quizás el mejor camino; solo hay que tomar conciencia de los objetivos reales de la misma: sostenibilidad y eficiencia energética. Controlar que esto sea así también es tarea del arquitecto.

1.22 El diseño

Diseñar es un acto creativo hermoso. El hecho de poder crear algo nuevo o incluso adaptar algo existente es realmente gratificante. Todo diseñador, todo proyectista, vive por y para el diseño; existen pocas cosas en el mundo que sean más placenteras que el proceso creativo.

No importan mucho las jornadas intensivas o las noches en vela, tampoco las horas extra, todo vale la pena si al final el resultado es una obra que satisface nuestras aspiraciones y las del promotor del encargo. Da igual si se diseña un artefacto electrónico o una campaña publicitaria, la satisfacción por el objetivo conseguido llena de regocijo a su creador[62].

En la arquitectura, como en otras disciplinas donde la estética y la técnica se funden en una sola propuesta – también en otras donde no se funden – existen condicionantes de diseño. Las condicionantes de diseño, que a veces tanto nos incordian, son nuestras mejores aliadas[63]. Un proyecto sin "límites" es algo que no es muy común, y cuando esto ocurre se parece mucho a una fruta sin sabor. Estos límites que se plantean como condicionantes de diseño pueden ser desde técnicas, económicas, sociales, hasta *medioambientales* o ecológicas[64].

Una casa a la orilla de la playa, plantea un desafío bonito a la par que interesante. Nos llevaría a pensar en cómo proporcionar un ambiente bien iluminado, con vistas varias y buena integración exterior e interior, pero también nos obligaría a proyectar un tipo de cimentación acorde con estudios geotécnicos que toman en cuenta la naturaleza de la arena de la playa. Por otro lado, tendríamos que evitar el uso de carpintería en hierro por los efectos de salitre sobre la misma, o tomar muy en cuenta el tipo de madera – que es una muy buena opción como material – que utilizaríamos si fuera el caso.

En el caso de esta misma casa de playa, debemos tener en cuenta su comportamiento en condiciones de verano y en condiciones de invierno. También como condicionante de diseño, deberíamos considerar si este verano es en el Caribe o si el invierno es en la Patagonia. Cada uno de estos límites nos permite ir acotando el asunto hasta dar con la solución adecuada. El hecho de que la casa sea de uso privado o para alquilar, también determinaría varias cosas al momento de tomar las decisiones de diseño. Conjugar estos factores citados con otros, como los socioeconómicos, nos marcan un camino que nuestro cerebro agradece para dar con la propuesta final.

Un producto, ya sea una casa en la playa, una colección de modas o un nuevo exprimidor de naranjas, nos exige una disciplina y una planificación tomando en cuenta estos factores condicionantes.

Si definiéramos el verbo diseñar, podríamos decir que es el proceso creativo para producir algo nuevo o adaptar algo existente. Ese algo puede ser desde un servicio o un objeto, hasta un entorno, como en el caso del urbanismo. Para completar esta definición, también podríamos decir que la planificación es algo inherente al diseño, consustancial de alguna manera o, por lo menos, un proceso interactivo. Diseñar/ planificar es hacerse una presuposición, basándose en conocimientos adquiridos, en técnicas y métodos de trabajo de alguna manera contrastados. Algunos poetas hasta dirían que diseñar es un acto de especulación intelectual[65].

Sea cual fuere la definición más acertada de las anteriores, estamos convencidos que el diseño y la planificación van de la mano y que uno es parte del otro.

Lo curioso es que a veces vemos casos en los que parecería que no tienen nada que ver una cosa con la otra. Nos topamos con situaciones en donde el diseño y la planificación no se han visto ni de lejos. La pregunta sería ¿por qué? Nos aventuramos a responder que por una de dos razones o incluso las dos a la vez: intrusismo profesional o irresponsabilidad profesional. La primera es muy grave dado que, por propia definición intervienen elementos quedando el diseñador al margen; la segunda es quizás más grave, porque la culpa es de quien se le supone un grado de compromiso que al final no asume.

Dicen que cuando haces lo que te gusta y a la vez puedes vivir de ello, eres un hombre afortunado. Creemos que a modo de compensación por tener tanta suerte, los que diseñamos tenemos el compromiso moral de satisfacer con creces la demanda de diseño, a la luz de las condicionantes que se nos presenten: ética profesional compañero.

1.23 Más que paisajismo… ahorro

El paisajismo es más que el diseño del espacio exterior del edificio. Tiene que ver con los beneficios que supone para el ser humano, la convivencia armónica con su entorno social y el *medioambiente* natural al que tiene acceso[66]. Por estas razones los proyectos de arquitectura del paisaje, junto con la planificación y gestión de ese espacio son determinantes para completar la escena arquitectónica y urbana.

En el ámbito de la arquitectura bioclimática, el paisajismo y el diseño de espacios a escala urbana[67], recobran (si es que lo han perdido alguna vez), ese papel protagónico en la solución sostenible del diseño. Es de sobra sabido que los árboles son filtros que absorben CO^2 y devuelven oxígeno. Ciertamente, un entorno arbolado compensa bastante las emisiones de dióxido de carbono de una edificación.

En lugares con clima templado y frío, los árboles pueden marcar la diferencia en cuanto al confort interior de los espacios habitables. Los árboles y arbustos de hoja caduca, proporcionan sombras en los meses estivales, dejando pasar los rayos del sol invernal a los ambientes interiores, que precisan calor en los meses de frío. La vegetación de hoja perenne, sirve de barrera para que la cara norte quede protegida de vientos fríos en invierno.

En lugares con clima cálido, la sola presencia de árboles en el entorno del edificio puede llegar a reducir la temperatura exterior considerablemente.

Un diseño paisajístico - por simple que sea - no solo puede significar ahorros en climatización interior, como en los ejemplos citados antes, sino que agrega un plus al valor del inmueble en términos de mercado.

El ahorro de agua en el mantenimiento de la vegetación urbana

Las superficies verdes no solo son agradables a la vista, sino que además ayudan a mantener frescas las zonas donde han sido dispuestas, sin embargo el mantenimiento de las mismas puede suponer - si no se toman medidas - un gasto de agua indeseado. Si la pluviometría del lugar fuera elevada, no habría problema. En cambio, si se pretende mantener una superficie con césped en una zona de clima seco, la situación cambia considerablemente.

La clave está en el diseño

Un buen diseño paisajístico equivale a un importante ahorro en el consumo de agua para riego de jardines. No hace falta recurrir a alternativas artificiales (a menos que las condicionantes de diseño así lo exijan); una combinación de zonas con césped y otro tipo de superficie, por ejemplo, puede ser de gran ayuda en tal sentido.

Si tenemos una zona que tiene que ser objeto de un diseño paisajístico, las posibilidades son varias a la hora de optimizar su uso y ahorrar en riego. Por ejemplo, es determinante reservar la utilización del césped a zonas puntuales, donde se pueda disfrutar de él en una extensión de espacio delimitada (un 25% para un patio de 100 m^2 es una medida razonable), como los bordes de caminos empedrados, las zonas próximas a espejos de agua o piscinas, junto a las zonas de estancia que lleven otro tipo de pavimento como grava fina, combinación de tierra y capa vegetal, etc.

Además de un diseño adecuado, existen sistemas y métodos que permiten regar la vegetación con cierto grado de eficiencia, pero de ello nos ocuparemos en otro momento. Aprovechemos, pues, las bondades de la vegetación implementadas en el contexto del diseño de los espacios pero siendo responsables con el uso del agua para su mantenimiento.

1.24 Procesos de investigación en el campo de la arquitectura: una pequeña crónica

Siendo puristas en su definición, podríamos decir que la arquitectura es el arte, ciencia y/o técnica que tiene por objeto el diseño y la construcción de edificios. Ampliando esta definición, es la disciplina mediante la cual se proyectan espacios habitables. Próximo a la arquitectura está el urbanismo que tiene que ver con la ordenación del territorio y el entorno de las ciudades.

En términos generales y en un concepto más amplio y flexible, la arquitectura se encarga de la proyección y ordenación de espacios habitables por el ser humano, utilizando arte, ciencia y técnica para conseguirlo.

La técnica

En el campo del diseño y de la construcción, el estado de la técnica no avanza tanto como en otros campos. Nuestros antecesores y sus aportes tecnológicos aún tienen vigencia hoy, en nuestro diario accionar. La manera de hacer las cosas y los materiales de construcción han tenido su desarrollo, pero no al mismo ritmo que otras ramas del diseño, como la aeronáutica o la industria del automóvil[68]. Aun así, haciendo esta salvedad, podemos decir que el camino recorrido ha sido fructífero en una medida considerable. Todavía nos falta camino por recorrer, pero se ha evolucionado bastante en los últimos diez años.

La industrialización - aunque en muchos casos solo de forma testimonial - se va abriendo campo en la arquitectura. El concepto global de eficiencia energética va empujando, con una fuerza considerable, la investigación hacia nuevos materiales y nuevas formas de construir. Desde materiales de cambio de fase, para conseguir mejores prestaciones térmicas en los cerramientos[69], hasta fuentes de generación de energías renovables integradas a elementos constructivos de los edificios[70], van adquiriendo vigencia más allá de las mesas de trabajo y centros de experimentación de los investigadores.

La academia y el mercado real

Lo que se va consiguiendo en los laboratorios de las escuelas de arquitectura (nuevas técnicas constructivas, nuevos materiales, nuevos sistemas y en muchos casos la asociación de unos y otros) [71], toma un tiempo considerable para pasar de "prototipo académico" a "prototipo industrial". En muchas ocasiones este proceso se reduce al mínimo, cuando la empresa privada y la academia consiguen hacer sinergia y trabajar juntas.

El santo grial de los investigadores es, que una empresa privada esté dispuesta a patrocinar sus experimentos (aportando recursos) y que la universidad esté dispuesta a aceptar la correspondiente alianza. Una vez que esto se consigue, queda colocar el producto en posición de ser rentable para su puesta en mercado... Y esto también lleva su proceso. No es lo mismo desarrollar un prototipo de una idea, que hacer una producción en serie de la misma. En ocasiones, desarrollar el prototipo solo sirve para demostrar que no es factible o que otro camino es más conveniente.

Un aporte real

Son muchos las ideas que se quedan en el tintero. Todos tenemos buenas ideas, muchas de ellas realmente emocionantes - esto se da mucho en el campo del urbanismo - pero no todas factibles.

Una idea se convierte en un aporte real, cuando una vez conseguido dar el paso de desarrollarla (de manera experimental) en todos sus escenarios posibles, pasa el filtro de la sociedad de mercado en la que vivimos. No vale con que un nuevo material o una nueva forma de hacer las cosas sea bueno para las personas (los beneficiarios naturales de todos nuestros aportes); esta idea tiene que ser factible desde todos los puntos de vista: económico, social y político… con todas sus derivaciones.

Hacia la sociedad de la eficiencia energética

Los filtros son varios y a veces desmotivadores. El desafío es amplio y la misión del arquitecto es abordarlo como el hombre del renacimiento. La sociedad demanda un salto cuantitativo o, lo que es lo mismo, una serie de saltos cuantitativos escalonados que signifiquen un avance continuo hacia la meta de dotar a nuestros espacios habitables, de ese plus energético que aún hoy somos capaces de comentar de manera casi anecdótica, olvidando que es absolutamente impostergable.

1.25 La Bauhaus: una luz muy potente, un referente para la actualidad I[72]

En 1919 en la ciudad alemana de Weimar, se funda – con Walter Gropius a la cabeza- la escuela de diseño Bauhaus que más tarde, en 1926, se traslada a la ciudad de Dessau[73].

Pasada la primera guerra mundial, la sociedad mundial recobraba su incontenible curso ascendente hacia el desarrollo, que se manifestaba y como no podía ser de otra manera, en diversos campos del diseño, de las ciencias y de la tecnología en general.

Con su idea de que el oficio creativo debía englobar tanto la parte de diseño, como el trabajo directo del creador, Gropius[74] situó a la Bauhaus en un punto de equilibrio perfecto entre el ejercicio creativo y la ejecución en el taller del artista/técnico.

La Bauhaus vio como director a Ludwig Mies van der Rohe[75], en la etapa en que el Nacional Socialismo decidió cerrar sus puertas, por temor a que la filosofía de la escuela fuera una luz, más allá de sus intereses. La fuga de cerebros se produce en dirección hacia la libertad creativa, la que en ese momentos representaban los Estados Unidos de América.

En cierta medida la idea, la mística general de la Staatliche Bauhaus (da igual que fuera la de Gropius o la de Mies), sigue estando vigente en sus principios… o, por lo menos, en los que, como observadores, preferimos ver desde nuestra particular óptica, para hacer la reinterpretación debida.

El creador (en nuestro caso el arquitecto), debe entrar en contacto con el estado de la técnica desde una fase muy primaria. La primera etapa de su trabajo creativo es la investigación, toda vez que quiera hacer algún aporte, más allá de repetir fórmulas comprobadas.

En el caso de Gropius, éste planteaba en el contexto de la formación en la Bauhaus: "…fue entonces cuando caí en cuenta sobre la importancia de la obra del arquitecto de este tiempo…" para luego agregar: "…era preciso trazar un nuevo alcance para la arquitectura…"

La arquitectura de hoy, o más bien los arquitectos, son los actores protagónicos de los cambios que deben efectuarse sobre la manera de hacer las cosas, en el campo de la concepción de los espacios habitables por el ser humano. La tecnología en la industria de la construcción, debe llevar el sello de la arquitectura al servicio de la sociedad; y esto sin fisuras, con un compromiso claro con las demandas actuales para el contexto en el que nos ha tocado vivir.

Cualquiera podría decirnos que es así, que todo avance tecnológico que se constata en el campo de la construcción está comprometido con un servicio nítido a la sociedad. Nosotros responderíamos con un sí pero, condicionado a unas cuantas preguntas y respuestas previas… Y desde luego, siempre desde nuestro particular punto de vista:

¿Está el arquitecto involucrado en los procesos creativos, no solo como el artesano de la Bauhaus, sino que también, en el estudio del estado de la técnica como antesala a la propuesta de solución constructiva?

¿Aporta el arquitecto su cosmovisión para el planteamiento de mejores alternativas de diseño y composición constructiva?…O cabría preguntar: ¿está actualizado en su formación para afrontar los nuevos desafíos, los que plantea el ejercicio responsable del oficio de proyectar?

¿Somos conscientes, los ciudadanos de este tiempo, de las verdaderas necesidades energéticas de nuestra sociedad actual y de nuestra sociedad a cincuenta años vista?

¿Estamos todos, los posibles actores de cambio, en actitud proactiva, de cara a una mejora en la calidad de vida o por lo menos al mantenimiento de estándares óptimos?

Podríamos continuar haciendo derivaciones de las mismas preguntas y con el planteamiento de otras tantas en torno al mismo tema. La verdad es que las respuestas a estas preguntas las puede intuir el lector con facilidad; de todos modos nos comprometemos a intentar responderlas.

1.26 La Bauhaus: una luz muy potente, un referente para la actualidad II

Hemos realizado un recorrido relámpago y muy sintetizado por el espíritu de la Bauhaus[76], aquella escuela que, a nuestro entender, sigue siendo un referente importante y de inspiración para los proyectistas en la actualidad.

La Bauhaus fue considerada en su tiempo, y se sigue considerando hoy en día, como una parte, una de las más visibles, de un movimiento renovador. Es recordada hoy como un ejemplo de vanguardia.

Los proyectistas que desarrollamos nuestra actividad en una sociedad cuyos desafíos han ido evolucionando, no podemos perder de vista el papel que se nos ha asignado; un papel que es el mismo desde hace siglos pero que se actualiza al tenor de los tiempos y las circunstancias que le acompañan.

Varias preguntas se nos plantean, ya las hemos visto. Desde nuestro particular punto de vista, proponemos algunas respuestas, más con el ánimo de reflexionar sobre ellas que de responderlas con nitidez, en cuyo caso haría falta mucho más que unas cuantas líneas para poder desarrollarlas totalmente.

¿Está el arquitecto involucrado en los procesos creativos y en el estudio del estado de la técnica como antesala a la propuesta de solución constructiva?

El profesional de la arquitectura no siempre tiene la oportunidad de intervenir en el proceso creativo completo. Cuando nos referimos al proceso creativo completo somos ambiciosos en el término y abarcamos desde la investigación sobre nuevos materiales constructivos, el estado de la técnica y sus posibles aplicaciones, hasta la forma más eficiente de utilizarlos, pasando, desde luego, por todo lo concerniente a la creación de los espacios, desde una óptica *medioambientalmente* sostenible. El arquitecto debe ser un investigador dentro de su propio oficio y desde este rol, debe plantear mejoras al estado de la cuestión[77-78].

¿Aporta el arquitecto su cosmovisión para el planteamiento de mejores alternativas de diseño y composición constructiva? ¿Está actualizado en su formación para afrontar los nuevos desafíos que plantea el ejercicio responsable del oficio de proyectar?

El proyectista es para un plan o proyecto lo que el entrenador es para un equipo. Es el que traza las estrategias y conoce los elementos con los que cuenta, y con los que podría contar si fuera necesario. Un arquitecto es un profesional integral que tiene los fundamentos para hacer un enfoque general de la cuestión, calculando las repercusiones positivas o negativas de las acciones a emprender. No vale con proyectar un edificio elegante sin ponderar el impacto que éste tendrá sobre su entorno y las infraestructuras puestas a su servicio. Claro que es complicado hacerlo así; es más fácil colocarnos anteojeras y concentrarnos en la parcela de actuación, sin tomar en cuenta las condiciones que nos rodean y cómo las afectamos.

El proyecto arquitectónico o urbanístico demanda unas competencias con las que el arquitecto debe contar y, en efecto, cuenta por definición. Las herramientas están puestas sobre la mesa y la información está servida, siendo, evidentemente, responsabilidad del técnico tener el acceso a las mismas. No es válido el argumento del desconocimiento en una sociedad globalizada, aunque se acepte el argumento de la especialización. El arquitecto no tiene que ser necesariamente el ingeniero de las instalaciones, o el calculista de las estructuras, pero sí debe ser el director de todos los talleres de la obra[79].

¿Somos conscientes, los ciudadanos de este tiempo, de las verdaderas necesidades energéticas de nuestra sociedad actual y de nuestra sociedad a cincuenta años vista?

Lo cierto es que no, o por lo menos no del todo, aunque digamos que así sea. Al día de hoy somos conscientes de que estamos afectando negativamente nuestro planeta pero no nos hacemos a la idea de hasta qué punto. Visualizamos al planeta como algo lejano y no nos damos cuenta de que el planeta es nuestro barrio, nuestra escuela, nuestro lugar de trabajo, etc. No tenemos plena conciencia de que nuestros hábitos diarios de vida y el estilo de consumo que llevamos son los que afectan a nuestro *medioambiente* y destruyen las perspectivas de futuro.

¿Estamos, todos los posibles actores de cambio, en actitud proactiva, de cara a una mejora en la calidad de vida o por lo menos al mantenimiento de estándares óptimos?

Lamentablemente no lo estamos. La pena es que la sociedad no termina de despertar en este sentido. La moda del todo green, todo ecológico, en muchos aspectos, ha hecho más mal que bien y hemos banalizado el asunto. Las administraciones no son capaces de afrontar con decisión el problema, no se toman medidas coordinadas de optimización de la producción de energía ni del consumo energético, ni de la mejora en la calidad de vida (o el mantenimiento del nivel actual) sin que esto suponga más emisiones contaminantes. Aún estamos en la fases iniciales de pasar de las palabras, y escritos/documentos, a los acciones.

No tan lejano…

Todo esto puede sonar apocalíptico o en el mejor de los casos muy lejano. Enfocarlo desde el punto de vista de la arquitectura y el urbanismo es solo una de las tantas perspectivas que podemos elegir para ver el tema. Todos somos, aunque no sea nuestra intención, agentes de cambio; nuestras acciones diarias así lo evidencian: tomar un vaso de agua, encender una bombilla, comprar un teléfono móvil ensamblado en la India o proyectar un edificio o el tren metropolitano (Metro); todo repercute.

El arquitecto como agente de cambio

Una sociedad está compuesta por todos, algunos tienen una función y otros realizan otras tareas. Cada uno cumple su papel y el proyectista de edificios y espacios urbanos es uno entre sus iguales; uno con una función de responsabilidad que asumir.

En países de los llamados del primer mundo, cerca del 40% de la energía consumida corresponde a los edificios… ¿No deberían los arquitectos de esos lares - y la sociedad en general - tomar nota al respecto y estar a la vanguardia?... Desde luego que sí.

2. SOBRE PLANIFICACIÓN Y URBANISMO BIOCLIMÁTICOS

2.1 Ciudades verdes I

La ciudad española de Vitoria-Gasteiz (a muchos efectos administrativos capital del País Vasco), ostentó en el año 2012 el reconocimiento de ser la capital verde europea[80] que es un premio *medioambiental* que concede la Comisión Europea. Esta institución motiva e insta a las ciudades del continente a mejorar la calidad de la vida urbana de sus ciudadanos, basándose en la planificación del territorio y en el cuidado y respeto del medio ambiente.

Vitoria-Gasteiz, capital de la provincia de Álava, ha hecho importantes avances en la trasformación ecológica de su entorno urbano tradicional. El "Cinturón Verde", formado por zonas anteriormente degradadas y reconvertidas en zonas verdes semi-naturales, rodea el centro de la ciudad proporcionando a su población de 250,000 habitantes espacios verdes y elevada calidad de vida.

Las ciudades europeas candidatas al premio son evaluadas tomando como punto de partida una relación completa de criterios ambientales, entre los que se cuentan: soluciones para el calentamiento global, regulación del transporte, áreas disponibles de zonas verdes urbanas, ordenación sostenible del suelo, naturaleza y biodiversidad, calidad del aire y de la atmósfera local, niveles de ruido, generación y gestión de residuos, consumo de agua, tratamiento de las aguas residuales y la gestión ambiental del municipio administrativamente hablando.

Vitoria inició su proceso de "planificación verde" hará cosa de 30 años cuando el entonces alcalde José Cuerda y su equipo de trabajo, visualizaron un futuro más sostenible para su ciudad. Desde aquellos tiempos se comenzó a tener un criterio de ordenación del territorio más acorde con sus aspiraciones, regularizando estrictamente el uso del suelo, alentando la movilidad urbana ajena al vehículo privado y fomentando y educando para el reciclaje, el ahorro de agua y de energía.

Para la isla de Santo Domingo, una tierra de eterna primavera, avanzar en la dirección del compromiso ecológico, más que una oportunidad es un deber de cara a la preservación de los recursos naturales de nuestro pequeño territorio. Como siempre hemos dicho nuestro país - en fase de desarrollo - está en un magnífico momento para trazar los planes que garantizarán un futuro con mayor eficiencia energética, menos CO^2 y recursos naturales saludables. Nuestras ciudades (no solo Santo Domingo y Santiago), esperan y necesitan una mejor planificación urbana y gestión municipal en el más amplio sentido del término. Modificar y/o crear una normativa urbanística y *medioambiental* es un desafío conjunto que debemos asumir los distintos sectores que interactuamos en la sociedad, cumplirla y hacerla cumplir tendría que ser nuestro norte.

En 2005 en San Francisco (California), y bajo el auspicio de la ONU, se firmaron los Acuerdos Ambientales Urbanos. Estos acuerdos son una declaración de intenciones para cumplir 21 acciones que procuran una mejora del entorno urbano y la calificación como ciudad verde. Algunas ciudades han ido implementando varias de estas acciones tratando de alcanzar los objetivos de sostenibilidad como Vitoria, otras le han dado el curso que adquieren muchos de estos acuerdos: la inoperancia y la nada.

Aunque ninguna ciudad dominicana se hizo signataria de estos acuerdos de hace 7 años, entendemos que aún pueden ser bastante clarificadores a la luz de nuestro contexto nacional. Desde luego habría que replantear plazos y objetivos si quisiéramos implementar algo de esto, en función de muchos de ellos ya vencidos:

- Asegurar que haya un parque público o un espacio abierto recreacional a no más de medio kilómetro de cada uno de los ciudadanos para el año 2015.
- Reducir el consumo de energía de la ciudad en un 10% para el 2012.
- Establecer una política de reciclaje y llegar a la ausencia de desechos antes de 2040.
- Reducir la cantidad de vehículos de ocupación individual en un 10% para el 2012.
- Evitar y reducir el desperdicio de agua un 10% para el 2012 con programas de reciclaje y sistemas de planificación en el que participen todas las comunidades afectadas.
- Ampliar y mejorar el servicio de transporte público, haciendo que en el 2015 éste se encuentre accesible y a menos de medio kilómetro de cada ciudadano.

Durante todo 2012, Vitoria presumió de haber obtenido el premio *medioambiental* con mayor reputación de la mano de la Comisión Europea. Más que eso presumió de haber convertido su ciudad en un proyecto viable y sostenible.

Se podrá pensar que todo esto es utópico pero nosotros creemos que no podemos ni debemos renunciar a hablar del tema una y otra vez, a plantear soluciones aunque sea a grandes rasgos desde esta pequeña tribuna, a sembrar una pequeña semilla en la conciencia colectiva o a ayudar a regar la que ya existe.

Proponer soluciones concretas está en nuestras manos, la mesa de negociaciones (y de decisiones), está dispuesta…. ¿Comenzamos?

2.2 Ciudades verdes II

Somos conscientes de que muchos de los acuerdos a los que se llega en las cumbres internacionales no pasan de ser declaraciones de intenciones quedándose, en el mejor de los casos, en buenos deseos y nada más.

Vitoria-Gasteiz no solo ha sido capital verde europea, sino que habiendo firmado varios de estos acuerdos internacionales, lleva a través de los años una trayectoria de planificación *medioambiental* y ecológica francamente admirable.

Entre estos acuerdos (que en la mayoría de las ciudades firmantes han quedado guardados en el baúl de los recuerdos), está el llamado en plural: Acuerdos Urbanos de *Medioambiente*[81].

Para las ciudades de República Dominicana muchas de estas acciones podrían convertirse en metas particulares inspiradas en las buenas prácticas llevadas a cabo en lugares como Vitoria. Naturalmente todo este proceso de cambio se debe producir por una conjugación de esfuerzos de los diversos sectores de nuestra sociedad. Es cierto que corresponde al estado y a las administraciones municipales hacer la labor educativa, crear el marco-normativo legal y velar por el cumplimiento de estas metas. También es cierto que en nuestra trayectoria republicana pocas veces el estado se ha permitido el lujo de planificar a largo plazo y cuando ha intentado hacerlo no ha podido sostener los planes en el tiempo. Quizás eso esté pronto a cambiar para los dominicanos, pero en lo que viene una cosa y la otra, los entes horizontales de la sociedad debemos propugnar -con nuestras acciones, estilos de vida y propuestas locales - por generar los avances. No es nuestra intención que esta motivación que planteamos se convierta en un himno a la autogestión ni mucho menos; no creemos en eso. En lo que sí creemos es en unas instituciones que cumplan su papel de gestión y en una población responsable que asuma su papel de guardián del legado para las nuevas generaciones.

Las 21 acciones propuestas en los Acuerdos Urbanos de *Medioambiente*, están enmarcadas en los siguientes grandes campos:

1) Energía: energía renovable, eficiencia energética, cambio climático.

2) Reducción de generación de residuos: cero basuras, responsabilidad del productor y responsabilidad del consumidor.
3) Diseño urbano: construcción verde y planificación urbana.
4) Naturaleza urbana: parques, restauración de hábitat y vida silvestre.
5) Transporte: transporte público, vehículos limpios, reducción de congestión del tráfico.
6) Salud ambiental: reducción de sustancias tóxicas, sistemas de alimentación sana y aire limpio.
7) Agua: accesibilidad, conservación de agua y reducción de residuos líquidos.

Son siete grandes campos de acción propuestos para que las medidas que se lleven a cabo en uno o en otro se combinen entre sí y produzcan un cambio de paradigma. Nos aventuramos a decir que quizás llevar a cabo todo el proceso al mismo tiempo no sea factible a la luz de nuestra realidad nacional actual. Lo que sí nos parece posible es que igual que hace treinta años cuando la capital de Álava decidió emprender el viaje hacia un futuro más verde, cualquier ciudad dominicana decida hacerlo… Comenzar a planificarse. Nos es grato hacer un ejercicio de imaginación y visualizar cualquier centro urbano de zonas en vías de desarrollo o específicamente de la isla de Santo Domingo como Montecristi, Monte Plata o San Cristóbal - por mencionar tres al azar - acometiendo un plan donde gobierno central, ayuntamiento y sociedad civil local, combinen y coordinen esfuerzos en esta dirección. Nos gustaría poder dejar de imaginarlo y comenzar a hacerlo.

La República Dominicana tal y como plantea una página en una red social es un continente en miniatura; o como dice una antigua campaña publicitaria turística: inagotable. Nosotros agregaríamos que dada la creciente expansión de los centros urbanos, nuestra tarea pendiente y urgente es planificar este crecimiento y armonizarlo con los recursos naturales de los que disponemos para que podamos conservar inagotable este continente en miniatura.

Seguiremos más adelante….

2.3 Ciudades verdes III

Tomando como marco de referencia los Acuerdos Urbanos de *Medioambiente* firmados en San Francisco, California, en el año 2005 y que lamentablemente a día de hoy conservan su vigencia, podemos ver como pueden ser adaptados perfectamente al modelo dominicano y servir de guía general para buenas prácticas urbanísticas. Ninguna ciudad dominicana llegó a firmar estos acuerdos y sin embargo su utilidad estaría más que justificada si aspiramos a una mejor sociedad; a ciudades verdes.

La primera parte de las 21 acciones que en materia de energía, reducción de generación de residuos, diseño urbano y naturaleza urbana, y que se plantean en estos acuerdos urbanos serían las siguientes:

Energía

Acción 1: llegar a un acuerdo entre el sector público y privado e implementar políticas para aumentar el uso de los sistemas de energía renovable proporcionando así un 10% más de esta energía a la ciudad dentro de siete años.

Acción 2: impulsar una política pública para reducir el consumo de energía de la ciudad por un 10% a través de medidas de eficiencia energética y conservación dentro de los próximos siete años.

Acción 3: crear un plan de reducción de los gases de efecto invernadero para disminuir las emisiones de éstos en el municipio en un 20% antes del año 2030.

Reducción de Generación de Residuos

Acción 4: establecer una política de educación en el reciclaje para llegar a cero basuras antes del año 2040.

Acción 5: crear el marco legal que facilite la reducción en el uso de productos desechables, tóxicos o no renovables, por lo menos en un 50% dentro de siete años.

Acción 6: implementar programas de reciclaje de residuos orgánicos para su reconversión en abono, con la meta de disminuir los desperdicios per cápita de residuos sólidos destinados a los basureros comunes de la ciudad equivalente al 20% en un plazo de siete años.

Diseño Urbano

Acción 7: crear una normativa de obligado cumplimiento en donde se exija la eficiencia energética en los edificios públicos de nueva construcción y rehabilitación.

Acción 8: conseguir los acuerdos necesarios y crear el marco legal para una planificación urbana que promueva un uso de la tierra acorde a las necesidades ciudadanas en materia de construcción sostenible, accesibilidad y circulación para vehículos de motor, ciclistas y peatones, y fomento/preservación del espacio libre.

Acción 9: propiciar políticas municipales que generen trabajo que proteja el *medioambiente* dentro de los barrios pobres y/o las zonas de bajos recursos.

Naturaleza Urbana

Acción 10: asegurar que exista un parque accesible o un centro de recreo con espacio abierto a medio kilómetro de cada residente de la ciudad.

Acción 11: realizar un inventario de los ecosistemas naturales autóctonos y/o indígenas y desarrollar un plan de protección y restauración de los recursos ecológicos nativos.

Acción 12: aprobar una legislación que requiera el establecimiento de corredores de hábitat y características favorables al hábitat, utilizando especies nativas en conjunto con los proyectos de desarrollo llevados a cabo.

Haciendo un breve paréntesis en nuestra relación de "acciones" nos preguntamos, ¿es posible encauzar nuestros planes urbanos en esta dirección y conseguir como sociedad un nivel de vida superior al que disfrutamos? Sinceramente pensamos que sí, que es posible. Creemos firmemente que nuestro empeño por ser mejores motorizará en algún momento el cambio… Pero debemos hacerlo; pasar a la acción ya.

Estas acciones fueron redactadas en el primer lustro del nuevo milenio y desde luego existen referencias bibliográficas, técnicas y científicas más actualizadas para ciudades verdes[82 - 83], pero lo cierto es que aún no nos hemos puesto manos a la obra y la implementación de estas acciones todavía está pendiente.

2.4 Ciudades verdes IV

> *"…Que fácil es suspirar ante el gesto del hombre que cumple un deber…"*
> *Fragmento de Canción en Harapos.*
> Silvio Rodríguez.

Siguiendo con el tema de Ciudades Verdes[84 - 85], ya hemos ido hablando de los Acuerdos Urbanos de *Medioambiente* firmados en San Francisco, California, en el año 2005 y de las 12 primeras acciones (de 21 en total), sugeridas para ser llevadas a cabo por los países signatarios. Estas acciones corresponden a los aspectos de energía, reducción de residuos, diseño urbano y naturaleza urbana. Hemos comentado además que ninguna ciudad de la República Dominicana firmó estos acuerdos pero reafirmamos que, sin embargo, su utilidad estaría más que justificada en el marco de dicha realidad nacional y que pueden ser implementadas perfectamente en ese modelo local, ayudando así a conformar una especia de guía municipal (vinculante legalmente), para las buenas prácticas urbanísticas.

La segunda parte de las 21 acciones que en materia de transporte, salud ambiental y agua se plantean en los acuerdos urbanos de San Francisco serían las siguientes:

Transporte

Acción 13: desarrollar e implementar en un plazo de 10 años, políticas para ampliar y mejorar el servicio de transporte público a modo de facilitar mayor accesibilidad para los ciudadanos a por lo menos medio kilómetro de donde se encuentren.

Acción 14: crear una ley que elimine la gasolina con plomo y disminuya poco a poco el contenido de azufre en los combustibles en general. Todo esto junto a un plan de control de emisiones para los vehículos de transporte público y los vehículos estatales. La meta es reducir las emisiones contaminantes en un 50% dentro de los próximos 7 años.

Acción 15: implementar una política para reducir la circulación de vehículos de ocupación individual (coches privados) en un 10% dentro de los próximos 7 años.

Salud Ambiental

Acción 16: hacer un plan para identificar y eliminar cada año los productos o compuestos químicos usados en la industria de la construcción y que representan un riesgo de contaminación ambiental.

Acción 17: promover y apoyar los sistemas sostenibles de producción orgánica de alimentos locales. Asegurarse que el 20 % de las facilidades de la ciudad (incluyendo las escuelas), sirvan productos locales y comida orgánica en un plazo no mayor a 7 años.

Acción 18: establecer un Índice de calidad de aire para medir su nivel de contaminación, planteando una meta de reducción de partículas y gases contaminantes del orden del 10% para los próximos 7 años.

Agua

Acción 19: desarrollar una política pública que asegure el acceso al agua potable para toda la población en el 2015. En las ciudades con un consumo de más de 100 litros per cápita por día, adoptar e implementar una política de reducción del 10% también para el 2015.

Acción 20: proteger la integridad ecológica de los recursos naturales hídricos de la ciudad, es decir, ríos, lagos, pantanos y otros ecosistemas asociados.

Acción 21: adoptar reglamentos municipales para el manejo del desperdicio de agua y reducir su volumen en un 10% durante los próximos siete años. Desarrollar para esto, programas de reciclaje de agua y de sistemas de planificación basados en principios ecológicos, económicos y sociales.

Sumando las 21 acciones propuestas podemos ver como unas se presentan más factibles que otras. De todas formas creemos que todas son alcanzables en los plazos planteados, naturalmente, si se establecen las políticas necesarias para ello.

Nuestro país adolece (de manera crónica) de no cumplir el extenso marco legal que nos rige como nación y es una práctica común y constante aprobar leyes que luego no serán cumplidas. Con nuestra propuesta de recoger el testigo de los Acuerdos Urbanos de *Medioambiente* y crear una normativa municipal que incluya sus 21 acciones, no queremos agregar más burocracia ni documentación estéril al asunto de la sostenibilidad; más bien queremos y propugnamos por un cambio en la conciencia ciudadana, convencidos de que una vez "empoderada" la población (palabra muy de moda últimamente), y una vez educada la generalidad de la sociedad, es decir los entes sociales que la componen, el avance tendrá que producirse y el cambio de los acontecimientos será positivo e inminente.

Nuestros políticos y la clase dirigente tienen la responsabilidad de cumplir y hacer cumplir las leyes; en algunos casos también tienen el encargo de crearlas. Nosotros como "ciudadanos de a pie" no solo tenemos la responsabilidad y el deber de cumplir estas leyes, también tenemos que asumir el papel de motorizadores del cambio a través de propuestas y acciones proactivas que vayan en beneficio de la colectividad. ¿Estamos dispuestos TODOS a cumplir nuestra parte del plan?

2.5 Arquitectura para la sociedad

A grandes rasgos…

La arquitectura dominicana, como muchas otras de distintos países con parecido nivel PIB, ha tenido a lo largo de su historia varios momentos de gloria y grandes exponentes, no siempre arquitectos, pero casi siempre dotados de un alto sentido común y de una alta conciencia de las condicionantes climáticas y ambientales de nuestra isla. Desde antes de los tiempos de la conquista y de la colonia estas tierras han servido durante siglos como escenario para la práctica de un oficio que ha crecido paralelo al desarrollo de nuestra sociedad; unas veces traduciéndose en respuesta fiel a las necesidades de los ciudadanos, otras quizás no tanto[86].

Por otro lado, también es cierto que el lento desarrollo económico de nuestra sociedad[87-88], impidió durante muchos años que nuestros pueblos y ciudades pasaran de ser caseríos con mínimos rasgos de planificación, emplazados en torno a centros de producción o de riqueza natural, a centros urbanos ordenados y acordes a algunas proyecciones de crecimiento. Sin embargo - y esto hay que hacerlo notar - en muchos de los casos, poseían una marcada identidad arquitectónica autóctona merecedora del más alto reconocimiento. Vale decir que muchos de estos rasgos son comunes a otras islas del Caribe inglés y francés, e incluso a otras regiones tropicales que desde luego tienen idénticas características ambientales y climáticas[89].

La realidad de hoy en día (triste pero no insalvable y a los ejemplos actuales nos remitimos) es que en muchos casos pareciera como si nunca hubiese existido una tendencia definida de cómo hacer las cosas, como si los rasgos de la arquitectura vernácula hubiesen sido tan tímidos que no nos sirvieran ni de guía, ni de inspiración ni de nada; dejando a varios de los edificios que recientemente se van levantando como fieles exponentes de ninguna intención de diseño óptimo y eficiente. Podríamos llegar a creer que la regla del quehacer arquitectónico que traza el perfil urbano de nuestras ciudades no va más allá de la consigna: "yo resuelvo mi problema y el que venga atrás que arree," o "yo hago esta torre para ganarme mis cuartos". Si a esto le sumamos el desvergonzado sistema de "desplanificación urbana" (quizás el término sea nuestro), imperante en nuestros usos y costumbres, el tema podría llegar a ser preocupante.

La ausencia de responsabilidad social no debe ni puede ser la norma de una sociedad que quiera ingresar al círculo virtuoso del desarrollo. La arquitectura es un gran espejo donde se reflejan los valores de una sociedad, sus niveles de bienestar y crecimiento. Los arquitectos somos los responsables de interpretar - y en muchos casos definir - las aspiraciones de una sociedad en materia de infraestructura urbana y no tan urbana.

Es bueno que el perfil de Santo Domingo cambie, y que el de Santiago cambie también; y que el de muchas ciudades experimenten esos aires de bonanza, pero no a la brigandina (que nos perdone la *Bridge and Dimes* o el Brigán)[90], ni con la complicidad del profesional con el perfil más social de los actores del cambio: el arquitecto.

En nuestro país se hace necesario una especie de código de honor -código deontológico lo llaman- entre los profesionales de la construcción, unos lineamientos macros revestidos de sensatez y sentido común, consecuentes con los postulados de la arquitectura bioclimática (que incluye a la vernácula) y la eficiencia energética, cosa ésta que sería lo ideal y es por lo que al final propugnaremos siempre.

Como ejemplo de agentes de cambio nos llegan a la mente los protagonistas de La *Escuela de Chicago*[91] que para finales del siglo XIX y principios del XX encabezaron una tendencia renovadora en la ciudad de Chicago, pionera en la introducción de nuevos materiales y técnicas para la construcción de grandes edificios en altura. Esta tendencia rompió en cierta medida con las reminiscencias de estilos pasados, pero no porque fueran pasados, sino porque no servían ya. Aquí tendríamos que romper no tanto con el pasado (ojo al dato), si no con las formas poco eficientes de proyectar nuestros edificios y ciudades.

Aquel momento histórico de reordenamiento urbano motivado por el auge económico del Chicago de Louis Henry Sullivan[92-93], William Le Baron Jenney[94], Henry Richardson[95], y potenciado por la desgracia del incendio de 1871, independientemente de que las motivaciones y sus justificaciones sean cuestionables o no y desde luego diferentes a nuestro medio tropical, nos puede servir de inspiración para acometer la empresa del crecimiento ordenado de nuestros centros urbanos. En aquel contexto de cambio de siglo, Chicago experimentó lo que muchas ciudades de nuestros países están viviendo ahora: la necesidad de crear mejores edificios residenciales y comerciales con los pequeños rascacielos como elementos de definición del Skyline.

No nos oponemos al cambio de perfil de las urbes dominicanas, pero sí nos oponemos al crecimiento deforme, desordenado y sin planificación que revienta las arterias de circulación de los barrios y residenciales con edificios que son sumideros energéticos. Estamos convencidos de que podemos hacerlo mejor, autoridades, arquitectos, constructores, agentes inmobiliarios, ciudadanía; podemos hacerlo mejor y ya hay quienes lo están haciendo mejor.

Es el momento oportuno para instaurar una nueva escuela de arquitectura en Dominicana, no tanto una reedición de la famosa *Escuela de Chicago*[96], pero sí inspirada en su espíritu de cambio y renovación de un paradigma que pocas cosas buenas nos augura. Comprometida con la sostenibilidad, el medio ambiente y la colectividad, rompamos el ciclo de *pan para hoy y hambre para mañana.*

La forma de hacer arquitectura, de pensar y planificar nuestras ciudades, tendrían que ser un reflejo de las aspiraciones que como sociedad quisiéramos alcanzar. No solo un reflejo del desarrollo material de un pueblo, sino un sello de identidad a la vez que una ruta que, a la luz de los acontecimientos actuales, se revele como sostenible y energéticamente eficiente.

La única posibilidad para que estas líneas pasen de ser pura poesía, es abrir una mesa de debate y planificación, un espacio para la discusión y planteamiento de las soluciones…. Algunas de ellas las hemos querido ir expresando aquí e intentaremos continuar; cuenten con ello.

Hagámoslo mejor…. En memoria de Don Guillermo González.[97] (*)

(*) Padre de la arquitectura moderna dominicana, nacido en Santo Domingo (1900-1970). Estudió en la Universidad de Yale en 1930 obteniendo los más altos honores. Entre sus obras podemos citar El Parque Eugenio María de Hostos (antiguo parque Ramfis), el edificio Copello, el Hotel Jaragua demolido en 1985, la planificación de La Feria de la Paz y Confraternidad del Mundo Libre, el Ayuntamiento del Distrito Nacional y el Congreso Nacional. Como reconocimiento a su obra y trayectoria, fue declarado el 3 de noviembre fecha de su natalicio, Día de la Arquitectura Dominicana.

2.6 Urbanismo sostenible. Algunas pinceladas

En los últimos tiempos se hace cada vez más frecuente enfocar todos los temas de nuestra cotidianeidad desde la óptica de la conciencia ecológica[98]. La tecnología, la arquitectura, el urbanismo, la sociología de las ciudades en sentido general no están fuera de esta tendencia "verde"; por el contrario podríamos decir que siempre han estado asociados de una manera natural, implícita. El buen ejercicio de la arquitectura y la correcta planificación urbana, siempre han ido de la mano con criterios armónicos para el ser humano y su medio ambiente.

Al momento de llevar a la práctica - en el campo de la arquitectura y el urbanismo - los conceptos propios de la sostenibilidad, se consideran siempre factores tales como el ecosistema y el *medioambiente*, las energías y su forma de generación, los tipos de materiales de construcción, los residuos que se generan durante el proceso constructivo y después del mismo, y los factores de movilidad y transporte de personas y recursos.

Es imprescindible integrar la planificación del territorio y la urbanística con la edificación bioclimática propiamente, por estar ésta siempre vinculada a la sostenibilidad y a la eficiencia energética: un contenido adecuado que conforme un continente saludable y planificado. No hay urbanismo sostenible[99-100] sin arquitectura sostenible.

Al acometer la empresa de planificar con criterios sustentables, de los puntos anteriormente citados, la gestión del ecosistema (uso de suelos, ordenamiento, etc.), suele ser el mayor desafío, siendo a la vez la pieza fundamental del rompecabezas.

Son tres las líneas básicas de la sostenibilidad aplicada a este campo de la planificación: sostenibilidad ecológica, sostenibilidad social y sostenibilidad económica; el orden siempre será adaptable a cada caso en concreto. La correcta ordenación territorial será la base y a la vez complemento de estos tres pilares de apoyo.

La ordenación del territorio será un reflejo a nivel del espacio urbano de las políticas económicas, sociales, culturales y *medioambientales* y la participación ciudadana en todo el proceso de análisis y toma de decisiones debe jugar un papel protagónico.

El modelo de ciudad compacta, funcional e integradora de todos los actores sociales, es el mejor ejemplo de urbanismo asociado a la sostenibilidad; siendo el tándem proximidad/movilidad elementos básicos para la calidad de vida.

Desarrollo sostenible aplicado al urbanismo

También aquí se definen tres aspectos fundamentales para un desarrollo sostenible aplicado al urbanismo.

En primer lugar está el considerar el suelo como un recurso agotable, escaso por demás. Debe ser la tónica desarrollar las actuaciones sobre suelo reconvertido, regenerado o reciclado (aun cuando implique cambio de uso). En un buen modelo de desarrollo, sería altamente recomendable, que el 80% de los proyectos han de llevarse a cabo en suelos regenerados tratando siempre de preservar suelos verdes (*green fields*), sin uso urbano previo, para la agricultura o el equilibrio ecológico e incluso para el simple disfrute y fomento de espacios tranquilos para los vecinos[101].

El segundo aspecto es la consideración de la ciudad con sus edificios, calles y plazas como el foco principal del consumo de materias primas, energías y de producción de residuos y emisiones, para inmediatamente planificar el equilibrio de estas variables que nos conduzcan a una reducción del consumo y las emisiones. La educación ciudadana es fundamental en esta parte.

El tercer aspecto importante es la densidad y forma de la ciudad. Al ordenar nuevos suelos y urbanizar zonas completas es imprescindible ir hacia un modelo de densidad compacta- sin caer en la aglomeración que estamos conociendo- que garantice servicios óptimos y que evite la dispersión o *urban sprawl*[102], donde se hace necesario el transporte motorizado para acceder a cualquier servicio básico o hasta para ir al colmado.

2.7 Hacia una ciudad eficiente

Vancouver, ciudad del suroeste de la Columbia Británica en Canadá y una de las ciudades con mejor nivel de vida del mundo, se plantea para el 2020 un ambicioso plan de acción que la podría convertir en un ejemplo de sostenibilidad.

Desde el 1990, las autoridades de Vancouver han encaminado esfuerzos para reducir la contaminación, siendo la ciudad de Norteamérica con menor huella de carbono. De todos modos y aun con estos datos favorables, se continúan consumiendo muchos recursos naturales no renovables, emitiendo enormes volúmenes de GEI (gases de efecto invernadero) y produciendo grandes cantidades de residuos sólidos.

Es precisamente a partir de estos datos que Vancouver planea convertirse en Greenest City 2020[103-104] o, lo que es lo mismo, la ciudad más verde del planeta. Vale decir que, en su momento, otras ciudades como Toronto, Nueva York, Chicago, San Francisco, Portland, Seattle, Londres, París, Berlín, Copenhague, Estocolmo y Sidney, han manifestado su interés en este mismo objetivo que no es otra cosa que: reducir la huella de carbono, mejorando a la vez la calidad de vida de sus habitantes sin comprometer a las generaciones futuras ni a otras partes del mundo.

Para que cualquiera de estas ciudades pueda transformarse en una ciudad sostenible (que significaría además de un objetivo *medioambiental*, una buena estrategia económica para atraer inversiones y consolidar un clima favorable en este sentido), debe cumplir una serie de requisitos – diez en total - los cuales se recogen en el Plan de Acción 2020. Cada uno de estos requisitos conlleva un objetivo a largo plazo y un objetivo específico para el año 2020 que sería algo así como "conseguir la sostenibilidad en una generación". Se da por descontado que esto no es del todo posible, pero se aspira a ir sentando las bases a partir de unos parámetros medibles que serían (algunos ya menos que otros, e incluso otros ya más que algunos) los que citamos a continuación y que ayudarían a conseguir una generación libre de contaminación:

1. El valor de la economía verde: Consolidar a la ciudad (en el caso del proyecto original), como puntera de la empresa verde.

2. Liderazgo climático: Reducir las emisiones de gases de efecto invernadero.

3. Edificios verdes: Toda nueva construcción será bajo los estándares de edificios con emisiones casi nulas. Liderar la construcción sostenible y el diseño de edificios verdes a nivel global.

4. Movilidad verde: Hacer del transporte público, la bici o el paseo a pie, la opción preferida de los ciudadanos.

5. Basura cero: Reducir los residuos per cápita.

6. Fácil acceso a la naturaleza: Producir el fácil acceso a los espacios verdes urbanos.

7. Reducir la huella ecológica: Conseguir una reducción efectiva y per cápita.

8. Limpieza del agua: Procurar la mejor agua potable del mundo.

9. Aire limpio: Igualar/mejorar las directrices de la OMS (Organización Mundial de la Salud) en cuanto a calidad del aire.

10. Alimentos locales: Convertir a la ciudad en un líder mundial en sistemas alimentarios urbanos.

Todo cuanto se plantea como objetivos del Plan de Acción 2020, representa un gran desafío para cualquier ciudad del mundo llamado desarrollado y mucho más para las ciudades en vías de desarrollo. Es posible que varios de estos objetivos no puedan ser cumplidos totalmente por varias de las metrópolis que se lo han planteado. Incluso es probable que intereses político-empresariales impidan que estos objetivos se alcancen, protegiendo así algún tipo de ventaja - o ventajas - obtenidas de la situación actual. Peor aún, no nos sorprendería saber que esto quede en agua de borrajas y todo cuanto se ha venido hablando sobre este tema, no pase de un tímido documento que se sume a un montón de papeles echados al pozo de lo imposible…o como llaman los "expertos" lo no factible.

Sin embargo y a pesar de todo el párrafo anterior, sabemos que es posible conseguir ejecutar un plan parecido al Plan de Acción 2020. Sabemos que sí existen intereses sanos, que propugnan por convertir nuestras ciudades en lugares ciertamente más vivibles y habitables para los que nos siguen detrás. Incluso, somos más soñadores aún, y llegamos al atrevimiento de pensarlo posible hasta para un pequeño rincón del Caribe.

2.8 Un poco sobre transporte

Cualquier persona sin necesidad de poseer una especialización en el tema, puede percibir cuáles son los problemas más importantes del emplazamiento urbano donde vive. Incluso muchas veces puede pensar en acciones que ayudarían a solucionar algunos de esos problemas. Partiendo de esto, en ocasiones, nos preguntamos: ¿cómo es que algunos planificadores y especialistas en urbanismo pueden hacer planteamientos que nada tienen que ver con la lógica?

Desde hace bastante tiempo, temas tales como la densidad poblacional y/o los servicios e infraestructuras urbanas, son recurrentes en las mesas de técnicos y políticos. En la mayoría de las ocasiones estos técnicos, e incluso los políticos, han sido muy capaces, aunque otras veces no lo han sido tanto.

La planificación arquitectónica y la planificación urbanística, no son tareas fáciles desde luego; lo que también es cierto es que aun siendo procesos arduos, donde deben confluir aspiraciones sociales, nobles intereses y factibilidades técnicas y socioeconómicas, dichos procesos son gratificantes durante su realización y en su proyección futura[105].

La respuesta a la pregunta formulada en el primer párrafo es que, algunas veces, estos técnicos no llevan a cabo un ejercicio de proyección y planificación, apegado a los principios más básicos de sociología y urbanismo o, lo que es lo mismo, están muy alejados de toda lógica elemental. La razón para que esto sea así no la sabemos, pero a veces sospechamos que otros intereses se cruzan en medio, e impiden el desarrollo de este sano proceso que tanto echamos de menos en nuestras ciudades.

Uno de los problemas que notamos (o mejor dicho que padecemos) con mayor intensidad es el problema del transporte. El parque vehicular de la ciudad de Santo Domingo – por poner un ejemplo de un país en vías de desarrollo- ha aumentado con los años de manera exponencial, lo que no quiere decir que lo haya hecho de manera eficiente. Vemos muchos vehículos de motor transitar nuestras calles y sin embargo sigue habiendo un déficit importante en los sistemas de movilidad colectivos. Con los años hemos aprendido muy bien la lección de la autogestión de los servicios públicos, entre ellos el transporte urbano y no nos hemos detenido un momento en valorar las consecuencias.

La clase media dominicana, por continuar con nuestro ejemplo, no usa el transporte público que es caótico e ineficiente, pero tampoco ha desarrollado niveles de educación vial que permitan un tránsito más amable.Las clases de menores ingresos económicos, que se ven obligadas a utilizar el transporte público, son víctimas de una inoperancia estatal ancestral y de unos clanes de pseudo- transportistas apandillados en destartaladas entidades "empresariosindicales".

Si a todo esto le sumamos lo dicho sobre la falta de planificación y coordinación, nos encontramos frente a lo que ya conocemos: un drama que incluye desorden y contaminación.

A modo de breve propuesta

Sin pretender dar la fórmula mágica por este medio, sí que nos atrevemos a plantear algunos puntos de partida para la formulación de propuestas… ¿O más bien deberíamos decir a replantear lo que ya han dicho otros colegas y que se ha propuesto ya en decenas de planes, estudios y proyectos? En fin, éste es nuestro sencillo planteamiento que a muy grandes rasgos, en sólo tres puntos, nos parece que puede encaminarnos por un buen sendero.

1) Crear una especie de consorcio ÚNICO de transporte que agrupe (y en algunos casos elimine), las varias entidades estatales y municipales que tienen que ver con este tema; incluyendo de alguna manera, a los clanes "empresariosindicales", que actualmente brindan el servicio de transporte colectivo[106] (*).

2) Que mediante este consorcio se administre toda la política que en materia vial se lleve a cabo.

3) Que cualquier plan de desarrollo o de mejora del transporte público y privado, se plantee desde la perspectiva del bien ciudadano y la preservación del medio ambiente… Aunque parezca obvio decirlo.

El desarrollo de cada uno de estos puntos y de otros que obviamente deberían ir sumándose como líneas maestras, incluiría soluciones más puntuales tales como: cambios de sentido de circulación en varias vías de la ciudad, potenciar el transporte colectivo ya sea público o privado, privilegiar los medios de transporte no motorizados como la bicicleta, dar prioridad al peatón dentro de la trama urbana, incentivar el desarrollo socioeconómico del barrio, de manera que al crear riqueza en su entorno inmediato se eviten desplazamiento hacia puntos de trabajo y comercio distantes, etc.

Son muchas más las soluciones que se pueden presentar para solventar los problemas de transporte, pero sería fruto de trabajos más profundos que este artículo. Lo que tiene que quedarnos claro es que a menor circulación de vehículos de motor, menores gastos de combustible, menos atascos, menores emisiones de CO^2 y mejor calidad de vida. Es más simple de lo que incluso pueden parecer estas palabras.

(*) En 2017 la propuesta de muchos técnicos y de varias administraciones con respecto a un organismo único fue recogida por la administración del Presidente Medina con la creación del INTRANT.https:// twitter.com/intrant_rd?lang=es

2.9 Otro inocente comentario sobre transporte

El uso del automóvil privado se hace cada vez más intenso. Nuestras calles se ven abarrotadas ya no sólo en horas punta. Pensamos – y muchas veces es cierto – que la manera más fácil de llegar a un lugar es tomar el automóvil, cruzar la ciudad e intentar estacionar frente al destino.

En la ciudad contemporánea, los automóviles representan la mayor fuente de contaminación ambiental, toda vez que la combustión de los carburantes que usan los mismos, se convierte en dióxido de nitrógeno, monóxido y dióxido de carbono, entre otros[107]. Estas emisiones son responsables de importantes daños al *medioambiente* y a nuestro sistema respiratorio. Al mismo tiempo en esta emisión masiva de gases, tenemos el óxido de hidrógeno y anhídrido sulfúrico que son causantes de la lluvia ácida.

En ciudades como México D.F. o Madrid, se vienen tomando medidas para evitar el congestionamiento de las vías de circulación, los daños a la salud y al *medioambiente*. Con mayor o menor éxito se intenta buscar una solución a estos problemas. En el D.F. se asignan unos días a la semana en los cuales determinados números de matrículas no pueden circular; en Madrid o Londres[108] se controla estrictamente la circulación dentro de sus centros históricos y se han establecido zonas de estacionamiento regulado como medida disuasoria. Como alternativa para no utilizar el automóvil, en estas dos ciudades europeas el servicio de transporte público es impecable.

Como hemos comentando antes, en estos temas de planificación y soluciones de diseño, no existe una fórmula magistral; debe estudiarse el caso por caso. De igual manera que las soluciones de diseño para una vivienda situada en Azua no son las mismas que para otra vivienda situada en Reikiavik, así mismo, lo que en materia de movilidad y transporte funciona en un lugar, no tiene por qué hacerlo en otro de manera idéntica.

Lo que sí es cierto, es que hay algunas pautas generales que, al ser adoptadas por uno, demuestran ser válidas para otros. En el caso de muchas ciudades, el denominador común que ha servido para reducir las congestiones vehiculares, el gasto en combustible y la contaminación ambiental, ha sido el fomento del transporte público colectivo.

Líneas de autobuses por carriles especialmente habilitados, cruzan la ciudad en todas direcciones y a todas horas, supliendo una demanda de manera adecuada (¿nos suena de algo?). Esto y el servicio de trenes urbanos subterráneos que tejen una red casi infinita, son quizás las dos modalidades de transporte urbano por excelencia y desde luego las más implementadas por las administraciones estatales y municipales.

Cada ciudad, según sus características sociológicas, ambientales y técnicas (desde el clima, hasta la geología y la topografía), aconseja un tipo de solución de transporte colectivo. En algunos casos el autobús será la solución, en otros casos lo será el metro y en otros una combinación de ambos y desde luego de otros sistemas y/o factores. Lo importante es hacer un estudio de la realidad del lugar de emplazamiento para la red de transporte urbano y plantear la solución que responda plenamente a las necesidades. Un buen ejemplo de planificación e interpretación de estas necesidades locales, es el caso de la ciudad de Curitiba en Paraná, Brasil. Allí se planificó para que el ser humano fuera el protagonista y su entorno urbano fuera su escenario, no su prisión[109].

Para terminar y a modo de reflexión

Las ciudades se han convertido en lugares donde el individuo ha perdido protagonismo frente al automóvil. Hemos tratado de alcanzar un estado de comodidad a la hora de trasportarnos que se ha vuelto en nuestra contra. Debemos reconquistar la ciudad para vivirla y no para padecerla. El peatón es el protagonista y hay que planificar las ciudades para él…. Pero ¿es posible re-pensar una ciudad mal planificada? Ciertamente no es tarea fácil, pero se puede si la dicha es buena y sobre todo si se está *en el mismo trayecto del sol…(*)*

(*) Fragmento poema "Hay un país en el mundo" del Poeta Nacional dominicano, Pedro Mir.

2.10 Asentamientos urbanos. Lo obvio

La población mundial va creciendo y con ello va aumentando el número - aunque no siempre el tamaño - de los asentamientos urbanos y/o la cantidad de personas que habitan en ellos. Existen varias causas para este fenómeno o quizás una sola gran causa con varias caras y ésta es que, hoy por hoy, las oportunidades están en las ciudades. Esta situación es tan acusada, que ya más de la mitad de la población de nuestro planeta vive en las ciudades y se espera que para la tercera década de este siglo, la proporción aumente sobre el 60%. Estos datos están reflejados en los informes que se han ido presentando por el Programa de Naciones Unidas para los Asentamientos Humanos (ONU-HABITAT) y el Departamento de Asuntos Económicos y Sociales de la ONU (DESA), y el más reciente informe "*World Population Prospects. The 2017 Revision*"[110].

Dichos informes hacen una observación obvia y de una importancia capital para el planteamiento de soluciones futuras a este fenómeno de sobre-población urbana y es que a medida que las ciudades aumenten en su tamaño y en su población, el equilibrio entre los aspectos sociales, ambientales, de calidad y distribución del espacio urbano, será determinante. Garantizar este equilibrio depende de dos grandes protagonistas que son las administraciones públicas y la ciudadanía, siendo responsabilidad de la primera parte trazar gran parte de las directrices. Estas directrices se resumen en dos de las que se desprenderían las demás: igualdad y sostenibilidad.

Estos dos pilares en los que deben apoyarse todas las iniciativas tendentes a mejorar la vida de los habitantes de las ciudades, representan un desafío imponente para todos los actores que interactuamos en la escena urbana.

Igualdad

Cuando hablamos de igualdad – término muy amplio éste– debemos tocar aspectos que ya entran en la categoría de deuda social y desequilibrios ancestrales. En las ciudades de los países en vías de desarrollo, una familia pobre siempre ha vivido en las zonas con peores servicios e infraestructuras, si se les compara con una familia de nivel medio o alto. Las oportunidades en su entorno social son escasas y a veces inexistentes; como si fuera poco, muchas veces son tan vulnerables sus asentamientos, que con suerte sobreviven a los fenómenos atmosféricos o catástrofes naturales.

Plantear el objetivo de la igualdad de oportunidades en las ciudades, implica un trabajo de fondo, con una planificación que involucre desde el principio a todos los actores del escenario urbano. Es cierto que en muchos casos los recursos –sobre todo económicos– no están disponibles de parte de las administraciones públicas y los gobiernos, para afrontar las necesidades cotidianas de la población, pero también es cierto que en gran medida, es la falta de la tan mencionada planificación y la falta de voluntad política – por no mencionar la ineficacia y la corrupción– lo que impide avances en esta dirección.

Es probable que si desaparecieran estas trabas burocráticas y se pudiera disponer de los recursos económicos plenamente, gran parte del recorrido hacia la igualdad de los ciudadanos se pudiera completar.

En el contexto actual, al día de hoy se percibe voluntad política y el compromiso de muchos de los sectores implicados. Esperamos que no pase como siempre y se pierda el hilo de la cosa en largas e infecundas reuniones y jornadas de planificación infinitas.

En este aspecto – y seguro que en muchos otros de nuestra agenda social- es el momento de corregir lo que ha estado mal, desterrarlo para siempre, pero sobre todo, es el momento de hacer lo que nunca se ha hecho(*) en materia de planificación de los asentamientos urbanos.

2.11 Asentamientos urbanos y un pelín de sostenibilidad

El término sostenible, al que ya nos hemos referido antes, corre peligro de perder su valor. Cualquiera que desee darle cierto aire de actualidad a un estudio, una propuesta o un análisis le "encasqueta" esta palabra y obtiene los réditos.

Sin embargo, y pese a poder parecer miembros de esta nueva corriente neo-ecologista, tenemos que decir que la sostenibilidad urbana es una condición indispensable para la planificación de los asentamientos. La sostenibilidad abarca muchos aspectos, desde lo social y económico, pasando por lo cultural y humano, hasta llegar a lo *medioambiental*. Todo ello esta interrelacionado y con razón, dado que una cosa debe llevar a la otra, si se quiere que el asunto esté realmente equilibrado. En esta ocasión nos centraremos, brevemente, en la interacción con nuestro *medioambiente* natural/ urbano y la sostenibilidad de la misma.

Ya hemos hecho referencia a los estudios e informes elaborados por las organizaciones de la Organización de las Naciones Unidas (ONU), en los cuales se establece que, a medida que las ciudades vayan aumentando de tamaño y población, la armonía entre los aspectos (sociales y ambientales) de espacio del entorno urbano y sus habitantes, será cada vez más importante. También se afirma en este informe, que para garantizar dicha armonía tendríamos que partir de dos puntos de apoyo fundamentales: la igualdad y la sostenibilidad.

El ser humano en su aspiración de desarrollo va transformando el entorno natural donde decide asentarse y condiciona todo cuanto le rodea con el objetivo de satisfacer sus necesidades vitales….y no tan vitales. Sin entrar en mucho detalle, esta transformación, que por lo demás viene desde el principio de los tiempos, afecta en gran manera al bio-equilibrio previo. Sin lugar a dudas este hecho es inevitable y la acción del hombre siempre llevará aparejada esta realidad. El gran desafío conocido por los que se dedican a la planificación, es preservar lo mejor posible el estado original y/o plantear el tan deseado equilibrio que garantizaría la armonía entre hombre y naturaleza. Lo primero es casi utópico, lo segundo es factible; pero nos llega a la mente las líneas maestras esbozadas por Ian L. McHarg, en su afán de *proyectar con la naturaleza*[111].

Un ejemplo gráfico

Pongamos un ejemplo muy simplista, pero a la vez muy gráfico. Imaginemos un estado o municipio cuyos programas y proyectos de planificación urbanos, se realizan precariamente o, en el mejor de los casos, (aun siendo excelentes), no se llevan a cabo por falta de visión y/o recursos. Continuemos imaginando un importante déficit habitacional, sufrido por una población con niveles de vida que lindan con la pobreza extrema. Este conglomerado de almas, realiza asentamientos urbanos espontáneos y sin previsión de ninguna clase a la orilla de un río, cañada o simple escorrentía.

Evidentemente en este nuevo lugar de asentamiento, no se dispone de ningún tipo de servicio público y si, de hecho, existiera alguno, sería fruto del más inverosímil acto de improvisación. Hablar de agua potable, drenajes pluviales y tratamiento de aguas negras, es impensable, mientras tanto en la ribera, los niveles de contaminación e insalubridad, alcanzan cotas de terror incompatibles con la vida humana.

Imaginemos que en este mismo lugar no se fomentan más los asentamientos humanos, (las cosas se pueden fomentar de manera pasiva o por simple apatía de las administraciones), sino que se decide llevar a cabo un plan de rescate de la zona....y no sólo de la zona, sino de las personas que allí *malviven*. Supongamos que desde esa ribera, se trasladan las familias a otro lugar –previamente planificado- donde las condiciones de vida sean las propias. Acto seguido se ejecuta el plan de rescate -previamente concebido, estudiado, consensuado, pactado, contrastado- devolviendo a la vida del río el entorno que le pertenece, sin desembocadura de aguas negras sin tratar, ni aguas tóxicas de las industrias, ni vertederos improvisados. Se dota a esa franja de las condiciones casi-originales de biodiversidad desaparecida y se desarrolla un gran espacio verde, implantado en el corazón de la ciudad, donde la regeneración ecológica deja lugar para la convivencia del *medioambiente* natural y el ser humano, siendo parte (juntos) del equilibrio anhelado que se necesita para que la vida perdure en nuestras ciudades.

...y el sueño continúa...[112]

2.12 La ciudad accesible

Es justo que el lugar donde desarrollamos nuestras actividades diarias nos resulte fácil de utilizar. Movernos de un lugar a otro, en nuestras casas, lugares de trabajo, escuelas, barrios o ciudades, es algo tan natural, que solo en el momento que no podemos hacerlo, es cuando lo echamos de menos. La arquitectura y aun el urbanismo, cuentan entre sus objetivos, el de facilitar la vida de las personas en sus entornos habituales[113].

Incluso cuando es un objetivo identificado, muchas veces los proyectistas no somos capaces de eliminar las barreras arquitectónicas que impiden a ciertas personas, con condiciones especiales (no nos gusta el término de discapacitadas), llevar una vida tan normal como los demás.

Las barreras arquitectónicas o barreras de accesibilidad, son todos aquellos obstáculos físicos que dificultan - y en muchos casos impiden- que estas personas con condiciones especiales puedan moverse, acceder a algún lugar, o simplemente desarrollar cualquier actividad en un edificio o espacio determinado.

Muchas de nuestras ciudades, que en pos de un desarrollismo cuestionable aniquilan el libre tránsito peatonal, tienen, incluso, menos pendiente si cabe, el ofrecer igualdad de movimiento a las personas con movilidad reducida, o con alguna condición que les impida desarrollar su vida normalmente.

Cualquiera de nosotros que se detuviera a pensar en las condiciones físicas de su entorno urbano o arquitectónico, se daría cuenta que las barreras siguen allí donde menos se les necesita. Bordillos elevados en las aceras, escaleras sin rampa de rodamiento alternativa y con la pendiente/inclinación adecuada, puertas de paso estrechas o con giro de puerta mal dimensionado; son algunos de los obstáculos más obvios que nos podemos encontrar para personas en sillas de ruedas o movilidad reducida. En el caso de las personas invidentes, el no contar con señales táctiles en el suelo (perceptibles al caminar con bastón), e incluso señales sonoras en los trayectos y cruces peatonales, es inadmisible para una ciudad, lugar o entorno que aspire al desarrollo de la calidad de vida de su población.

Entornos para las personas

Una sociedad desarrollada ofrece a su gente igualdad de oportunidades en todos los aspectos… o por lo menos lo intenta y trata de plantear alternativas accesibles para todos. Una ciudad debe equilibrar su oferta; el vehículo de motor debe tener su espacio y vías expeditas para el tránsito eficiente, pero todo esto sin robar protagonismo al peatón, tenga éste condiciones especiales o no. La ciudad es para el individuo; independientemente de cualquier cosa debe adaptarse a él y a su vida en colectividad; eso es el desarrollo.

Conocemos el camino para conseguir adaptar nuestro entorno, para que todos podamos disfrutarlo sin problemas de accesibilidad. En las escuelas de arquitectura y urbanismo nos forman para proyectar sin barreras arquitectónicas, las administraciones municipales se saben la lección y los ciudadanos exigen mejores entornos…. Entonces ¿por qué nos olvidamos de hacerlo bien?

Ciudades como Berlín (Alemania) 2013, Gotemburgo (Suecia) 2014, Borås (Suecia) 2015, Milán (Italia) 2016, Chester (Reino Unido) 2017, entre otras ciudades[114], han sido reconocidas por fomentar la integración de sus habitantes y es que la Unión Europea apuesta porque las personas con condiciones especiales, puedan participar plenamente en la sociedad, sin barreras ni obstáculos.

A veces pensamos que Europa es una utopía para los pueblos con menores niveles de desarrollo. Bendita utopía que nos sirve de ejemplo, además, no van tan lejos los de adelante si los de atrás corren bien.

3. SOBRE EFICIENCIA ENERGÉTICA EN LA EDIFICACIÓN

3.1 Auditoría y gestión energética en la edificación I

"La energía no se crea ni se destruye solo se transforma".
Ley de la conservación de la energía.

La ley de la conservación de la energía es al mismo tiempo el primer principio de la termodinámica[115]. Si hacemos memoria recordaremos que el conocimiento de la misma nos viene desde los tiempos del colegio y de aquellas clases de física que luego continuaron en la universidad incluso para los que son de letras.

Esta ley o principio afirma que la cantidad total de energía de cualquiera que sea el sistema físico aislado - es decir, que no tenga ningún tipo de interacción con otro sistema - permanece inalterable con el tiempo, aunque susceptible de poder transformarse en otra forma de energía. Un buen ejemplo de este fenómeno - si se puede llamar así - es cuando la energía eléctrica se transforma en energía calorífica. Planteándolo de otra manera podemos decir que la energía puede transformarse de una forma a otra infinitamente o transferirse desde un cuerpo a otro, pero en su conjunto se mantiene constante.

Si nos basamos en este principio y lo tomamos como bueno y válido, partiendo de que es tan cierto como la ley de la gravedad, veremos que la energía tal y como la recibimos nunca dejará de ser; es infinita y no importa lo que hagamos, siempre estará ahí. Desde luego a seguidas tendríamos que agregar que lo que sí es agotable - o por lo menos en la forma en que disponemos de ellos - son los recursos que nos permiten generar esta energía. También es agotable el dinero que necesitamos para producir y comprar esta energía.

En nuestro día a día, ya sea en el plano doméstico, empresarial o industrial, no somos conscientes realmente de cuanto consumimos, ni cuanto o como gastamos la energía que nos es servida para suplir nuestras necesidades cotidianas. El recibo de la luz es un "buen" indicador (sobre todo para las compañías que ofrecen el servicio), de lo que vamos a pagar ese mes, pero no es ni mucho menos un buen indicador de cómo hemos gastado lo que vamos a pagar y como conseguir administrar mejor nuestro energía para el siguiente período de facturación.

Aunque en países en vías de desarrollo aún no es tan común, en muchos países se habla de auditorías energéticas[116] como herramientas para ayudar al ahorro. Es cierto que por el nombre parecería algo muy complicado y aunque tiene su grado de especialización técnica, también es cierto que es un tema bastante abordable para el que desee implementarlo como primera fase para la optimización de su consumo energético.

Una auditoría energética no es más que el análisis del comportamiento energético de un edificio con el objetivo de reducir su consumo, evaluando los hábitos del usuario, los equipos de climatización para el confort interior, la iluminación y los aparatos eléctricos en general, el aislamiento de las instalaciones y el comportamiento térmico de la envolvente. Ya en una segunda fase debería llevarse a cabo un programa de gestión que responda a los datos obtenidos en dicha auditoría.

Los datos que quedan evidenciados como fruto de una auditoría nos permiten obtener y manejar las siguientes ventajas como pasos previos a una buena gestión:
- Definición y caracterización del tipo y cantidad de energía consumida, hábitos de consumo y centros consumidores.
- Conocimiento de las características de consumo energético que nos permite hacer los ajustes necesarios para su optimización.
- A partir de una auditoría se tiene la oportunidad real de ponderar el cambio o adaptación de los equipos instalados a fuentes de energía renovables.
- Conociendo las características de la energía servida, la forma y niveles de consumo, y las necesidades de mantenimiento de los equipos, es posible prolongar la vida útil de los mismos y reducir el impacto ambiental por su uso.

Todo esto nos conduce a una reducción del consumo con el consecuente ahorro energético/económico y aunque esto es lo primero que valoramos, el fin último y la mayor ventaja de una auditoría energética es que es un paso decisivo para atenuar el impacto negativo de los sistemas y equipos de los edificios sobre el medio ambiente.

Más adelante nos referiremos al tema de la gestión energética como evolución natural de la auditoría.

3.2 Auditoría y gestión energética en la edificación II

"Less is more" (Menos es más)
Ludwig Mies van der Rohe.

Si la auditoría energética[117- 118] es la mejor forma para definir y conocer el tipo, los niveles y la calidad del consumo de energía en un edificio - cualquiera que sea su función - la gestión energética viene a ser la forma en cómo administrar esa energía de la que disponemos.

La gestión energética de un edificio, por muy técnico que nos pueda parecer el término, no es un tema que nos toca de lejos; más bien al contrario. Saber utilizar los recursos de los que disponemos para proporcionarnos el confort que disfrutamos con nuestro modo de vida actual es lo que garantizará poder tener "algo" que disfrutar en el futuro.

Definimos la gestión como el conjunto de métodos o sistemas que nos permiten optimizar los usos de la energía mediante procesos de monitorización. Esto quiere decir llevar a cabo una correcta administración de los recursos naturales (como el agua); del funcionamiento de equipos e instalaciones (desde la tostadora o las bombillas de la casa, hasta los aires acondicionados de un complejo industrial); así como de las características constructivas. El objetivo último será obtener una máxima eficiencia en los procesos energéticos del edificio, o lo que es lo mismo, vivir bien ahorrando en el consumo.

Gran parte de la esencia de la arquitectura bioclimática se resume en el postulado minimalista del maestro Mies: conseguir más con menos. También sería bastante aceptable, desde nuestro punto de vista conseguir por lo menos lo mismo pero siempre con menos. ¿Y a qué nos referimos con esto? Lo contestamos con un ejemplo: existen griferías (llaves de lavamanos, fregaderos, duchas, etc.), que incorporan un micro-pulverizador de agua que minimiza el caudal que recibimos sin que esto signifique una merma para el usuario ni en la sensación, ni en el uso real que hace del agua. Más bien el usuario experimenta lo contrario, dado que se siente mayor fuerza y caudal, pero realmente es la mezcla - genial por demás - de agua y aire.

Básicamente la eficiencia energética en la edificación (que es un compromiso tanto del proyectista como del que desarrolla sus actividades en el organismo arquitectónico), concentra toda su teoría y práctica en consumir menos energías, o lo que es lo mismo, conseguir mayores beneficios finales con menos recursos y con el menor impacto sobre el medio ambiente.

Ciertamente una gestión energética eficaz para una edificación, debe ser encargada a un profesional del sector, sea éste arquitecto o ingeniero especialista en estos menesteres.

A grandes rasgos, algunos de los pasos iniciales para llevar a cabo este proceso son:

- Análisis del desempeño energético del edificio: consumos, niveles de eficiencia, etc. Diagnóstico y auditoría.
- Control y optimización de las variables que garantizan el confort y determinan el consumo, para establecer medidas de ahorro y parámetros de demanda.
- Sustitución e instalación (si fuera el caso) de equipos que cumplan las expectativas de ahorro y la normativa si la hubiere.
- Evaluación y control del sistema de gestión y de los posibles planes de mantenimiento de equipos y planta física.
- Propuesta de soluciones alternativas como la implementación de energías renovables.

Asumir la consigna de Menos es Más, podría no pasar de ser un destello de luz en el horizonte oscuro, o llegar a convertirse en el primer rayo esperanzador de un pronto amanecer. Reducir el consumo y conseguir que esto repercuta en mejores niveles de vida presentes y futuros es tarea difícil, pero no imposible. Hace un tiempo que la cuenta atrás para el *medioambiente* ha sido activada mientras en reuniones estériles se sigue pregonando la urgencia de producir cambios que a veces tardan en llegar.

El ciudadano consciente (quizás alguien tiene que ayudarle a ser consciente), debe encaminarse hacia estos cambios, algunos de los cuales parecerán simples gestos. De todos modos aún creemos que estos gestos pueden sumar la fuerza que nos conduzca a mejor puerto.

3.3 Auditoría y gestión energética en la edificación III

¿Por qué esta magnífica tecnología científica que ahorra....y nos hace la vida más cómoda nos aporta tan poca felicidad? La respuesta es simple: porque aún no hemos aprendido a usarla con acierto.

Pensamiento atribuido a Albert Einstein.

Una Auditoría Energética[119] es la mejor forma disponible para definir y conocer el tipo y los niveles del consumo de energía en un edificio así como la calidad de este consumo. Y la gestión energética viene a ser la forma en cómo administrar esa energía de la que disponemos para el uso en nuestras actividades cotidianas.

El fin de todo este proceso de auditoría y gestión (la primera definida en el diccionario como revisión y la segunda definida como acción y efecto de administrar) es la reducción del consumo energético en nuestros edificios. A su vez el fin último de esta reducción de consumo es el ahorro como concepto global; es decir el ahorro económico por un lado y por otro lado el ahorro de perjuicios para el medio ambiente.

Si bien es cierto que llevar correctamente a cabo estos procesos de auditoría y de gestión energética son trabajos para profesionales de la arquitectura y/o la ingeniería, también es muy cierto que el usuario tiene en sus manos el éxito de la historia, y más aún siempre podría dar pasos *motu proprio*, siendo esta experiencia la más común en una sociedad en vías de desarrollo.

Aunque no siempre estamos de acuerdo con la autogestión –*leitmotiv* de este tipo de sociedades en vías de desarrollo– por ser muchas veces génesis del desorden generalizado en el que vivimos, entendemos que en este caso en particular (el del ahorro energético), es casi una obligación ciudadana tomar medidas particulares para gestionar su energía.

No pretendiendo que se conviertan en mágicas recetas, confesamos que hemos cedido al deseo de recomendar algunas pautas generales que entendemos pueden ser de valiosa ayuda para una correcta gestión de la energía y los recursos de que disponemos en nuestros edificios. Somos conscientes de que muchos de estos consejos no responderán a la precaria situación de servicios (tanto de agua como de electricidad) que padecen poblaciones como las de República Dominicana. Desde ahora nos comprometemos a tratar más adelante algunas soluciones a estos problemas desde una óptica bioclimática. De momento, aquí dejamos algunas de nuestras sugerencias comenzando con el agua.

Gestión del agua

En este punto no entraremos en la gestión del agua más allá de ámbito doméstico (vivienda, oficina, pequeña industria), dejando los usos industriales y agrícolas para otra ocasión.

-       Ducha en lugar de baño

Cuando nos bañamos (tumbados en la bañera y cubiertos de agua), utilizamos una media de entre 15 y 20 galones de agua (unos 90 litros aprox.)[120], mientras que con una simple ducha de 5 minutos, estaríamos consumiendo unos 6 galones (casi 23 litros). Lo ideal sería ducharse en poco tiempo y con una potencia moderada. Reconocemos que un dominicano sin agua potable es capaz de bañarse con apenas dos galones[121-122].

- Trucos para el inodoro

En el proceso de almacenaje, purificación y distribución del agua doméstica se genera una importante huella de carbono y sin embargo la utilizamos como si fuera una fuente inagotable. Una gran parte del agua que llega a los hogares de clase media va directamente al desagüe en un ridículo alarde de desperdicio. Para reducir la cantidad de agua que se vierte en una descarga del inodoro podemos colocar una botella de plástico llena de agua dentro del tanque del mismo. Si se piensa cambiar de inodoro, y las posibilidades lo permiten, optar por un modelo que permita regular la descarga en media carga o carga completa sería lo ideal. El cálculo de las emisiones de CO^2 en el proceso de utilización de un inodoro doméstico normal, es del orden de 61 Kg de CO^2 eq / año (Kg de dióxido de carbono equivalente al año)[123].

- Para el lavamanos

Tanto en el lavamanos como en la ducha se puede instalar un regulador de caudal o aireador que modere la salida de agua. Además de estos aditamentos que, al producir burbujas, dan la sensación de filtrar la misma cantidad de agua y que cada vez son más comunes en el mercado, la buena costumbre de cerrar el grifo mientras nos enjabonamos o cepillamos, nos ahorrará una cantidad considerable de agua. El cálculo de las emisiones de CO^2 durante la utilización de un lavabo doméstico normal, es de poco menos de 8 Kg de CO^2 eq / año[123].

- Consejos generales

El consumo de agua por persona aumenta cada año así como aumenta la población mundial. Su tratamiento requiere gran cantidad de energía, lo que genera un alto grado de emisiones. Algunos consejos generales no nos supondrían grandes molestias (alguna molestia siempre supone), y nos ayudaría a gestionar y conservar este recurso.

Aprovechar el agua de lluvia es un método que viene desde el principio de los tiempos. Se puede recoger parte del agua que cae sobre el techo y conducirla hacia una bajante conectada a un depósito (cisterna o tinaco) y tratarla con un poco de cloro de piscina o de lavar. Esta agua se podrá utilizar para el jardín, lavar el coche o incorporarla directamente a la red de consumo (lavamanos, inodoro, fregadero, ducha). Al lavar el coche si se hace con un par de cubetas de agua, mejor que con la manguera; pero si hace falta la manguera, colocarle una "pistola" para ayudar a reducir el consumo.

También para el jardín, alternativamente al uso de manguera, y siempre que sea posible, se recomienda el uso de regadera, siendo aconsejable en cualquier caso el riego por la mañana temprano, o por la noche para evitar la evaporación. Colocar mantillo o compost alrededor de las plantas evita que el agua del suelo se evapore rápidamente. Mantener el césped con 4cm de altura promedio permite sombrear un poco el suelo y evitar que se reseque.

Si es factible, se recomienda instalar un sistema de manguera con bombita manual que desvíe el agua de la bañera hacia el inodoro o el jardín, para reutilizar las aguas grises. Existen productos que depuran el agua que usamos para nuestro aseo y la reconducen para los usos antes citados. También hay marcas de aparatos sanitarios que fusionan lavamanos e inodoro para que desde el primero se sirva el agua hacia el segundo.

3.4 Auditoría y gestión energética en la edificación IV

"…La casa debe ser el estuche de la vida, la máquina de felicidad…"
Frase atribuida a Le Corbusier.

Siguiendo con algunas de las soluciones de autogestión energética para nuestro escenario cotidiano (hogares, centros de trabajo, lugares de estudios, etc.), pasamos a enumerar algunas recomendaciones para el ahorro energético; una suma de gestos que ayudarían a marcar la diferencia.

Consumo eléctrico

En sociedades de consumo, el consumo eléctrico – junto al del agua - quizás viene a ser de los tipos de consumo doméstico más evidentes, y es que muchos de los aparatos con los que contamos en nuestro entorno son eléctricos.

- Iluminación[124]:

Una parte importante de la electricidad que utilizamos diariamente se destina a la iluminación de los espacios que habitamos. Maximizar el uso de la luz natural es la medida por excelencia para el ahorro en iluminación. Esta solución naturalmente está condicionada a las horas de sol al día con las que podemos contar.

Se debe evitar el uso de las tradicionales bombillas incandescentes dado su bajo rendimiento, ya que pierden hasta el 80% de su energía en forma de calor. En lugar de éstas se recomienda el uso de las bombillas fluorescentes compactas (CFL), también llamadas de bajo consumo, que gastan una cuarta parte de la energía y tienen un rendimiento de entre 6 y 10 veces mayor[125]. Como dato interesante tenemos que desde al año 2010 las bombillas incandescentes están prohibidas en Australia y desde el 2011 se trata de hacer lo mismo en el Reino Unido. A partir del pasado 2016, Philips, el mayor fabricante del mundo, se ha planteado dejar de producir bombillas incandescentes en Estados Unidos y Europa.

Otra alternativa, que se presenta en el mercado, muy en boga actualmente, son los diodos de emisión de luz conocidos comúnmente como luces LED (*Light-Emitting Diode*)[126 - 127]. Estas luminarias (mucho más pequeñas, más brillantes y con un altísimo rendimiento al no tener filamento), podrían durar, hasta aproximadamente 10 veces más que las CFL y hasta 100 veces más que las incandescentes, de acuerdo a modelos y marcas.

Una técnica interesante para optimizar la iluminación de nuestros espacios favoreciendo el ahorro es el uso de flexos (lámparas de brazo extensible). Estos "brazos de luz", además de proporcionar un tipo de iluminación agradable, permiten concentrar la luz donde hace falta sin tener que iluminar toda la estancia. De la misma manera disponer estratégicamente de lámparas en los rincones facilita favorablemente el reflejo de la luz en el espacio.

El uso de temporizadores o sensores de iluminación ayuda a dosificar el consumo. Si se necesita la luz encendida durante la noche pero solo en algunos momentos puntuales, instalar sensores de movimiento puede ser una opción recomendable.

- Aparatos eléctricos

Muchos de nuestros hogares, habitualmente, están equipados con todo tipo de aparatos eléctricos de última generación. Estos equipamientos pueden consumir mucha más energía de la que podemos suponer. Ya en hogares de países con estándares de vida superiores, es decir con economías desarrolladas, el consumo de estos tipos de aparatos ha crecido exponencialmente con el consiguiente aumento de emisiones de CO^2 a la atmósfera[128].

Por suerte ya está muy extendido el uso de efectos eléctricos con etiquetas de alta eficiencia energética.

Desde luego la principal medida de ahorro es el uso moderado y sensato de los electrodomésticos. En este sentido apagar un equipo en lugar de dejarlo en modo de espera, resulta mucho más eficiente llegando a reducir considerablemente la facturación[129]. También el uso de temporizadores puede ayudar a evitar descuidos en el uso de estos aparatos.

La dependencia de los ordenadores está convirtiendo a la industria de la tecnología de la información en la responsable del 2%, aproximadamente, de todas las emisiones de CO^2 en el mundo[130].

Apagar la computadora si no será usada en la próxima hora es una medida prudente de ahorro. De igual modo si ya no será utilizada durante un largo período, por ejemplo la noche.

Aun haciendo un esfuerzo de síntesis importante debemos dejar algunas "soluciones de gestión y ahorro energético" en carpeta, como lo concerniente a refrigeración y aires acondicionados. Todo esto - claro está - con la esperanza de poder completar este compendio de "gestos de ahorro energético".

Tomar conciencia de lo que se tiene para luego poder administrarlo es parte esencial del camino de supervivencia que viene transitando el ser humano desde el principio de la especie hasta el día de hoy. El lugar donde vivimos y/o donde desarrollamos nuestras actividades cotidianas es el escenario donde podemos llevar a cabo la acción conjunta de administrar y ahorrar energía y recursos.

Auditoría energética + gestión energética = AHORRO. Es decir la suma de los dos primeros factores es igual a un ahorro general importante tanto en lo económico como en lo *medioambiental* y ése es el objetivo principal.

Debemos tratar de que nuestro confort y felicidad en los espacios vivideros no estén reñidos con ese estuche de vida que es nuestro pequeño planeta... Nuestra gran casa.

3.5 Auditoría y gestión energética en la edificación V

"…La vida moderna exige y está a la espera de un nuevo tipo de plan, tanto para la casa como para la ciudad…"
Cita atribuida a Le Corbusier.

Continuando con la parte de la reducción del consumo eléctrico y el uso responsable de los aparatos que nos facilitan la vida, trataremos, someramente, sobre el aprovechamiento óptimo de las neveras y los aires acondicionados.

Sin lugar a dudas entre las comodidades resaltables a las que tiene acceso el ser humano moderno, o más bien contemporáneo, están la conservación de los alimentos en frío y la climatización mecánica de los espacios habitables.

La ventaja de poder conservar en el tiempo carnes, pescados y otros comestibles, retrasando y evitando su deterioro, casi podría equipararse (exagerando un poco), al hito marcado en la historia por el uso de la sal y su influencia en el desarrollo del ser humano primitivo.

Por otro lado, el hecho de producir frío o calor, dependiendo de la latitud del lugar, la estación del año y hasta la hora del día, se convierte en muchos casos en una condicionante para desarrollar varias de nuestras actividades cotidianas o tareas especializadas de forma confortable.

Muchas familias de clase media tienen la oportunidad de climatizar sus estancias de uso diario con aparatos acondicionadores de aire (A/C); aunque somos partidarios de la ventilación natural - muy propicia para climas tropicales - hoy por hoy los A/C son una realidad que repercute directamente en las facturas eléctricas de éstas.

Pero si cada día aumenta el uso de A/C en nuestros hogares, mucho mayor es el número de familias que tienen la oportunidad de conservar sus alimentos refrigerados varios días en sus neveras y frigoríficos.

Como hemos dicho, el uso responsable e inteligente de estos efectos eléctricos se verá reflejado positivamente en nuestro consumo mensual y en la mejora del *medioambiente*.

A continuación algunos de los "gestos" que marcarían la diferencia:

- Refrigeración

Es bueno hacer notar que una nevera o refrigerador supone casi el 18% del consumo doméstico de electricidad en España[128].

La ubicación de este útil aparato en una zona fresca, lejos de fuentes de calor como la estufa o el horno, con un espacio trasero de al menos 6 cm para que el aire pueda circular, garantiza un mejor rendimiento.

Colocar el marcador de la nevera en un nivel medio de enfriamiento (± 5ºC) evita un consumo excesivo y permite mantener una temperatura adecuada para los alimentos; en la parte de congelados se recomienda una temperatura de - 18ºC . Otro consejo útil es que al viajar, siempre será mejor desconectar la nevera o refrigerador[128].

Es recomendable descongelar regularmente los refrigeradores de las neveras para conseguir una mayor eficiencia; es decir más frío con menos energía.

El cierre hermético de la puerta es fundamental para mantener la temperatura dentro. Para comprobar que no haya que cambiar el cierre (la goma imantada), se coloca un papel en medio, que deberá quedar sujeto al cerrar la puerta.

Mantener los alimentos en orden evita perder tiempo y hasta un 30% del frío interior al tener que buscarlos. Dejar que las cosas calientes se refresquen antes de meterlas dentro de la nevera ayuda a "economizar" temperatura interior y consumo energético.

Para un óptimo rendimiento, llenar la nevera al 70 o 75% de su capacidad y el congelador totalmente lleno, impide que al abrir la puerta se pierda el aire frío. Si no se tienen suficientes alimentos se pueden colocar envases con agua.

- Aire acondicionado (A/C)

Estamos convencidos de que los sistemas mecánicos de climatización tienen un elevado coste ecológico y dado que las temperaturas globales aumentan cada día, las alternativas verdes son claves para nuestro futuro. Apostar por la ventilación natural será siempre la mejor opción.

Al momento de instalar un A/C es preciso verificar que la capacidad del mismo sea la adecuada para el espacio a climatizar. De acuerdo a la Guía Práctica de la Energía. Consumo Eficiente y Responsable, publicada por el IDEA (Ver referencia 56), para una superficie a refrigerar de entre 9 y 15 m², la potencia del refrigerante debe ser de 1,5 kW, para un espacio de entre 35 y 30 m² dicha potencia debe ser de 2,4 kW, y para una superficie de entre 50 y 60 m², la potencia del refrigerante debe ser de 4,2 kW. También es fundamental que los conductos, cerramientos, puertas y ventanas estén lo más herméticos posible. Mantener cerrado el lugar vendría a ser una observación obvia pero comúnmente olvidada y que afecta negativamente al mantenimiento de las condiciones de temperatura de la estancia. Un detalle a señalar es que aun cuando el A/C esté apagado una hora antes de salir del lugar, se puede mantener una temperatura aceptable para el usuario.

Otro factor importante es tratar de sombrear la estancia todo lo que sea posible para evitar sobrecalentamientos; en caso contrario los valores expresados se deben incrementar en un 15%. Controlar la temperatura en torno a los 23/26 grados es más que suficiente para obtener un buen nivel de confort. Además de esto, vestir acorde con la actividad a realizar ayuda a no tener sensación innecesaria de calor.

Revisar y limpiar los filtros regularmente nos asegura que el aparato trabaje en condiciones normales.

Como hemos comentado antes, la mayoría de estos consejos y pautas de uso de las facilidades y aparatos de los que disponemos son sobradamente conocidos por todos[131]. Aunque esto sea así, también estamos seguros que al agruparlos bajo el concepto de Auditoría energética + gestión energética = AHORRO, conseguimos situarlos en un contexto de uso responsable y saludable para nuestro bolsillo y para el *medioambiente*; además creemos que contestamos a la pregunta formulada por un compañero nuestro: ¿Y sirve de algo? Desde luego que sirve de algo... Sirve de mucho.

3.6 Certificación energética de los edificios

"¿Cómo voy a creer, dijo el fulano, que el mundo se quedó sin utopías...?"
Mario Benedetti.

¿Quién iba a decir que a principios del siglo XXI la utopía europea de la eficiencia energética de los edificios se iría convirtiendo en realidad, y más aún que uno de los mayores socios comerciales de Las Américas como es España lo pondría en marcha de cara al 2013 y de manera obligatoria? Nos referimos a la Certificación Energética de los Edificios[132].

¿Y qué es la Certificación Energética? La Certificación es el proceso mediante el cual se valora la eficiencia energética de los edificios, asignándoles un nivel energético en cuanto a sus prestaciones y consumo, que podrá ir desde el nivel A, para los más eficientes, al nivel G, para los que no lo sean tanto.

El caso español

El Ministerio de Industria, Energía y Turismo y Ministerio de Fomento, están inmersos en todo un proceso de adecuación del escenario español en materia de energía.

De esta manera España acata las exigencias de la Unión Europea[133 - 134] que ve en el Certificado una medida idónea para fomentar la eficiencia, favorable tanto para el ahorro en el consumo de energía como para el medio ambiente.

De lo que se trata es que al momento de concebir el proyecto, en el caso de nuevos proyectos, el arquitecto tenga ya sobre la mesa, como puntos de partida para el diseño del edificio, las estrategias y sistemas a implementar de cara a la sostenibilidad; y que, de igual manera, pueda plantear, para edificios existentes, las medidas de mejora de la eficiencia que mejor se adapten a la situación.

La entrada en vigor en España de esta normativa europea vía Real Decreto fue durante el año 2013 siendo de obligado cumplimiento en todos los edificios tanto existentes como de nueva planta.

El nuevo Certificado de Eficiencia Energética se exigirá en los contratos de compraventa o alquiler que se suscriban a partir de esta fecha. Quedan excluidos del cumplimiento de esta norma los edificios de vivienda con contrato de alquiler de menos de 4 meses; también quedan excluidas edificaciones abiertas, edificios y monumentos protegidos, lugares de culto y de actividades religiosas. Así mismo se excluyen construcciones provisionales con un plazo previsto inferior a 2 años, edificios industriales y de explotaciones agrícolas, edificios aislados menores de 50m^2 y algunos otros casos puntuales a ser considerados en el momento de Certificación.

Un buen ejemplo

Al margen de la brutal crisis que afecta a Europa y en especial a España - y quizás impulsada por ella - los avances en materia de normativa sobre eficiencia energética en la edificación han ido dando sus frutos. Sirva su ejemplo - en este aspecto que nos atañe - para los más jóvenes que vienen detrás, y los que no somos tan jóvenes, y que quisiéramos hacer bien las cosas... ¿Queremos, o es solo una utopía?

3.7 Iluminación interior eficiente

La iluminación es una de las principales necesidades energéticas en un edificio, cualquiera que sea su naturaleza. Evidentemente habría que determinar, por las características del edificio y sus usos, el tipo de iluminación que necesita. No es lo mismo dotar de luz a una biblioteca que al dormitorio de una vivienda.

En otras ocasiones que hemos tocado el tema de la iluminación, hemos hecho énfasis en que es preferible "consumir" luz natural que luz eléctrica. Las razones van desde el ahorro en el consumo energético, pasando por la calidad de la luz, hasta lo positivo que es medioambientalmente. Siempre que sea posible y que el diseño lo permita, se debe dar prioridad en el proyecto a la iluminación natural. Factores como la forma, la orientación de los espacios, la disposición de los huecos, deben ser tomados por el proyectista o promotor del encargo si se quiere optimizar el uso de la luz natural[135].

Pero lo cierto es que por muy bien diseñado que estén los espacios y por muy bien que aprovechen los rayos solares para la iluminación, en algún momento llega la noche y se hace necesario encender la luz eléctrica; o simplemente siendo de día, a un ambiente en particular, le hace falta el apoyo de la electricidad para la iluminación.

Sea cual sea el caso, existen diferentes tipos de lámparas domésticas o de uso interior entre las que podemos citar:

1.-Las lámparas incandescentes, con una vida útil de 1000 horas y que sólo aprovechan en iluminación un 5% de la energía eléctrica que consumen; el 95% restante lo transforman en calor, sin aprovechamiento luminoso real[136].

2.-Lámparas halógenas, que tienen mayor duración y calidad de luz, aunque más focalizada. Algunas lámparas de halógeno necesitan un transformador; en el caso de que el transformador sea de tipo electrónico, puede suponer un 30% menos de consumo frente a las incandescentes[137].

3.-Tubos fluorescentes que tienen mayor eficacia luminosa que la incandescencia y un consumo de hasta 80% menos. Están basados en la emisión luminosa de algunos gases como el flúor, que se producen al paso de una corriente eléctrica. Con este proceso la pérdida de energía por emisión de calor es menor.

4.-Lámparas de bajo consumo, son más caras pero se amortizan mucho antes de que termine su vida útil que puede llegar a 8.000 o 9.000 horas; consumen apenas el 25% de la electricidad que necesitan las incandescentes. En muchos casos tienen el mismo soporte para su instalación que las bombillas convencionales.

Si tuviéramos que hacer una recomendación repetiríamos lo que todo el mundo ya sabe: evitar el uso de bombillas convencionales, incandescentes y procurar hacer una inversión mayor inicial, para que a medio plazo repercuta favorablemente en términos de ahorro, rendimiento y sostenibilidad.

En su día, la directiva Ecodesign 2009/125/CE fijó la eliminación progresiva -entre 2009 y 2016- de las lámparas incandescentes tradicionales, estableciendo un calendario cuya aplicación comenzó en septiembre de 2009, con la eliminación de las bombillas de 100 W y continuó con las de 75 W. El objetivo de esta directiva europea iba más allá de reducir el consumo energético; incluía evitar los residuos generados por estos dispositivos[138].

El mayor ahorro energético se consigue con la tecnología LED. Las bombillas con mayor eficiencia energética y vida útil son las que emplean este tipo de tecnología. Entre las principales ventajas de las bombillas LED podríamos mencionar su bajo consumo, menor temperatura de funcionamiento, luz más brillante, no contienen mercurio, no crean campos magnéticos, tienen mejor espectro cromático, tienen una mejor "relación" con las redes eléctricas, no les afecta el encendido y apagado constante, tienen mejor respuesta a los sistemas de generación fotovoltaicos y su vida útil es mucho mayor, siendo en algunos modelos de hasta 50,000 horas.

El termino LED es el acrónico inglés de *Light Emitting Diode* que en castellano quiere decir Diodo Emisor de Luz. Es una tecnología que tenemos a mano y que poco a poco el mercado va colocando en un precio más apropiado para el bolsillo doméstico.

3.8 Captación solar para energía

El aprovechamiento de la energía del sol es una de las alternativas más recurrentes en el campo de la arquitectura[139].Si se quiere producir energía limpia, la captación solar es posiblemente la primera opción que nos viene a la cabeza en el momento de proyectar.

La energía solar puede conseguirse de dos maneras: de manera pasiva sin elementos mecánicos de captación, o de forma activa, utilizando tecnología diseñada para la captación y transformación de la energía.

Los usos más comunes de captación activa son para la generación de electricidad o ACS (agua caliente sanitaria) y calefacción en los países fríos y refrigeración por absorción.

ACS y calefacción[140 - 141]

La energía solar dedicada a la producción de agua caliente sanitaria y calefacción, puede ser de baja temperatura, media temperatura y alta temperatura; esto dependerá de si la captación solar es directa, de alto índice de concentración, o de bajo índice de concentración.

La tecnología de baja temperatura de mayor penetración comercial, son los colectores planos vidriados, siendo sus aplicaciones más comunes: en los edificios (ACS, calentamiento de piscinas, calefacción en los países fríos, refrigeración por proceso de absorción); en instalaciones industriales (ACS y calentamiento de agua para procesos industriales); instalaciones agropecuarias (calefacción de invernaderos y calentamiento de agua para piscifactorías).

Fotovoltaica[142]

Es la que genera electricidad mediante el efecto fotovoltaico que se produce, cuando la luz del sol incide sobre un material semiconductor, que en este caso suele ser silicio. De esta manera, se genera un flujo de electrones en el interior del semiconductor y una diferencia de potencial que también puede ser utilizada.

A nivel mundial la generación eléctrica por solar fotovoltaica, plantea la posibilidad de autoabastecer al propio productor (doméstico o industrial), o vender a la red general la energía generada.

La integración[143 - 144 - 145]

El gran desafío de las aplicaciones activas de captación solar (los ejemplos antes citados), a parte de la generación de la energía, claro está, es la integración al organismo arquitectónico, sin que esto suponga unos costes exagerados. Conseguir que los elementos de captación solar queden integrados a la piel del edificio, pasa por hacer de los primeros, elementos constructivos del segundo y no meros artilugios acoplados donde se pueda.

Ciertamente el proyectista tendría que sentarse y plantear una propuesta creativa que pueda presentar al cliente, pero no quiere decir que sea misión imposible lo de la integración de la captación solar al edificio. Existen ejemplos muy buenos que pueden servir de inspiración para los que nos dedicamos a estos oficios; algunos de ellos son conocidos, otros no tanto: Academy Building en Melben, Alemania; Iglesia en Carlow, Barwalde, Alemania; Edificio Fundación Metropoli, Madrid, España; Biblioteca Pompeu Fabra,Barcelona, España; Edificio Vallecas 48, Madrid, España.

Desde hace unos años existen paneles fotovoltaicos muy finos denominados thin-film, que aunque es cierto que pierden en eficiencia, también es cierto que permiten una integración en cubierta y fachada bastante interesantes; pero lo más revolucionario es la reciente investigación del departamento de química de la Universidad de Copenhague, que trabaja en un proyecto sobre una pintura, que combina las propiedades de las células solares fotovoltaicas y las baterías de almacenamiento de energía[146].

Con fondos oficiales de aproximadamente 4 millones de euros, la Universidad de Copenhague ha creado un centro de investigación, en el que planean desarrollar unas moléculas que puedan adaptarse a cualquier tipo de superficie. Intentan producir paneles en forma de pintura que podrían ser montados en lugares donde hoy es imposible.

En países como Dinamarca con pocas horas de luz solar, este sistema de captación y almacenamiento, sería de gran beneficio a la hora de optimizar el tema de la eficiencia energética en la edificación. En países con gran déficit energético, como uno que yo me sé (el autor se refiere a República Dominicana), este tipo de iniciativas, muy caras por cierto, vendrían como agua de mayo.

Costará mucho esfuerzo y dinero desarrollar técnicas, que no solo optimicen el rendimiento e integración de los sistemas de captación solar activos, pero los primeros pasos ya se van dando. De momento siempre podremos jugar con la creatividad e integración ingeniosa en nuestros entornos arquitectónicos y urbanos… Pero hay que currárselo, como dicen los españoles.

3.9 Rehabilitación energética de edificios

La rehabilitación energética de los edificios consiste en llevar a cabo aquellas actuaciones de intervención - a nivel de rehabilitación y remodelación - tendentes a fomentar la eficiencia energética y el ahorro económico, mejorando las condiciones de habitabilidad y reduciendo las emisiones de gases de efecto invernadero[147].

Cumplir el triple propósito de confort + eficiencia energética + sostenibilidad es el objetivo de toda rehabilitación energética[148]. Para esto es preciso mejorar el comportamiento térmico en la piel del edificio, reducir la demanda de energía y mejorar el rendimiento de las instalaciones.

Rehabilitar es un principio fundamental de la sostenibilidad dado que siempre es mejor hacer los correctivos de lugar que producir algo nuevo; o lo que es lo mismo, es mejor reparar, remodelar o rehabilitar un edificio, adecuándolo a las necesidades, que tirarlo y hacerlo desde cero. Estas medidas correctoras, encaminadas a mejorar las condiciones de confort térmico, también sirven para curar el síndrome del edificio enfermo, concepto reconocido por la Organización Mundial de la Salud que consiste en un conjunto de molestias asociadas al uso y permanencia en determinados inmuebles, causadas por mala calidad del aire interior, climatización deficiente y/o poca ventilación, humedad, descompensación de la temperatura, etc.

Rehabilitación y Restauración

Conviene aclarar la diferencia entre una rehabilitación normal (es apropiado servirnos del término normal en este caso) llevada a cabo sobre un edificio destruido, cuyos elementos de composición, constructivos, estructurales, etc. están en condiciones críticas, y la de tipo energético (rehabilitación energética), que persigue otros fines, más asociados a un adecuado rendimiento energético/sostenible del edificio. Con la primera se quiere devolver o recrear de alguna manera (aun sea por contraste), las condiciones originales a un inmueble; con la segunda se busca dotar al edificio de mejores prestaciones en su desempeño energético, evidentemente, tratando de cumplir, en la medida de lo posible, con los postulados de la restauración y la conservación histórica del edificio.

Recordamos lo aprendido en nuestros años estudiantiles, en las asignaturas vinculadas a la historia de la arquitectura y la restauración del patrimonio histórico edificado, nos llega a la mente lo absolutamente necesario que es el restaurar y/o rehabilitar un organismo arquitectónico respetando el rigor de la historia. Por ejemplo, si el objetivo es rehabilitar los huecos (puertas y ventanas) de un edificio declarado de interés cultural, es fundamental que se haga el trabajo con los materiales y las técnicas con que contamos en la actualidad. Esto así para que en un futuro (100 o 200 años), los técnicos puedan identificar el período en que fue restaurado (o rehabilitado) el inmueble.

En busca de la eficiencia energética

En algo un poco más complejo se torna el proceso de rehabilitación energética de un edificio, que también debe ser restaurado en términos históricos. Además de lo expuesto en el párrafo anterior, es preciso dotar al edificio de sistemas y soluciones que garanticen su eficiencia en términos de consumo energético y sostenibilidad.

La intervención a nivel de rehabilitación energética parte de un análisis general del problema que en cuanto a confort y eficiencia se presentan. Conocidas las carencias, se traza una ruta de trabajo que incluye una serie de medidas correctoras para el ahorro energético y la mejora de las prestaciones del edificio, tanto para la envolvente del mismo como para sus elementos constructivos e instalaciones.

Identificados los fallos, se estructura el trabajo en varias fases, que son las que componen el proyecto de rehabilitación energética integral. Con estos diferentes ciclos o talleres de trabajo definidos, que van desde la mejora del comportamiento térmico de la envolvente (cerramientos verticales, cubierta, carpinterías) y los elementos constructivos, hasta la puesta a punto de las instalaciones del edificio, se acometen las acciones de manera integrada o en etapas coordinadas según la hoja de ruta del trabajo y de acuerdo a las necesidades y posibilidades del promotor del encargo.

Al día de hoy, la rehabilitación energética se va situando como una importante apuesta por la sostenibilidad en las ciudades. Un tema interesante para seguir desarrollándolo más adelante.

3.10 La rehabilitación energética de edificios en el panorama mundial

Rehabilitar un edificio energéticamente significa intervenirlo bajo criterios de ahorro y eficiencia energética, para poder alcanzar unas condiciones de habitabilidad y confort no presentes al momento de la intervención. Gracias a la rehabilitación energética es posible mejorar el comportamiento térmico de las fachadas, cubiertas y carpinterías exteriores (la envolvente del edificio), y al mismo tiempo, mejorar la eficiencia de las instalaciones para climatización, electricidad, etc.

Son varias las ventajas asociadas a los procesos de rehabilitación de edificios: mejora del confort y de las condiciones de habitabilidad, ahorro económico en las facturas de servicios energéticos, reducción de las emisiones de GEI (gases de efecto invernadero) y finalmente la revalorización del edificio[149].

Como nada en la vida es gratis, poner a punto energéticamente a un edificio supone una inversión de recursos importante. Muchas veces esa disposición de recursos para la rehabilitación del inmueble, representa el principal obstáculo a vencer. En los países donde se están llevando a cabo este tipo de intervenciones, el estado facilita en gran medida esta parte mediante subvenciones, facilidades fiscales, préstamos y otras tantas fórmulas de fomento.

La rehabilitación en nuestro medio

Somos conscientes de que hablar de rehabilitación energética en un medio socioeconómico en vías de desarrollo, puede sonar muy lejano, toda vez que las necesidades iniciales habitacionales de la población no están cubiertas a priori. Se podría decir ¿cómo hablar de rehabilitar cuando ni siquiera existe el objeto de rehabilitación? Lo primero es que nuestro objetivo primario es compartir a través de estas líneas un poco del panorama mundial sobre un tema que copa la actividad edificatoria actual; lo segundo es que una sociedad - como muchas en la zona de Centroamérica y del Caribe - que no tiene un parque edificatorio habitacional amplio y consolidado, sigue teniendo muchos edificios públicos y privados susceptibles de ser intervenidos.

Entonces, ¿tiene sentido hablar de rehabilitación energética en sociedades con déficit habitacional? Pensamos que sí, aunque haciendo las matizaciones de lugar. No es lo mismo rehabilitar energéticamente en Viena que en Bonao o Santo Domingo. En la capital de Austria, hablando en términos de optimización energética, será muy importante mejorar los cerramientos exteriores (fachadas, cubiertas, ventanas y puertas) de cara a conservar el calor en invierno y el fresco en verano; en Bonao o Santo Domingo probablemente será suficiente con adecuar la fachada oeste, y alguna cosilla más, para evitar sobrecalentamientos indeseados.

En la ciudad de Santo Domingo - aunque no en todo su modelo urbano - es posible hablar de rehabilitación energética de edificios. Pongamos como ejemplo un edificio público cuyos sistemas de acondicionamiento de aire están dañados desde hace tiempo y los que funcionan suponen un gasto excesivo por su ineficiencia, o simplemente la calidad del aire interior no es la adecuada; este ejemplo vale para cualquier escenario[150]. Supongamos que este mismo edificio está emplazado próximo al Mar Caribe y no tiene todos sus sistemas de iluminación interior en funcionamiento. Muchos de sus ambientes interiores están en penumbra y con una sensación higrotérmica desagradable. ¿Podría ser rehabilitado energéticamente? La respuesta es sí.

A este edificio, objeto de nuestro ejemplo, se le podrían mejorar sus condiciones en gran medida: sustituyendo los sistemas de aire acondicionado por otros más eficientes que optimicen el gasto y el rendimiento; favoreciendo la ventilación e iluminación natural en las zonas donde sea posible; redistribuyendo el espacio interior de manera que los espacios de trabajo queden mejor iluminados que otros espacios. Como colofón, la implementación de sistemas renovables serviría para reducir la dependencia de la red de energía convencional y evitar las emisiones de GEI.

Varias lecturas

La rehabilitación energética tiene varias lecturas, según el contexto donde se aplique. Hablar de rehabilitación de edificios en la zona del barrio de Salamanca en Madrid es factible, hacerlo partiendo de la realidad de La Barquita en Santo Domingo, no lo es. Rehabilitar las antiguas oficinas del Banco Central de la República Dominicana podría ser un interesante proyecto, pero ¿sería objetivo pensar en hacerlo con una casita de La Javilla, Colinas del Ozama o el 2 de Enero? No a priori, o por lo menos es matizable, partiendo del hecho de que en estos barrios dominicanos, lo que hay que hacer es hablar de solventar un déficit habitacional.

Hay zonas donde es más realista pensar en una rehabilitación energética a mayor escala, pero esto tiene otro nombre: regeneración de los tejidos urbanos y además será materia para otro momento.

4. SOBRE SOSTENIBILIDAD Y MEDIOAMBIENTE

4.1 El sol: energía para el planeta

Como bien sabemos, la incidencia del sol en nuestras vidas va más allá del calor y de la luz que nos proporciona durante el día. Esa energía solar que identificamos fácilmente con la claridad que nos despierta cada mañana tiene que ver con casi todo proceso de vida que se desarrolla en nuestro planeta; desde la fotosíntesis en la clorofila de las plantas verdes, hasta los movimientos del viento ocasionados por las diferencias de presión y el calentamiento de las masas de aire.

Se estima que cada hora llega a la superficie de la tierra procedente del sol, una energía miles de veces mayor al consumo mundial y que todavía no hemos sido capaces de aprovecharla al máximo[151].

A esta potencia del sol - por llamarla de alguna manera - y que un día puede llegarnos como tormenta solar, pero que siempre nos llega como radiación, le sacamos partido básicamente de dos maneras: para calentar agua y para generar electricidad. Los calentadores termosolares ya tienen un recorrido considerable en el mercado dominicano. Desde hace años podemos ver en muchas de nuestras casas esos artilugios, nada agradables a la vista, que sirven para que podamos consumir agua caliente incluso en días moderadamente nublados.

Por suerte la tecnología avanza y con menos espacio ocupado en la cubierta, mayor eficiencia y elegantes diseños, vamos consiguiendo mejores resultados. Menos extendido está lo de la generación de energía eléctrica por captación solar. Lo primero es que en este tema se tendrían que hacer dos capítulos que serían: la generación masiva por parte del estado o alguna compañía privada para su posterior comercialización, y la generación particular para el auto-abastecimiento o venta a la red general.

Al día de hoy en países como República Dominicana, sin un marco regulador claro y definido totalmente, se hablaría solamente de auto-abastecimiento; pero aún este tema no pasaría de ser algo anecdótico, implementado por alguna compañía telefónica o quizás algún parque de zona franca. Lamentablemente no tenemos esa cultura aún impregnada en la piel como tenemos impregnados los rayos del sol, y no la conocemos, porque casi nadie nos ha dicho que podría resultar interesante más allá de un simple parche para una situación de inestabilidad energética de medio siglo.

Entonces ¿por qué en un país castigado por cortes en el servicio eléctrico no se generaliza la generación solar de energía? Es una pregunta con varias posibles respuestas, algunas de ellas relacionadas con los factores de costo, tecnología y rendimiento, que para otros países más desarrollados todavía representan un desafío. Desde luego la generación fotovoltaica – que es como se llama- no es la única solución a la generación alternativa de electricidad doméstica, pero de las energías renovables es de las más desarrolladas y de mejor aplicación. Por otro lado, la fotovoltaica tiene mejor integración en el entorno urbano y en el organismo arquitectónico, siendo la piel del edificio (siempre de cara al sur), el mejor de los soportes posibles y el motivo o pretexto para diseños realmente innovadores y eficientes.

El aprovechamiento solar es solo un ejemplo, una de varias opciones sostenibles que tenemos para escoger; pero el desafío es uno solo, y consiste en dotarnos de la energía que nos falta para vivir sin bajar nuestros niveles de comodidad y sin lesionar nuestro medio.

El camino es largo, y en este trayecto debemos adoptar nuevos hábitos de uso y consumo que supongan un verdadero cambio de paradigma. El momento es ahora y la oportunidad es buena; podemos hacerlo mejor. El conjunto de la sociedad debe abrazar el concepto de la sostenibilidad como única alternativa posible; es un concepto limpio, saludable, económicamente rentable y perdurable. Reflexionar al respecto, con la luz del sol de frente, sería un ejercicio útil; hacer el cambio y aprovechar la energía que nos brinda, sería más útil todavía.

4.2 La huella ecológica

"Los edificios, también, son hijos de la tierra y el sol".
Frase atribuida a Frank Lloyd Wright.

La huella ecológica[152] es la superficie de tierra necesaria para mantener el estilo de vida de los seres humanos. Es un indicador ambiental propuesto por William Rees y Mathis Wackernagel[153], que trata de determinar el impacto que ejercemos sobre nuestro entorno, considerando tanto la superficie necesaria para producir los recursos que consumimos, como la superficie que hace falta para absorber los residuos que generamos.

La huella ecológica puede ser calculada tanto para individuos, edificios, ciudades, productos agrícolas y productos industrializados. Para el cálculo de la huella ecológica se parte siempre de las premisas siguientes:

1) Para la producción de cualquier producto, da igual la tecnología utilizada, se necesita materia prima y energía provenientes en su origen de sistemas ecológicos.

2) Necesariamente, son necesarios sistemas ecológicos para reabsorber los residuos generados durante el proceso de producción y durante el uso de los productos finales y poder así cerrar el ciclo.

3) Cada vez más y por el avance del desarrollo, ocupamos espacio con infraestructuras, viviendas, equipamientos, etc..., reduciendo así las superficies de ecosistemas productivos.

El método utilizado propiamente para calcular la huella ecológica está basado en la estimación de la superficie necesaria para cubrir las necesidades de alimentación, el gasto energético, el uso de productos forestales y la ocupación directa del terreno. Esta superficie se suele expresar en ha/cap/año cuando se realiza el cálculo por habitante, o bien, en hectáreas si se realiza el cálculo a nivel de una comunidad.

Los tipos de terrenos productivos que se definen para el cálculo de la huella ecológica son de cultivo, de pasto, de bosque, espacio marino, superficie construida y, por último, área de absorción de CO^2.

En el caso de la construcción, para el cálculo de su huella ecológica, no solo se debe tomar en cuenta el suelo utilizado para edificar un proyecto, o las áreas urbanizadas y ocupadas por infraestructuras; sino también se debe considerar la huella ecológica de todos los materiales utilizados en el proceso constructivo y desde la fase de diseño. Ciertamente, emprender la tarea de medir la huella ecológica de un proyecto de arquitectura es una ardua misión. Quizás tendríamos que considerar desde la energía consumida en el despacho del proyectista durante el diseño, hasta el último tornillo colocado en la obra. Es probable que esto raye en una especie de fanatismo ecológico, pero no deja de ser una buena actitud mental que podría beneficiar al usuario, al proyecto y al medio ambiente.

Decía el maestro Wright, dentro de sus postulados de la arquitectura orgánica, que lo inteligente era construir con los materiales propios del entorno para que - entre otras cosas - el proyecto dialogara de alguna manera con su medio circundante[154]. Ese sería el escenario ideal, pero debemos admitir que no siempre es lo más factible a la luz de nuestra realidad actual. Imaginemos por un momento la huella ecológica de una baldosa cerámica de importación para el revestimiento de suelos o paredes de baños y cocinas. Si esta baldosa es china, italiana o española habría que calcular no solo el combustible consumido para su transporte en barco o en avión, y su puesta en obra en Santo Domingo; sino también habría que calcular el impacto generado por la industria que la ha fabricado en su localidad de origen (agua consumida, materia prima utilizada, emisiones de gases a la atmósfera, posible contaminación de suelos, etc...), y al final sería todo esto lo que se sumaría al coste ambiental de esta baldosa.

Pero: ¿podríamos romper con este ciclo tan largo y tan nocivo? Difícilmente, dado que las leyes del mercado por lo general son contrarias a estos principios de reducción de la huella ecológica.

Lo que sí podríamos hacer tanto el proyectista, como el constructor y finalmente el usuario, sería implementar medidas compensatorias desde el punto de vista particular de cada actor del proceso. Por ejemplo, el arquitecto debe plantear un diseño eficiente, comprometido con el ahorro y el aprovechamiento de recursos renovables como el viento o la luz natural. El constructor tiene en sus manos el control y la optimización de recursos como el agua y la electricidad o la posibilidad de reciclar materiales en obra. El usuario, actor final y continuado, tiene en sus manos la posibilidad de modificar sus hábitos de consumo de manera que su entorno entre en el circuito de la sostenibilidad.

Para William Rees, creador de esta metodología de cálculo, la única forma en que la sociedad puede hacerse realmente sostenible es frenando el crecimiento desmedido.

Desde su óptica, dentro de veinte años éste será el gran desafío del planeta.

A simple vista disminuir nuestra huella ecológica puede parecer utópico, pero el hecho de tener que reducir nuestro consumo no deja de ser una misión impostergable. Al día de hoy la tecnología en torno a las renovables y su generación de energías limpias están en proceso de ebullición y eso es una buena señal. El ser humano está buscando desesperadamente alternativas verdes para mantener su consumo pero insiste en no reducirlo; por alguna razón la conciencia colectiva asocia el desarrollo al gasto desmedido. Lo cierto es que hace falta un cambio de conciencia anteponiendo el futuro de nuestros hijos al despilfarro de hoy; y eso no podemos dejar de hacerlo.

4.3 Hacia la sostenibilidad

> *"...La tecnología debe ser social antes que técnica..."*
> Frase atribuida a Michel Foucault.

Una sociedad - cualquiera que sea su grado de desarrollo - tiene unos rasgos que la identifican pero que a la vez están en constante evolución. Si esta sociedad se encuentra en una fase inicial o media de su desarrollo el proceso de cambio podrá ser aún más notorio, ya sea hacia lo positivo o hacia lo negativo. Las sociedades emergentes como la de la República Dominicana (con una población joven en su mayoría), tienen la magnífica oportunidad de avanzar hacia el establecimiento de buenos usos y costumbres sentando las bases para un desarrollo sostenible.

El término desarrollo sostenible viene del inglés "sustainable development" y se aplica al desarrollo socioeconómico de las sociedades. El concepto fue definido por primera vez en el documento conocido como Informe Brundtland[155] (1987) que fue el resultado de los trabajos de la Comisión Mundial de Medio Ambiente y Desarrollo de Naciones Unidas creada en la Asamblea de las Naciones Unidas en 1983. Dicha definición se asumió definitivamente en la Declaración de Río[156] dentro del marco de la Conferencia de las Naciones Unidas sobre el Medio Ambiente y el Desarrollo (1992).

El desarrollo sostenible[157] está definido como el tipo de desarrollo que satisface las necesidades de las generaciones presentes sin comprometer las posibilidades de las generaciones futuras para solventar sus propias necesidades. Para conseguir este tipo de proceso evolutivo sustentable se deben combinar tres conceptos que son: ecológico, económico y social. Plantear planes y proyectos viables haciendo converger estos aspectos es el objetivo fundamental de este tipo de desarrollo.

Pero ¿qué son la sostenibilidad económica, la sostenibilidad social y la sostenibilidad ambiental? La sostenibilidad económica se produce cuando la actividad comercial -siendo rentable - no lesiona los procesos naturales, *medioambientales* y sociales. La sostenibilidad social se basa en el mantenimiento de la armonía y cohesión social y en la capacidad del ser humano para trabajar en la consecución de objetivos comunes. Por sostenibilidad ambiental se entiende la compatibilidad entre la actividad humana y la preservación de la biodiversidad y de los ecosistemas naturales, evitando su degradación y la interrupción del ciclo de vida.

La puesta en práctica del desarrollo sostenible, materia pendiente de la humanidad, está basada en principios de conservación de nuestro medio como única garantía de la preservación de la especie humana. Todos los actores sociales que actúan sobre el *medioambiente* deben estar coordinados para un único objetivo: vivir hoy y poder vivir mañana.

La inteligencia humana domina el planeta y tiene en sus manos re-conducir sus acciones para producir los cambios necesarios en su defensa y protección. Todo, absolutamente todo es mejorable; nuestros hábitos, nuestras leyes, nuestros medios de producción, la forma en que nos transportamos, la forma en que cultivamos, todo lo que consumimos, la ciudad donde vivimos, la oficina donde trabajamos, la escuela donde estudiamos o la casa donde dormimos.

Es un tema de voluntad política o más bien de voluntad social, porque los cambios los produce la sociedad, que es la que demanda y construye su propio proceso evolutivo.

Dentro de este contexto la arquitectura y el urbanismo tienen el papel de edificar gran parte del escenario donde se producen las transacciones sociales. Es así, cómo contribuyendo al desarrollo humano, aportan su cuota responsable para la construcción de un desarrollo sostenible.

4.4 Stop CO^2

En el ámbito de la Unión Europea (UE) - interesante modelo de referencia - el sector de la edificación representa, como ya se ha dicho antes, un alto porcentaje del consumo total de energía, y un tanto importante de las emisiones de CO^2 al *medioambiente*. En países como España, el uso de la energía, en el sector residencial, supone una carga notable de las emisiones de GEI (Gases de Efecto Invernadero) del espacio comunitario. Si se consideran los niveles de emisiones globales (procesos constructivos y vida útil), el sector residencial (el sector edificación), es un renglón importante en el cálculo de las emisiones de GEI en este país.

La UE está promoviendo como norma general entre sus países miembros, los estándares de la eficiencia energética. Mediante transposición de directivas comunitarias a leyes locales se exige a los países de la Unión que diseñen sus nuevos edificios bajo criterios de optimización y ahorro de los recursos energéticos.

Esta medida permite que los edificios que "vayan saliendo del horno", tengan un buen diseño y estén acordes con los postulados de la eficiencia energética de la UE. Cubierta esta parte, el gran compromiso está en conseguir que el parque edificatorio existente pueda ser también eficiente; este es el desafío más importante del momento: reducir la demanda energética (emisiones de CO^2) de los edificios existentes.

Aunque muchas veces -a nivel global- nos parezca que en temas de *medioambiente*, sostenibilidad, eficiencia energética, etc. no hay un libreto preestablecido, con esta consigna general de la UE entendemos que sí se ha querido trazar una pauta general que dirija los pasos a la reducción de las emisiones de GEI. La certificación energética para nuevos edificios y para edificios existentes, así nos lo hace pensar... ¿Pero es realmente suficiente?

Captura de CO^2

Suficiente o no, somos conscientes de que esta fórmula - la de reducir la demanda energética de los edificios nuevos y viejos - es la que al día de hoy luce más realista. De todos modos, es una excusa para seguir soñando y trabajando, como lo han hecho los investigadores del Centro Tecnológico Mongstad, en Noruega[158].

El gobierno de Noruega (junto al sector privado), ha iniciado un proyecto experimental de captura de CO^2, con forma física en el centro antes citado. Mediante tecnología de amonio refrigerado se están haciendo pruebas en el ámbito de la industria (en los últimos 150 años ha ido por delante de la arquitectura) que resultan esperanzadoras en este orden de ideas.

Al usar el término esperanzadoras, lo hacemos por el simple hecho de conocer una iniciativa público-privada, que está dando frutos al experimentar con este nuevo desarrollo tecnológico tanto con gases procedentes de centrales térmicas, como en procesos industriales de refinería de carburantes. Esto es ir en la dirección correcta. El abordaje de la cuestión del cambio climático, solo será factible en el momento que este modelo noruego no sea la excepción, sino la regla.

El eslabón que falta

Nuestros esfuerzos de investigación, la sinergia entre arquitectura y tecnología industrial, deben ser intensificados en pos del objetivo de la ralentización del cambio climático. Los proyectistas tenemos las herramientas para hacer buenos edificios, edificios que no sean sumideros energéticos. Si a esto le sumamos más voluntades y compromisos políticos, sociales y del gran capital, estaríamos a las puertas de una posible solución al tema del deterioro *medioambiental.*

Estamos convencidos de que tenemos gran parte del *know-how*, el tema es tirar hacia adelante con este compromiso compartido entre todos los actores de la sociedad. Títeres y titiriteros, al final vivimos en el mismo planeta.

4.5 Impuestos al CO^2 [159–160]

En los tiempos que corren parecería que el aumento en las emisiones de CO^2 es el precio que la humanidad ha decidido pagar por el desarrollo que ha experimentado en los últimos 60 años. El dióxido de carbono es uno de los llamados gases GEI (gases de efecto invernadero) responsables del calentamiento global. El CO^2 en cantidades moderadas ha jugado un papel importante en el mantenimiento de la temperatura de confort del planeta a lo largo de los siglos; el problema es que en las últimas décadas hemos aumentado las emisiones de éste y otros gases a niveles alarmantes.

La industria, el transporte y la construcción, han sido responsables en gran medida de este aumento en las emisiones. Se han buscado fórmulas, una tras otra, en forma de convenios, tratados, acuerdos y leyes para frenar este proceso, pero hemos hecho un esfuerzo aún mayor por saltarnos cuantas normas se han escrito; desde el protocolo de Kioto hasta un vale de una pulpería, los hemos ido incumpliendo todos.

El tema de los impuestos siempre ha sido un gran dolor de cabeza para los ciudadanos que tratamos de cumplir con nuestros compromisos fiscales, sin ver una retribución, adecuada, a cambio; sin embargo –y por decirlo de alguna manera- son un mal necesario. En Estados Unidos – aunque no firmó Kioto- el gobierno federal, alguna vez ha hablado de la intención de imponer 20 dólares de impuestos por tonelada métrica de carbono. Se esperaría que con este impuesto se consiguiera una importante reducción del déficit del presupuesto de dicho país, para la próxima década[161].

También se estimaba, de acuerdo a lo publicado en el portal esseficiencia.com, que se generarían aproximadamente 88 mil millones de dólares en 2012, aumentando a 144 millones en 2020, y que esto reduciría la deuda americana entre un 10% y un 50%.

En un informe elaborado por el Servicio de Investigación del Congreso se planteaba que el déficit presupuestario de EE.UU. superaría el billón de dólares anuales en los ejercicios fiscales desde el 2009 y podría aumentar a entre 2.3 billones y 10 billones de dólares para 2020.

Es en este contexto en que el congreso de EE.UU. valora la posibilidad de gravar el carbono. Con cualquier proyecto de presupuesto se presentan problemas a la hora de sopesar los puntos positivos y negativos de la cuestión. Uno de esos inconvenientes – a modo de ejemplo- es que los hogares se enfrentan a mayores facturas energéticas, a razón de que las empresas están obligadas a pagar más impuesto, por lo que es probable que estos costos repercutan en los consumidores… Vamos, la historia de siempre.

Desafortunadamente el impacto para los hogares de ingresos bajos, será muy perjudicial si estos impuestos no repercuten en beneficios para ellos mismos. Al mismo tiempo se da la situación de que esta "devolución" del dinero a los consumidores significaría que se dispondría de una menor cantidad de fondos para conseguir el objetivo de reducir el déficit. ¿Nos suena de algo esta parte de la historia? Existen documentos sobre sistemas con niveles favorables para todas las partes, en cuanto a las transacciones de CO^2 se refiere, como el presentado por la UE[162].

Sobre el impuesto al CO^2, existe una versión dominicana[163] –en el sector transporte– para gravar las emisiones, en la nueva reforma fiscal; por lo menos en el proyecto original así estaba establecido. Se plantea –o se planteaba– que, al momento de registrar o inscribir los vehículos de motor, los mismos estuviesen gravados conforme a las emisiones de CO2/Km, con las siguientes tasas sobre el valor del vehículo de motor:

a) Inferiores a 120g CO2 / km = 0%

b) Mayores a 120 y hasta 220g CO2/km = 1%

c) Mayores de 220 y hasta 380g CO2/ km = 3%

d) Superiores a 380g CO2/ km = 5%

Sin entrar en las disquisiciones sobre el hecho de que la reforma sea "buena o mala", sí que tenemos que afirmar que cualquier iniciativa tendente a reducir las emisiones de los llamados GEI es positiva. Caminar en ese sentido sería transitar por la dirección correcta.

Volviendo al caso norteamericano, otro de los inconvenientes que se puede aducir para el nuevo impuesto sobre el carbono, es que de por sí no garantice un resultado *medioambiental* específico. De todos modos por algún lado hay que empezar. Una ley puede evolucionar a otra mejor hasta alcanzar el planteamiento más óptimo.

Lo que se plantea en la reforma fiscal dominicana sobre el impuesto a las emisiones de CO2 no es ni mucho menos la solución final; es solo un paso y, desde nuestro punto de vista, un pequeño punto de luz en toda esta discusión….Enhorabuena. Ojalá que las cosas se parecieran más a nuestras aspiraciones más nobles…Ojalá.

4.6 ¿Hacia un cambio de paradigma?

Estados Unidos no ratificó el Protocolo de Kioto dejando su adhesión como algo anecdótico hasta el año 2001. Ya, y a partir de entonces, ese país se retiró del protocolo, alegando que la aplicación del mismo era ineficiente y poco justa al no incluir a algunos países en vías de desarrollo como China e India. Los dos grandes asiáticos, cuyas economías están en constante crecimiento, son a su vez grandes emisores de gases de efecto invernadero (GEI).

Lo cierto es que incluso con esta negativa, y dentro de todo este contexto, Estados Unidos - de manera particular y unilateral - realiza esfuerzos para avanzar en la reducción de sus emisiones.   El uso de nuevas tecnologías y el descubrimiento constante de otras tantas por parte de los norteamericanos, nos hace echar de menos un compromiso por parte de ellos con los postulados del Protocolo.

Muchas de estas iniciativas se llevan a cabo en el ámbito individual, de los estados que conforman la Unión, y otros tienen jurisdicción federal rigiendo, en ese caso, por igual a todos los estados.

Entre los amagos, e incluso iniciativas norteamericanas, hay una muy interesante que es promovida en Nueva York: la exención de impuestos a los edificios sostenibles.

En el año 2012 el estado de Nueva York aprobó una ley que autorizaba a los gobiernos locales (ayuntamientos y mancomunidades) y a sus distritos escolares para que pudieran aplicar, de forma voluntaria, exenciones fiscales al Impuesto de Bienes Inmuebles, tanto para edificios de nueva construcción como para grandes remodelaciones que se comenzaran a construir a partir del 1 de enero de 2013.

Esta ley sería de aplicación a edificios de escuelas, oficinas, centros comerciales, institucionales, residenciales en altura y unifamiliares, así como para grandes remodelaciones de los antes citados, que tuvieran más de 930 m^2 de superficie bruta construida sobre rasante y que cumplieran los requisitos de alguno de los sistemas de clasificación de edificios sostenibles existentes como el *LEED*[164] .

En su momento fue elaborada la siguiente tabla de incentivos según el nivel de certificación *LEED* alcanzada:
- *LEED*-CERTIFICADO: 0% exención del IBI.
- *LEED*-PLATA: 100% exención del IBI los 3 primeros años y 20% de incremento anual hasta el año 8º.
- *LEED*-ORO: 100% exención del IBI los 4 primeros años y 20% de incremento anual hasta el año 9º.
- *LEED*-PLATINO: 100% exención del IBI los 6 primeros años y 20% de incremento anual hasta el año 11º.

Para los otros sistemas de certificación existentes en el mercado, se aplican incentivos similares, en función del grado de exigencia de los mismos.

De acuerdo a la información servida por http://www.spaingbc.org, en su carrera por reducir los GEI, el estado de Nueva York creó en el 1999 un fondo de inversión CPF (Community Preservation Fund), con la intención de promover proyectos de conservación y eficiencia energética en todos los campos, en ese estado. Gracias a este fondo se han implantado programas de eficiencia energética que abarcan desde viviendas unifamiliares y edificios de oficinas hasta centros comerciales; también se han implementado tarifas especiales para los productores de renovables y sistemas de contadores eléctricos especiales para edificios de viviendas con energías renovables. Programas similares se han llevado a cabo con éxito, también, en Chicago, Seattle y San Diego.

Este tipo de iniciativas se van extendiendo por varios estados de la Unión y van redundando en un cambio de perspectiva, en cuanto a la forma de abordar el problema del cambio climático por parte de los americanos. Estados Unidos marca la pauta –junto a Europa - del desarrollo tecnológico y tiene en sus manos dar un importante impulso a la lucha contra el cambio climático.

Ejemplos como el de Nueva York, donde el sector público traza una ruta seguida por el sector privado, son dignos de imitar. Este tipo de iniciativas y legislaciones no solo ayudan a reducir el consumo de energía, sino que repercuten favorablemente en el bienestar colectivo, reduciendo el impacto *medioambiental* y ayudando a desarrollar económicamente al entorno social.

¿Estaremos dando pasos hacia un cambio de paradigma con la implicación internacional contra el cambio climático?... España apuntó maneras en 2015 con relación a una rebaja del IBI a los edificios eficientes… ¿Estaremos a las puertas de un cambio de paradigma?

5. SOBRE SISTEMAS Y ENERGÍAS RENOVABLES

5.1 Frío solar: una propuesta eficiente de climatización

Cuando hablamos de frío solar o refrigeración solar nos queremos referir a todos los sistemas de climatización para espacios interiores, que, en sentido general y de alguna manera, utilizan la energía del sol como fuente de alimentación. Desde luego la aplicación de estos sistemas no se circunscribe al confort de los espacios habitables sino que también a todo lo que tenga que ver con refrigeración comercial o industrial de productos, mercancías, medicamentos, etc… En palabras simples – y por contradictorio que pudiera sonar - es crear frío mediante el sol.

Mediante Energía Solar Fotovoltaica

Un acondicionador de aire puede funcionar perfectamente gracias a la energía generada por paneles fotovoltaicos[165] sin que se haga necesario un cambio de tecnología complejo en ambos sistemas.

Mediante Energía Solar Térmica

Los sistemas termosolares convencionales que siempre han estado relacionados con soluciones para ACS (agua caliente sanitaria), calefacción – según el clima del lugar - y climatización de piscinas y jacuzzis, pueden representar soluciones altamente eficientes y rentables, pero muchas veces – y nos referimos a casos de países con inviernos fríos - pueden no serlo tanto para calefacción, haciendo falta el apoyo de un sistema de energía convencional para caldear los ambientes o estancias. Como motivo principal de esta situación tenemos el hecho de que cuanta mayor necesidad de calor existe, menor es la radiación solar que se puede conseguir, dada la época del año. Con los sistemas de climatización frío solar - perfectos para estas latitudes tropicales - existe una coincidencia entre la oferta (radiación solar) y la demanda (necesidad de frío), obteniendo así la combinación perfecta[166].

La energía solar térmica que se utiliza como fuente de energía para climatización y refrigeración representa un consumo energético que además de no congestionar la red eléctrica convencional, es una de las formas de canalización de energía solar en la que mejor se adapta la oferta con la demanda, tal y como hemos mencionado en el ejemplo anterior.

Es preciso mencionar que aun cuando mediante los más elementales principios de física podemos obtener con relativa facilidad los beneficios del frío solar, se requieren equipos, instalaciones y técnicos especializados en la materia que puedan operar e interactuar dentro del marco de un adecuado diseño pasivo y activo en cuanto a arquitectura y técnicas de acondicionamiento se refiere.

Refrigeración por absorción

La refrigeración por absorción, es el tipo de tecnología que se utiliza en estos sistemas termosolares y está fundamentada en la capacidad de absorción de calor del agua (como refrigerante) y el amoníaco o también del agua (también como refrigerante) y el bromuro de litio. Sin entrar en muchos detalles, su funcionamiento está basado en las reacciones entre un absorbente y un refrigerante, que se activan por la energía térmica[167].

La máquina de absorción opera gracias a que
  - el fluido se evapora y absorbe calor pero cuando se condensa pierde calor;
  - la temperatura de ebullición de un líquido cambia de acuerdo al nivel de presión;
  - se establecen y determinan productos químicos combinados en pareja que se
       pueden disolver el uno con el otro.

Simplificando un poco, el ciclo de refrigeración por absorción se obtiene sustituyendo el compresor mecánico en el esquema habitual, por un compresor térmico o concentrador que lleva un absorbedor y un generador.

Superando el campo de la pura teoría, este sistema de frío solar - bien implementado - puede perfectamente reportar un ahorro de entre un 50% y un 70% como consecuencia de la reducción del consumo eléctrico y el uso de un tipo de energía renovable como la energía solar. El valor añadido es la disminución en las emisiones de CO_2 y del impacto ambiental.

Refrigeración por adsorción[167]

En el sistema de adsorción, distinto a los sistemas de absorción, tanto para aire acondicionado como para refrigeración, en lugar de utilizar una sustancia absorbente líquida, utiliza un adsorbente en estado sólido o cuasi sólido, es decir una combinación de agua como refrigerante y silica-gel como adsorbente.

Con ciclo discontinuo, y fase de carga y descarga, estos sistemas trabajan con un COP sobre el 0,55 y temperatura de 55ºC pudiendo utilizarse captadores solares.

El COP o Coeficiente de rendimiento es la expresión utilizada para determinar el nivel de eficiencia de una bomba de calor. Al establecer el COP de un equipo, lo que estamos haciendo es realizar una comparación entre la cantidad o flujo de calor que sale (Q), y la potencia suministrada al compresor de dicho equipo (W).

Este sistema está compuesto por evaporador, cámaras adsorbentes, que serían dos, y una unidad de condensación. El proceso, a grandes rasgos, consiste en que el agua se evapora a baja presión; se enfría agua desde casi 12ºC a casi 7ºC, u otro rango que sea necesario. Más adelante el agua evaporada es adsorbida por una de las cámaras de adsorción mediante el silica-gel saturado. Por otro lado, más bien en la otra cámara, el agua caliente se conduce por el intercambiador de calor, regenerando silica-gel.

5.2   Aprovechamiento y reutilización del agua I

Cuando hablamos de aprovechamiento y reutilización del agua en el contexto de edificaciones habitacionales, de oficinas o pequeñas industrias, hablamos de la captación y de la reutilización de aguas pluviales, del aprovechamiento de las aguas sobrantes de las piscinas o estanques y de la reutilización de las aguas grises , que son las que vienen de lavamanos, ducha, bañera, fregadero, etc…

Entre las grandes ventajas de estos tipos de aprovechamiento podemos citar que para su uso no hace falta estar conectados a una red de suministro exterior al edificio, que no hacen falta medios de transporte que nos los sirvan, que sus costes son relativamente bajos y que no necesitan tratamientos muy complejos para su consumo. Por otra parte, por ser esta (el agua) un recurso, no siempre disponible en muchas localidades del país o servido de manera irregular - a veces con alta variabilidad estacional - siempre viene bien un apoyo sostenible y complementario a los sistemas convencionales de suministro de agua potable.

Aprovechamiento del agua de lluvia[168]

El agua pluvial puede ayudar de manera determinante a cubrir las necesidades de agua no potable (con un tratamiento relativamente mínimo puede llegar a ser potable), como el agua para riego e inodoros, lavadoras o depósitos contra incendios. El sistema de recolección de estas aguas constaría de una superficie captadora, canalizaciones, filtrado de impurezas o sistema de decantación, y un depósito de almacenamiento.

Las cubiertas de los edificios suelen ser especialmente adecuadas como superficie de captación, por ser altamente impermeables. Esto quiere decir que la parte más importante de este sistema de aprovechamiento del agua pluvial, la superficie captadora, está disponible como parte integral del edificio.

En este sistema de captación de agua, el decantador y filtro - cuya función es recoger cualquier resto arrastrado por el agua – es de vital importancia para la extensión de su vida útil; dado que de esta manera se evita la presencia de impurezas en el fondo de los depósitos, garantizando la buena conservación del agua y evitando realizar un mantenimiento frecuente de los equipos. La instalación de una válvula de derivación incluida en el decantador permite derivar las aguas procedentes de las primeras lluvias después de una larga sequía, impidiendo que la suciedad pueda alterar las reservas de agua. Incluso yendo más lejos en la complejidad del sistema, una válvula de fondo permite mantener una reserva mínima de agua que nos asegure continuar con las tareas automatizadas que eventualmente estén programadas.

El depósito de almacenamiento será, en la medida de lo posible, de un material no poroso como el poliéster reforzado con fibra de vidrio o como muchos otros similares en el mercado que garantizan una mejor calidad del agua y que al mismo tiempo facilitan la limpieza y el mantenimiento. También es válida la clásica cisterna que todos conocemos pero preferiblemente exclusiva para este uso. Este depósito, cualquiera que sea, deberá contar con un aliviadero y un equipo de bombeo que proporcione la presión y el caudal necesario para cada uso. Es bueno acotar que el soterramiento del depósito posibilita la perfecta integración en el entorno y preserva el agua de la insolación y las altas temperaturas, ayudando a preservar las aguas almacenadas en condiciones óptimas.

En estas latitudes tropicales la captación o recolección de las aguas pluviales para su posterior uso resulta ser no solo factible, sino casi un deber. Cada gota de agua que nos cae en forma de lluvia puede ser perfectamente utilizada para muchas de nuestras tareas cotidianas.

Recoger el agua de lluvia[169 - 170] es una manera de ayudar al *medioambiente* al verse reducida la cantidad de agua que tendría que ser tratada por los acueductos para nuestro consumo. También al mismo tiempo que se reduce nuestra huella de carbono, vemos disminuida nuestra facturación por suministros con el consiguiente beneficio para nuestra economía.

Como siempre se ha dicho: el agua es vida. Está en nuestras manos hacer una mejor gestión de este preciado recurso.

5.3 Aprovechamiento y reutilización del agua II

Aprovechamiento del agua sobrante de las piscinas

Continuando con el tema sobre las estrategias para aprovechar y reutilizar las aguas, planteamos una solución para la optimización de este recurso cuando es utilizado en piscinas. Ponemos el caso de una piscina pública (clubes, hoteles, centros deportivos, etc.) en la que se debe renovar con mucha frecuencia una cantidad determinada de agua. Debido a los grandes volúmenes de los vasos de las piscinas la renovación de este porcentaje de agua lleva consigo necesariamente el rechazo de otro importante volumen de agua. El agua desechada, se puede utilizar para las mismas aplicaciones que la lluvia, pero, para el riego se hace necesaria una decloración previa que no conlleve perjuicio para las plantas. En otras palabras, pudiendo estar disponible para los mismos usos, el sistema para aprovechar el agua sobrante de piscinas, es idéntico al del aprovechamiento del agua de lluvia.

¿Se pueden reutilizar las aguas grises?

Las aguas que provienen de la ducha, la lavadora o el lavamanos (aguas grises)[171-172] se pueden reutilizar para los tanques de depósito de los inodoros. Para este sistema se debe prever una segunda red de tuberías independientes para la ducha, bañera o lavamanos que vaya a una pequeña instalación de tratamiento y depósito de almacenamiento, desde donde se bombea el agua - ya tratada - hacia los inodoros mediante una red aparte. Para el caso de que las aguas grises no abastezcan el agua necesaria para los inodoros, el depósito de almacenamiento llevaría una alimentación del aljibe (cisterna o tinaco) de aguas pluviales o de la red de abastecimiento. En todo caso, el sistema debe impedir que puedan ponerse en contacto el agua de ambos orígenes. Es pertinente la revisión periódica de las condiciones sanitarias del agua almacenada y proveer al sistema de un aliviadero que derive hacia la red de evacuación de aguas residuales.

Dimensionamiento de los depósitos de aguas no potables

El diseño de las instalaciones y los sistemas de aguas pluviales, sobrantes de piscinas o aguas grises reutilizadas debe estar debidamente separado y garantizar que no se mezcle con el agua potable para prevenir de posibles contaminaciones del suministro habitual. Por lo tanto, es fundamental un mecanismo de doble seguridad o interrupción del flujo, para no mezclar estos dos tipos de agua.

Para calcular el volumen del depósito de agua se consideraría el consumo de agua no potable previsto y la cantidad de aguas pluviales, sobrantes de piscinas o grises que se puedan recoger. Para el caso de agua sobrante de las piscinas, el agua a disposición dependería directamente del volumen de la piscina y del porcentaje de renovación que se establezca. Para la reutilización de aguas grises es necesario estimar la cantidad de agua procedente de duchas, bañeras y lavamanos. En el caso de las aguas de lluvia, el volumen del depósito se establece como el resultado de un polinomio que integra la demanda de agua para cisternas de inodoros y riego de zonas verdes, la precipitación y la superficie de captación con el coeficiente correspondiente a la porosidad del material captador.

El consumo de agua no potable previsto para el edificio se determina directamente en función del número de usuarios, aparatos y equipos existentes (duchas, piscinas, lavadoras, lavaplatos, zonas verdes, etc.). La cantidad de agua pluvial que se pueda captar depende de las características de la superficie captadora en proyección horizontal, es decir, de su tamaño, su permeabilidad y la rugosidad de su acabado.

Las cubiertas que tienen una respuesta más rápida a la lluvia y con más eficiencia y limpieza suelen ser las metálicas; esto así por ausencia de rugosidades y puntos de retención de residuos que pudiera arrastrar el agua. Otras cubiertas, como las de tejas, o de hormigón son más lentas y de menor eficiencia, pero igualmente aptos para la captación.

Pasar a la acción

En nuestro país, donde podemos disfrutar de lluvias durante gran parte del año sería de gran utilidad poder aprovechar este recurso. Igualmente la idea del aprovechamiento de las aguas grises podría ser un compromiso de partida no solo para los proyectos de nueva construcción que van abarrotando nuestras ciudades, sino también para nuestros hogares, industrias, etc.

En nuestras sociedades, aprovechar, preservar y optimizar el agua debe dejar de ser un poema en clave de aspiración utópica y pasar a ser una acción acorde con lo que realmente significa: la preservación de la vida.

5.4 Más sobre renovables: la eólica

En tiempos no tan remotos, se buscaba el confort en edificios por medios naturales, o lo que es lo mismo, mediante técnicas de arquitectura pasiva. Sistemas como las torres de viento o como los pozos canadienses, nos recuerdan lo relativamente fácil que es dotar a un espacio interior de una ventilación y/o acondicionamiento naturales.

Recordemos que una torre de vientos, sirve para refrigerar el interior mediante una especie de chimenea rectangular situada en el tejado, con aberturas verticales que permiten el paso del aire exterior, y por donde se expulsa – por sobrecalentamiento- el aire caliente de la estancia a acondicionar.

Por otro lado, un pozo canadiense es un sistema que consiste en soterrar un tubo, dejando una entrada de aire en el exterior y una salida hacia el interior del edificio. Aprovechando la temperatura del suelo, este tubo enterrado canaliza el aire tomado del exterior y lo lleva al interior, no sin que antes este tome la temperatura estable del terreno, el cual se mantiene fresco en verano y más caliente en invierno.

Volviendo a la línea central de los párrafos anteriores, hoy en día tendemos a recurrir, solamente, a sistemas mecánicos, dejando de lado las ventajas que nos pueden brindar el sol, el viento, el agua, el propio terreno donde se asienta el proyecto o la simple orientación del mismo. El confort, con buenas prácticas de arquitectura pasiva, es posible conseguirlo; además si a esto le añadimos los avances que nos brinda la tecnología actual, tendríamos muchas posibilidades de aplicar sistemas de acondicionamiento cuya energía se genera mediante recursos y técnicas renovables.

Dentro de las varias tecnologías para generación de energía limpia, asociadas a la arquitectura, probablemente la eólica[173] - o incluso la mini-eólica - es con la que estamos menos familiarizados los arquitectos en nuestro ejercicio cotidiano. Ciertamente, en los núcleos urbanos resulta más complicado implementar este tipo de sistema de generación. Los obstáculos como edificios, árboles, etcétera, y la combinación de estos con los viales, impiden la circulación libre del viento. Muchas veces las calles y edificaciones producen "túneles de viento" que a su vez desestabilizan lo que, en campo abierto, sería una corriente de aire casi homogénea.

Lo que está claro es que en el extrarradio de las ciudades o en zonas rurales, la implementación de esta tecnología como parte del concepto arquitectura + renovables es absolutamente factible.

La energía mini-eólica, quizás la de mejor adaptación a la arquitectura de mediana y pequeña escala, es la que se genera por medio de pequeños aerogeneradores que se conectan a redes de baja tensión. Estas turbinas, de una potencia relativamente baja, tienen una capacidad de producción aproximada de hasta 50kW; evidentemente esto puede cambiar de acuerdo al fabricante, al modelo y desde luego a los avances tecnológicos que vamos teniendo día a día[174].

La inversión y el tiempo de amortización de una instalación eólica, varían bastante, de acuerdo a la potencia instalada, al modelo de aerogenerador, al viento y al consumo que se tenga. La vida útil de estos sistemas se calcula en unos 15 a 20 años, e incluso más, siempre y cuando las revisiones y el mantenimiento sean los adecuados.

Es frecuente que en el caso de edificaciones aisladas, que necesitan producir toda la energía que consumen, estos aerogeneradores de baja potencia, se combinen con otros sistemas renovables como las placas fotovoltaicas.

El campo de la energía eólica, en sentido general (y refiriéndonos más bien a la generación masiva), tiene buenas perspectivas, incluso cuando el recorrido para hacerlas más eficientes está pendiente. De acuerdo a la edición Global Wind Energy Outlook 2016[175], se prevé que el mercado actual crezca y que de cara al 2030, la energía eólica podría llegar a suponer el 20 % de toda la generación de electricidad mundial…

Si estos pronósticos se cumplen - estamos en que se cumplan- se crearían varios miles de puestos de trabajo y se reducirían las emisiones de CO^2 considerablemente.

Visto así, la eólica promete, pero ¿puede beneficiarse la arquitectura con instalaciones a escala doméstica? Entendemos que sí. Y aunque es un sí condicionado al desarrollo de mejores aerogeneradores, no nos cabe duda que avanzaremos en la dirección esperada.

5.5 Biomasa para calefacción. Un poco de cultura general

El ejercicio de la arquitectura en entornos tropicales cálidos, poco o nada tiene que ver con temas de calefacción. En las escuelas de estas latitudes, no viene mucho a cuento incluir, en las clases sobre instalaciones, ningún tema relacionado con dotar de calor a los espacios interiores, porque las condiciones climáticas no lo ameritan.

Hecha la aclaración, queremos tocar un poco el tema de la biomasa[176] como combustible para calefacción, aunque sea como un pequeño toque de cultura general para los profesionales formados en los trópicos.

En lugares donde los inviernos y otoños son fríos, esta opción adquiere valor, toda vez que el consumo energético para climatizar los espacios interiores, está muy comprometido con las emisiones de CO^2.

La Biomasa[177]

El término biomasa es de uso general y se aplica a procedimientos muy diferentes, que abarcan desde la producción de biogás mediante excrementos ganaderos, hasta las estufas de leña, incluyendo los biocombustibles basados en desechos vegetales. Resumiendo, la tecnología de la biomasa viene a ser cualquier tipo de producción de energía, que utilice como materia prima sustancias vegetales o animales, procesadas o dispuestas para tal fin.

¿Pero dónde está la ventaja en el uso de la biomasa? Además del hecho de que se está reciclando materia orgánica, cuando se quema la biomasa se libera el mismo CO^2 que se absorbió durante su crecimiento, es decir, no se produce nuevo CO^2. Al hacer la combustión, si se hace adecuadamente – no añadiendo otro tipo de combustible fósil- el ciclo de vida del material se cierra y el nivel de CO^2 que pasa a la atmósfera no altera el balance existente. Es por esto que al utilizar biomasa no se agrede al *medioambiente*.

El uso de la biomasa, para calefacción de los edificios, suele ser bastante efectivo y cumple los objetivos de confort interior y de eficiencia energética. Pero cuando se trata del uso como combustible para procesos industriales, la cosa puede cambiar un poco y habría que hacer los estudios ambientales del lugar, para comprobar su rentabilidad *medioambiental* y económica. También sucede – esto es un dato a contrastar- que en países donde el frío es muy crudo, la biomasa puede resultar efectiva hasta cierto punto, siendo necesario el apoyo de otro tipo de generación renovable de energía para calefacción.

La combustión de la biomasa para fines de calefacción, debe hacerse mediante una caldera estanca y el material debe estar procesado, o dispuesto para este tipo de uso. Los llamamos pellets, de uso muy común, son un tipo de biomasa procesada con forma alargada y compuestos de residuos de madera casi en su totalidad. Otros tipos de combustible pueden ser los huesos de aceituna, las cáscaras de almendra, y evidentemente los restos de poda debidamente preparados para su combustión, en caldera de calefacción.

Otro factor ventajoso de la biomasa es su precio relativamente competitivo, frente al de los combustibles fósiles. Si esto se suma a las ventajas antes mencionadas, la opción de la biomasa es altamente recomendable. Justo es decir que una instalación de calefacción basada en biomasa, suele ser más cara que una con combustible convencional, pero también es cierto, que el balance final queda a favor de la biomasa, por su posibilidad de amortización en un plazo relativamente corto.

La clave de la biomasa está en reciclar la materia prima. ¿Qué queremos decir con esto? Que no se trata de talar árboles para producir biomasa, se trata de aprovechar la infinidad de restos de material vegetal que quedan disponibles. En países como España, es frecuente que exista un excedente de biomasa procedente de la agricultura y afines. En muchos casos incluso se destina una fuente desde su origen, para ser utilizada como biomasa, desde luego esto debe ser controlado para no perjudicar renglones como el abastecimiento alimenticio. En resumen, la biomasa debe ser sostenible para que su uso sea rentable para todos.

El uso de la biomasa como combustible no será el sustituto de los combustibles fósiles. La biomasa viene a ser un elemento más en la cadena de alternativas energéticas de las que disponemos. La fotovoltaica, la solar térmica, la eólica, por mencionar algunas, son parte de esta cadena. Tenemos mucha tecnología disponible para ir cambiando nuestro sistema mundial de abastecimiento energético; los primeros pasos ya están dados… Debemos continuar.

6. SOBRE EDIFICIOS DE CONSUMO CERO O CASI CERO: EL CONCEPTO NZEB

6.1 Passivhaus: Un poco de cultura general

En climas tropicales el tema del aislamiento térmico es un concepto que prácticamente no se maneja ni en la fase de diseño, ni en la fase de construcción de edificios. Cuando las temperaturas medias oscilan entre 18ºC y 30ºC, realmente no es necesario aislar el edificio para evitar unas pérdidas por transferencia de calor que no existen, podrían pensar algunos, pero el aislamiento en climas tropicales y cálidos tiene su utilidad desde otro posible punto de vista, que podría ser objeto de otros ensayos[178].

Para un arquitecto en Helsinki un buen aislamiento térmico, eficiente y ecológico es un punto muy importante en su agenda de diseño; para un arquitecto en Santo Domingo o en La Habana es un asunto absolutamente anecdótico, quizás, y por el que probablemente, y a simple vista, no debería tener mucha más preocupación que la del conocimiento a nivel de cultura general…(¿?). En todo caso, para este arquitecto en el trópico, el gran desafío sería quizás evitar el sobrecalentamiento de la cubierta o de la fachada oeste; nada que no pueda solucionarse con un buen sombreamiento, un muro o cubierta vegetal (pequeños jardines en altura), o una ventilación adecuada.

En países con climas templados conseguir un correcto aislamiento sí que es de vital importancia para garantizar el confort interior de los usuarios. Con este condicionante sobre la mesa de trabajo, el objetivo de la eficiencia energética asociado a la comodidad del usuario, se convierte en tema capital. Existe un estándar de diseño y construcción llamado *Passivhaus* (Casa Pasiva)[179 - 180], desarrollado a partir de 1988 por los profesores Bo Adamson de la *Lund University*, Suecia y *Wolfgang Feist del Institut für Wohnen und Umwelt*, en Alemania, con el que se busca dotar al edificio de las técnicas y sistemas que hacen falta para obtener de él un mejor desempeño energético, que vaya en beneficio del usuario y del medio ambiente. Este estándar o protocolo de diseño, sin ser una receta universal, es una línea maestra que permite avanzar (adaptando la solución según las necesidades y demandas de cada caso específico), hacia un aprovechamiento óptimo - consumo casi nulo - de las energías disponibles en torno al organismo arquitectónico.

Desde 1991, cuando se construyeron las primeras cuatro casas pareadas en Darmstadt, Alemania, se viene trabajando intensamente en este sistema constructivo alrededor de toda Europa. En sentido general, para conseguir el estándar *Passivhaus*, se debe disponer de un buen aislamiento térmico, de un riguroso control de la ventilación y las infiltraciones, una máxima calidad del aire interior y un aprovechamiento (activo y pasivo) de la energía solar.

Este estándar consigue un consumo energético muy bajo con un confort térmico muy alto. Con la aplicación del mismo, se obtiene la reducción de las necesidades energéticas de calefacción y refrigeración de los edificios hasta en un 75% respecto de la forma convencional de construcción actual.

La eficiencia energética y la optimización de los recursos son los objetivos generales de *Passivhaus*, y se consiguen a través de los siguientes objetivos específicos:
-	Alto aislamiento térmico.
-	Ventilación natural cruzada en verano.
-	Ventilación mecánica con recuperación de calor.
-	Riguroso control de los puentes térmicos.
-	Control de estanqueidad.
-	Calidad y eficiencia de los cerramientos practicables.
-	Aprovechamiento de la energía solar.
-	Control de las ganancias de radiación solar mediante elementos de sombreamiento.

El estándar *Passivhaus*, desarrollado inicialmente en Alemania a principios de los años 90, está siendo adoptado mayormente por países centroeuropeos, nórdicos y poco a poco en el resto del mundo. Su implementación en países tropicales, tendría que pasar primero por un proceso de adaptación a las condicionantes del lugar, obviando temas tan ajenos como las necesidades de calefacción, pero captando la esencia de una arquitectura pasiva y comprometida con el ahorro energético.

Passivhaus es un reflejo de las condiciones climáticas de una región del mundo con características climáticas diferentes a las nuestras, pero es una respuesta a una necesidad de reducción del consumo que compartimos todos en el planeta. Es un ejemplo de compromiso digno de ser imitado y mejorado (cuidando de no repetir recetas mágicas), según las condicionantes propias de nuestro medio, para responder - a nuestra manera - a las necesidades higrotérmicas del usuario, aprovechando las energías renovables y preservando el medio ambiente. Estamos convencidos que los principios *Passivhaus* pueden ser un buen punto de partida y buen ejemplo a imitar. ¿Estaríamos dispuestos a hacer un esfuerzo similar?

6.2 *Solar Decathlon*

Cada dos años, aproximadamente en la temporada de otoño y desde el año 2002, el Departamento de Energía y el Laboratorio Nacional de Energías de los Estados Unidos celebran en el National Mall de la ciudad de Washington, D.C. el concurso internacional Solar Decathlon181. Este concurso universitario de ingeniería y arquitectura consiste en la construcción - por parte de cada una de las universidades que participan - de una casa abastecida completamente por energía proveniente del sol y que con estas condiciones mantenga una autonomía energética de una semana.

En aquella primera edición del año 2002 solo participaron equipos de estudiantes y profesionales de universidades norteamericanas, siendo a partir de la segunda edición del año 2005 que se admite una universidad extranjera; en este caso la Universidad Politécnica de Madrid.

Pruebas

Cada modelo de casa que se presenta a la competición debe superar 10 pruebas – de ahí el nombre del concurso - donde serán evaluados con sumatoria de puntos, los diferentes aspectos concernientes a la eficiencia energética, al diseño y a la innovación.

1. Arquitectura: 200 puntos. Se evalúa todo lo referente al diseño.
2. Ingeniería: 150 puntos. Se analizan y evalúan los sistemas y procesos energéticos.
3. Capacidad comercial: 150 puntos. Se evalúan la viabilidad comercial y económica del prototipo.
4. Comunicación: 100 puntos. Consiste en la evaluación de los métodos comunicacionales y de mercadeo de la casa/prototipo y el equipo, haciendo especial énfasis en las nuevas tecnologías para la información y divulgación.
5. Confort: 100 puntos. Se mide la temperatura (entre 22 y 24 °C) y la humedad (40 y 55% de humedad relativa), tomando en cuenta no solo los datos sino también la sensación térmica y de ambiente.
6. Funcionamiento de electrodomésticos: 100 puntos. Se examinan los procesos de lavado y secado de ropa, preparación de alimentos, temperaturas de congelador y nevera, radio, PC, TV; tomando en consideración horas de uso y temperaturas de funcionamiento.

7. Agua caliente: 100 puntos. Se analiza del calentamiento de 56,8 litros de agua a 43 °C, por la mañana y por la tarde.

8. Iluminación: 100 puntos. Se considera para la evaluación tanto la iluminación natural como la eléctrica con horarios de uso especificados.

9. Balance energético: 100 puntos. Medición de la producción neta de electricidad de la casa y siempre superior a 10 kWh (menos 10 kilovatios/hora).

10. Movilidad: 100 puntos. Se mide la cantidad de Km que puede recorrer un vehículo eléctrico con la energía "sobrante" transferida desde los sistemas fotovoltaicos de la casa a las baterías del pequeño vehículo eléctrico.

Después de la evaluación de cada proyecto se premiará a los que obtengan mayor puntuación en base a un total de 1,200 puntos.

Solar Decathlon **Europa**

En el año 2010 se celebra, por primera vez en la ciudad de Madrid, la primera versión del *Solar Decathlon* Europa[182] donde participaron 17 universidades con sus respectivos equipos, no solo de Europa, sino de diversas partes del mundo.

En 2012 se celebró la segunda edición del concurso de las 10 pruebas[183]. Los equipos participantes procedieron a la "construcción" de las casas que se presentaron a la competición donde cada detalle y minuto contaron para armar y dejar de manera operativa los componentes, piezas y módulos prefabricados de los prototipos.

En la Villa Solar, que se ubicó en la Casa de Campo de Madrid los equipos disponían de 13 días para este proceso de montaje y para probar el correcto funcionamiento de sus instalaciones antes de dar inicio a la competición. De forma paralela, la organización desarrolló las inspecciones de seguridad y salud necesarias para la apertura al público.

Para esa versión del concurso se presentaron 19 equipos de 13 países distintos que consiguieron acceder a la fase final de la competición: Alemania, Brasil, China, Dinamarca, Egipto, España, Francia, Hungría, Italia, Japón, Noruega, Portugal y Rumanía.

Con una superficie aproximada de 38,000 m^2, el espacio habilitado como "La Villa Solar" estuvo abierto al público en la segunda quincena de septiembre del año 2012.

El Solar Decathlon es una competición abierta a todas las escuelas de arquitectura e ingeniería del mundo que quieran participar. Ciertamente ganar el concurso es el objetivo de todo aquel que se presenta, pero lo cierto también es que el objetivo final es fomentar el uso de las energías renovables en el quehacer arquitectónico y la incorporación de las mismas al "ADN colectivo".

Pensar que un edificio, cualquiera que sea su uso, pueda ser autosuficiente al 100% puede sonar utópico; quizás tanto o más que las ensoñaciones de Julio Verne – muchas de las cuales ya se hicieron realidad - o las de Isaac Asimov sobre las que no perdemos esperanzas. Afortunadamente la tónica es que lo que hoy puede ser un sueño, mañana puede ser una realidad si se combinan trabajo y voluntad.

6.3 Edificios con consumo energético casi nulo

El objetivo de poder diseñar y construir edificios con un consumo de Energía Casi Nulo[184] es, más que un objetivo loable en el mundo contemporáneo de hoy en día, una meta obligada según las "nuevas" legislaciones de la Unión Europea (Directiva 2010/31/UE)[185] y todo esto de cara a la necesidad de reducir un consumo energético insostenible.

Con esta directiva, los estados de la UE (que tienen que hacerla, o la han hecho, Ley en sus respectivos territorios) se comprometen a que a más tardar el 31 de diciembre de 2020, todos – realmente todos- los edificios nuevos deben ser de consumo energético casi nulo, y que el 31 de diciembre de 2018, los edificios públicos nuevos, que ya estén ocupados, sean edificios de consumo de energía casi nulo.

Todo esto forma parte de un gran objetivo llamado 20/20/20 [186 - 187] que plantea que para el 2020 se reduzcan las emisiones de gases de efecto invernadero (GEI) en un 20% (30% si se alcanza un acuerdo internacional), se ahorre el 20% del consumo de energía mediante una mayor eficiencia energética (además, en cada país el 10% de las necesidades del transporte deberán cubrirse mediante biocombustibles) y se promuevan las energías renovables hasta el 20% por encima del nivel actual. Al día de hoy, ya se habla del 2030 a la luz de los objetivos verdaderamente alcanzados[188].

Al hablar de energía casi nula o consumo muy bajo, se refiere a que debería estar cubierta en su casi totalidad por energía procedente de fuentes renovables.

Para conseguir un EECN[189] (Edificio con Energía Casi Nula), deben conjugarse varias medidas tales como un diseño apropiado del edificio (bioclimáticamente hablando), el uso protagónico de energías renovables, el aprovechamiento – si es posible- de fuentes naturales, así como un sistema de control y automatización que reduzca de forma eficiente -y eficaz- el consumo energético innecesario.

Estas medidas por separado pueden ayudar a reducir significativamente el consumo energético en un edificio, pero solo con un control unificado y coordinado, con una estrategia de diseño inicial integradora, con todas ellas, se pueden llegar a alcanzar los niveles de ahorro deseados sin perder el confort.

Es indudable que para el sector de la construcción y para los profesionales relacionados con la arquitectura y el urbanismo, este concepto de EECN significaría un cambio de paradigma en la manera de pensar y proyectar los edificios; sin embargo, esta cuestión -y sin ánimo de resultar repetitivo- es un tema de supervivencia del quehacer constructivo.

Por otro lado para el usuario, esto significaría operar un cambio importante en su estructura cultural, dado que un buen diseño no es nada sin una concienciación de aquel que habitará el proyecto.

¿Será posible para Europa conseguir el objetivo 20/20/20? ¿Será capaz la UE de construir y adaptar edificios hacia el modelo EECN? A ambas preguntas tenemos que contestar que sí. Desde luego es un sí condicionado al compromiso de asumir la causa con seriedad.

El contexto del desarrollo

Para países en vías de desarrollo como la República Dominicana un modelo de consumo casi nulo para los edificios, con todo lo que ello implica técnicamente y que hemos mencionado más arriba, supondría un verdadero alivio para sus deficitarios sistemas energéticos nacionales. No solo se conseguirían reducir los consumos de energía y las emisiones de CO^2, sino que se reduciría la demanda de un servicio que, por demás, nunca en la vida ha servido como Dios manda. Imaginemos por un momento que las compañías de electricidad pudieran solventar el déficit energético de sus respectivos países gracias, en gran parte, a que el parque edificatorio no fuera un gran sumidero de energía. No negamos que suena mucho a utopía pero a base de ésta se han conseguido grandes cosas. Es probable que la gran solución al déficit energético de muchos países, pase por combinar acciones, es decir, que las empresas energéticas logren "desenredar" sus deficientes redes y que al mismo tiempo se promueva, desde los diferentes niveles de la administración, la eficiencia energética de los edificios. Esto sería hacer lo que nunca se hizo.

El tema es largo y muy bonito; seguiremos adelante con él y ojalá que algún tutumpote lo lea.

6.4 El objetivo de edificios cero energía y su beneficio para la sociedad I

Un edificio cero energía es un edificio cuyo consumo de energía neta es cero o está próximo al cero, al finalizar un período de tiempo establecido y que muchas veces se sitúa en un año; la definición de dicho concepto ha sido objeto de debate, y lo sigue siendo hoy en día[190]. Para conseguir esto (el cero o casi cero energía), la generación de energía, que garantice el funcionamiento del edificio, debe provenir de fuentes renovables que igualen la demanda del mismo.

Hoy por hoy un edifico *Net Zero Energy*, como se le conoce en inglés a un edificio cero energía, es una realidad a nivel de prototipos de laboratorios y de concursos interuniversitarios como el *Solar Decathlon[191]*, más que una realidad de mercado; aunque poco a poco ya avanzamos a lo segundo.

Tránsito del prototipo a la producción comercial

Muchas universidades europeas se plantean, seriamente, la investigación y el desarrollo de tecnologías en torno al tema de la optimización energética de los edificios de nueva planta e incluso los edificios existentes.

Tal ha sido el caso de la Universidad de Burgos que ha impulsado una iniciativa muy importante, auspiciada por la Unión Europea, a través de una experiencia piloto de implantación y monitorización de nuevas fachadas. Toda esta iniciativa, desarrollada dentro del marco del programa *Horizon20-20[192]*, corresponde a la convocatoria "*Energy-efficient Buildings* H2020-EeB-02-2014. Adaptable envelopes integrated in building refurbishment projects", que en castellano sería algo así como: Edificios energéticamente eficientes. Envolventes adaptables integradas en proyectos de rehabilitación en la construcción.

Los investigadores de la Universidad de Burgos se plantearon en su momento, llevar a cabo las actividades y demostraciones que les permitirían desarrollar, plenamente, un sistema de bajo coste y alta eficiencia energética y que, a su vez, representara bajas emisiones de CO^2 para el medio ambiente; en esencia, un proyecto de investigación muy enfocado a la rehabilitación de edificios existentes.

La viabilidad de la aplicación de estas tecnologías está muy ligada a las necesidades que puedan identificar los grandes capitales, para hacer el tránsito del consumo de combustibles fósiles, en los edificios. a las energías renovables.

No se producirá un cambio a favor del *medioambiente* así sin más; hará falta que los sectores de poder interesados, se tornen favorables al cambio a lo sostenible para proteger sus intereses. Hasta ese día todo quedará a nivel de prototipo en las escuelas y universidades del primer mundo.

¿Abandono de las iniciativas académicas?

Por lo dicho en el párrafo anterior parecería que somos favorables al abandono de las iniciativas académicas orientadas al fomento de las renovables aplicadas a los edificios, o que por lo menos ésa sería la tendencia natural de las cosas. Nada más lejos de la realidad; desde nuestro punto de vista, concursos como actúaupm[193], son un testimonio de que el asunto ha calado hasta lo más alto de la conciencia académica colectiva. El objetivo fundamental es poder traducir, como pretende *actúaupm*, el prototipo al modelo en serie para el mercado.

Aprendiendo de los grandes

Si algo bueno tienen las sociedades en desarrollo, es que pueden aprender y copiar de los ejemplos que dan las sociedades más desarrolladas en materia de tecnología.

Alcanzar los objetivos de reducción de emisiones, es una meta de los países industrializados (lamentablemente no de todos y no de los más contaminantes). De este objetivo básico parte el querer dotar a los edificios de sistemas que permitan ahorrar en energía convencional fomentando las renovables.

En República Dominicana, a la que siempre hacemos referencia como modelo en vías de desarrollo y ejemplo para las sociedades con PIB similares, no existen recursos económicos claramente identificados para incentivar la labor de investigación en ningún campo; Pero ¿y si se pudiesen identificar esos fondos, y si la investigación en materia de energía (aplicada a la construcción, los edificios, la industria, la agricultura, etc.) fuera una de las prioridades de la agenda nacional, junto con la educación, la salud y la alimentación…? Sería un mejor país para la gente… Seguro que sí.

6.5 El objetivo de edificios cero energía y su beneficio para la sociedad II

No existe una definición global de lo que es un edificio cero energía, tal como nos explican Sartori, Napolitano y Voss, en la referencia 193 de este volumen. Cada país tiene sus propios estándares para medir el nivel de eficiencia de sus edificios, de acuerdo a las políticas energéticas y su propia legislación[194 - 195].

Uno de los grandes desafíos para la globalización del concepto, y la forma de calcular los rendimientos energéticos, es ir a una definición más o menos igual para países que, por lo menos, pertenezcan a una misma región. Obviamente los niveles de eficiencia que quizás deba alcanzar un edificio en Santo Domingo, y/o los baremos con que se deba medir, no serían los mismos para Estocolmo o viceversa. Lo que sí podría ser factible es que fueran los mismos para San Juan De Puerto Rico que para la capital dominicana[196].

Algunas de las diferencias

Claramente, el tema de las condicionantes sociales, naturales (climáticas y de entorno) o geográficas, determinan la unificación del criterio de cero energía para un edificio. Además de esto otra clara diferencia para la unificación de este criterio es el aspecto de la conexión a la red pública...O no (¿?). Esto quiere decir que de momento no existe un consenso sobre si un edificio cero energía lo es, si funciona de manera autónoma, o si lo es una vez volcado su excedente de energía a la red eléctrica pública[197].

Este punto - de que un edificio que produce energía (mediante fuentes renovables) tenga la posibilidad de vender la energía que le sobra a la red pública o almacenarla para un posible uso posterior - es uno de los grandes temas pendientes en el ámbito de la Unión Europea. Países como España están en un proceso de definición de esta parte de la historia y aún no queda claro, hacia qué rumbo enfilarán su normativa local.

Otro aspecto no unificado en la definición de edificio cero energía es el período de tiempo con que se evalúan el balance de generación y el consumo del edificio. La idea de que este periodo sea el equivalente a doce meses es la más extendida entre la generalidad de los analistas del tema; otros, sin embargo, prefieren "someter" el edificio a un análisis más largo haciendo que intervengan otros factores en la evaluación, tales como los costes promedios de la energía o las distintas fuentes de generación, tomando en cuenta el período de amortización de la construcción, la vida útil del edificio y sus costes relacionados (hipotecas, costes operativos, etc.)[198].

Enfoque general

Este pequeño barrido que hemos hecho sobre la cuestión, es apenas un grano de arena en una gran playa. De todas maneras nos lleva a pensar en positivo el asunto. Los criterios no están del todo definidos, aunque curiosamente las cosas están bastante claras; lo que está muy diáfano es el concepto unido de ahorro y generación: ahorro de energía y generación de energía.

Los edificios pasan de ser meros contenedores o espacios para ser habitados, a ser grandes organismos multi-sistémicos con los que se procura dar confort a sus ocupantes, a un coste razonable en términos energéticos; e incluso más, que ese edificio represente un plus en cuanto a la generación.

Net Zero Energy Building (edificio cero energía) es, o debe ser quizás, desde nuestro punto de vista, el otro nombre de Energy Plus Building (Edificio con superávit de generación de energía). Estamos caminando hacia ello, amén de que los conceptos estén todavía en proceso de definición[199].

Para terminar, y como nota curiosa, en la Wikipedia (enciclopedia popular de relativo rigor científico), encontramos esta definición que nos ha parecido correcta e ilustrativa: "...Un edificio energía cero (EEC) o edificio energía neta cero, es un término aplicado a edificios con un consumo de energía neta cercana a cero en un año típico..."

¡Bendita Wikipedia! Cuando el tema baje a la generalidad de la población, entonces la conciencia ciudadana lo asumirá como propio...

6.6 *NZEB* I

Como muchos conceptos que se van poniendo de moda con los nuevos tiempos, el concepto *NZEB* ha ido tomando mucha notoriedad en los últimos años.

NZEB son las siglas en inglés de *Net Zero Energy Building* o, lo que es lo mismo en castellano, edificio de cero energía neta (¿o conectado a la red?). Pero ¿qué quiere decir esto? Este término define a un edificio cuya demanda energética es igual a la generación que el mismo, o su entorno inmediato (es decir dentro de su parcela), puede producir con energía renovable.

A esta definición, ampliamente aceptada, se le puede agregar algo más para completarla y es que un edificio cero energía es aquel en que el balance final entre la energía producida para su funcionamiento y la consumida es igual a cero; lo obvio.

Esto, definido así, tendrá algunas matizaciones, según sea el estamento que lo establezca. Como ya hemos visto, algunos especialistas también hacen una diferenciación más entre *ZEB* y *NZEB*.

Zero Energy Building (o ZEB) define aquel edificio que, siendo balance cero energía, no se encuentra conectado a la red general de suministro de energía, o lo que sería lo mismo decir, que goza de autonomía energética, es decir que, gracias a fuentes renovables de generación, puede autoabastecerse[200].

La diferencia entre un *ZEB* y un *NZEB* es que el segundo, aunque igual que el primero, consigue un balance energético cero – gracias a las renovables como hemos dicho más arriba - sí que está conectado a la red de suministro, con la cual interactúa.

Existe otro término que podría generar confusión, por sus siglas en inglés, con el *Net Zero Energy Building*, y es el *Near Zero Energy Building* o lo que sería lo mismo en castellano: edificio "casi" cero energía[201].

Hacia una unificación de criterios[202]

Como hemos ido viendo, existen varios conceptos de edificio cero energía que coexisten en el ambiente. Lo importante de todo esto, más allá de la confusión que pudiera generarse, es que se ha ido creando toda una corriente tecnológica que busca despojar a los edificios del estigma de ser los responsables de gran parte del consumo de energía global.

Hoy por hoy los edificios ciertamente son responsables de mucho más de un tercio del consumo global, si se cuenta desde el proceso inicial de fabricación de los materiales de construcción, hasta el uso del edificio y la posible deposición de los materiales, una vez terminada la vida útil del edificio.

En cuanto a esta última parte, la de la deposición final de los materiales, el asunto de la rehabilitación energética toma gran importancia, para cerrar el ciclo de la vida útil del edificio o más bien ampliar este ciclo por una cantidad de años adicionales.

Definir *NZEB* contando con esta parte y tomando en cuenta el ciclo de vida "total" de los materiales, es lo correcto, desde el punto de vista de los especialistas que estudian el asunto. Otros aspectos aún quedan pendientes de unificar; entendemos que poco a poco se irán aclarando.

6.7 *NZEB* II

Continuando con este tema, vamos a derivar un poco hacia un concepto que es pertinente aclarar y es el de ACV o Análisis del Ciclo de Vida de los Materiales[203].

El Análisis del Ciclo de Vida (ACV), en sentido general, es el procedimiento que sirve para evaluar las implicaciones *medioambientales* de un producto o actividad. Con este proceso se mide, por decirlo de alguna manera, el uso de energía y recursos (y su impacto en el entorno), para así evaluar y llevar a la práctica estrategias de mejora *medioambientales*[204].

Dicho en otras palabras, es el análisis que se le hace a un producto (material de construcción en nuestro caso), desde la extracción de la materia prima para su fabricación y/o industrialización, pasando por la energía utilizada para completar el proceso de producción y puesta en obra. También debe incluirse en este análisis la vida útil en uso de ese material y su futura deposición o reutilización; todo contabilizado desde el punto de vista del consumo de energía y de emisiones.

Este concepto de ACV, se considera vital para completar la evaluación de un *NZEB*. Haciendo el enfoque directamente sobre la vida útil del edificio, que va más allá de que sea cero energía o no, el ACV resulta una de las herramientas más adecuadas para evaluar los materiales del edificio, incluso si solo fuera por el tema de obtener un balance positivo dentro de la trama arquitectónica[205].

Como todo en la vida, no existe un consenso cerrado sobre el ACV en sentido general, aunque quizás en términos particulares de la arquitectura, sí que exista mayor claridad de enfoque. A continuación, y desde nuestro punto de vista, hacemos una síntesis "*grosso modo*" del ACV de cara a la construcción.

Lo primero de todo es plantear el ACV desde la extracción de recursos o materias primas, pasando por el procesamiento del material con fines de su colocación de cara al público. A partir de este momento se deben tomar en cuenta factores como la distribución y puesta en obra (almacenamiento y transporte) del material, tomando en cuenta su huella ecológica; no es lo mismo importar material hacia La Habana desde Sydney, que desde Santo Domingo[206].

Pasada esta primera etapa se llega al punto de la aplicación/utilización del material: la construcción. El edificio se convierte en receptor del material, no sin antes necesitar un consumo energético, y recursos, que permitan que la utilización de este material dé como resultado el edificio acabado[207].

Después de construido, se da paso al funcionamiento del edificio y también a la utilización de los materiales en el plano cotidiano por los usuarios. Las posibles reparaciones de estos materiales e incluso mantenimiento y remodelaciones, con sus consumos asociados, deben ser parte del cálculo global del ACV.

Ya para cerrar el ciclo de vida del material - o uno de sus ciclos si se pretende reciclar - viene la parte de la deposición o reutilización del mismo y los consumos energéticos que esto suponga[208]. Existen varias fases asociadas a estos procesos, antes, durante y después; de momento estas nos sirven como referencia general, y a grandes rasgos, para entender un poco la cuestión.

Sería una gran avance si cada vez que decidiéramos sobre la utilización de un material de construcción, pudiéramos garantizar su correcta deposición o reciclaje. Esta sería la mejor manera de hacer una arquitectura responsable y desde luego transitar el camino de los *NZEB*.

IMÁGENES / IMAGES

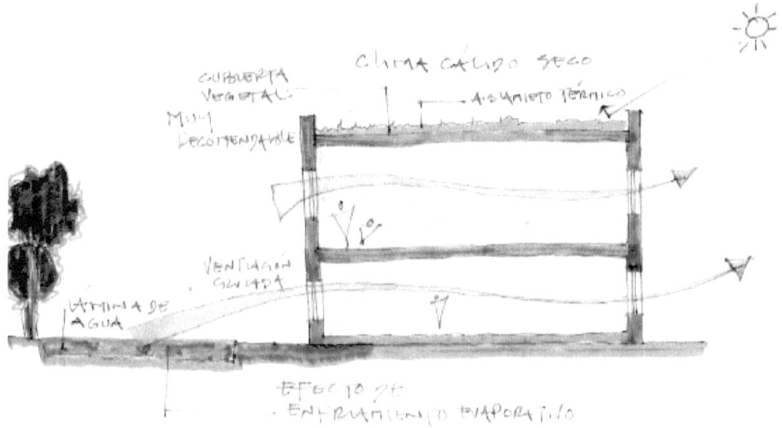

Fig. 01. Recomendaciones bioclimáticas
Bioclimatics tips

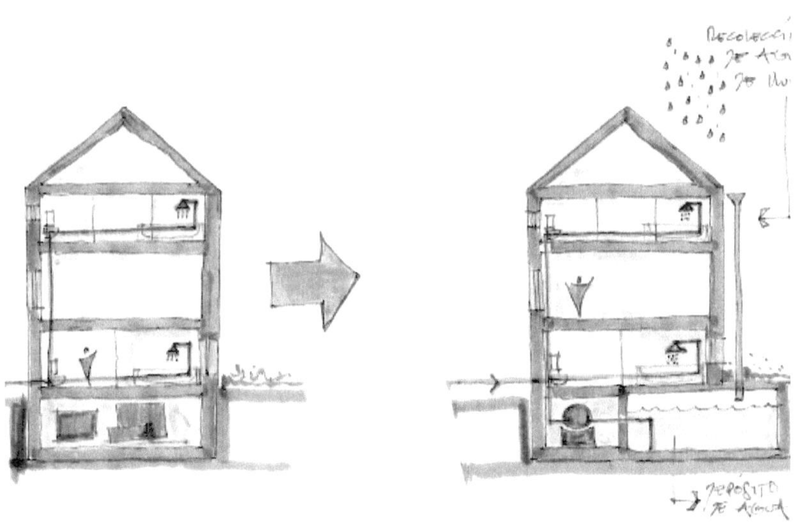

Fig. 02. Cambio de modelo. Aprovechamiento agua de lluvia
Change of model. Use of rainwater

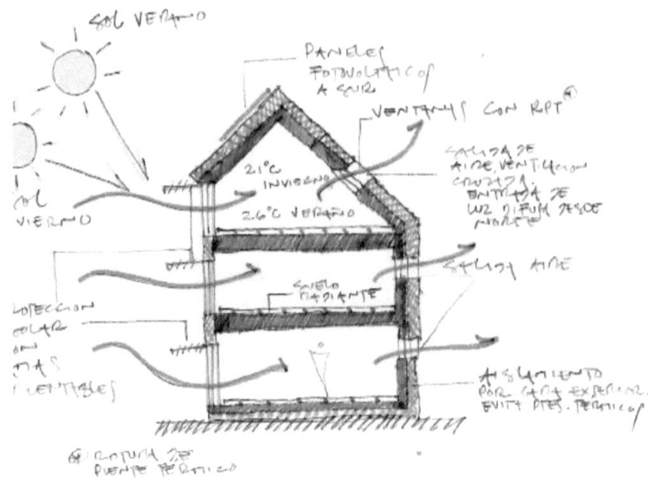

Fig. 03. Más recomendaciones bioclimáticas
More bioclimatics tips

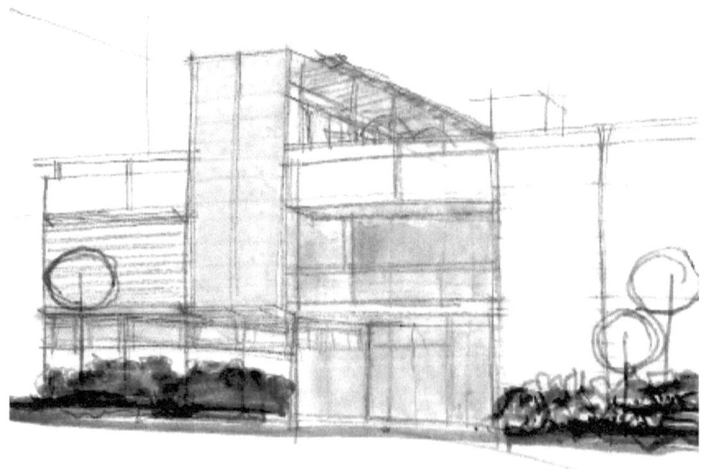

Fig. 04. EcoBox 2002. De Diego Rica. Fachada fotovoltaica y terraza superior con tubos de vacío
Photovoltaic facade and upper terrace with solar vacuum tubes

IMÁGENES / IMAGES

Fig. 05. Integración fotovoltaica en fachada
Photovoltaic integration on facade

Fig. 06. Soleamiento_Sombreamiento
Sunning_Shadowing

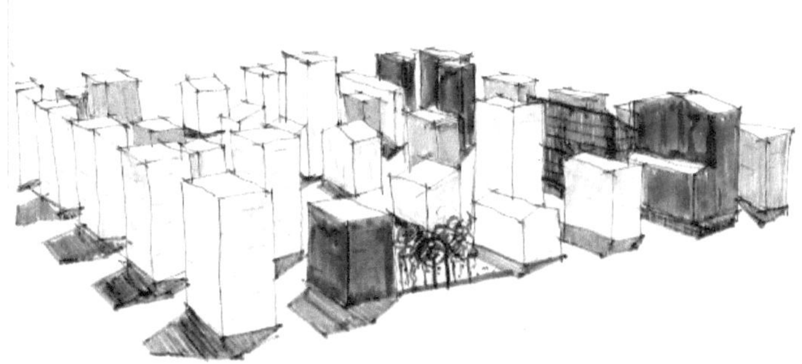

Fig. 07. Densificación e intensificación de usos urbanos
Densification and intensification of urban uses

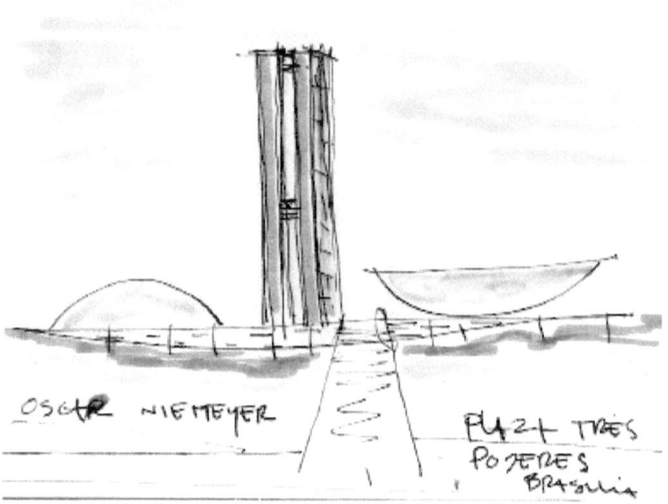

Fig. 08. Plaza De Los Tres Poderes, 1958. Oscar Niemeye
Three Powers Plaza, , 1958. Oscar Niemeye

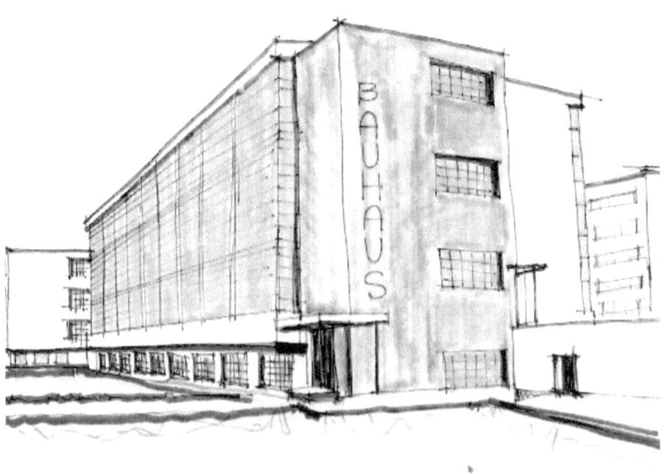

Fig. 09. Edificio (Staatliche) Bauhaus, 1926.
Walter Gropius Bauhaus building, 1926. Walter Gropius

Fig. 10. Villa Savoye, 1929. Le Corbusier

Fig. 11. Museo Guggenheim, 1937. Frank Lloyd Wright
Guggenheim Museum, 1937. Frank Lloyd Wright

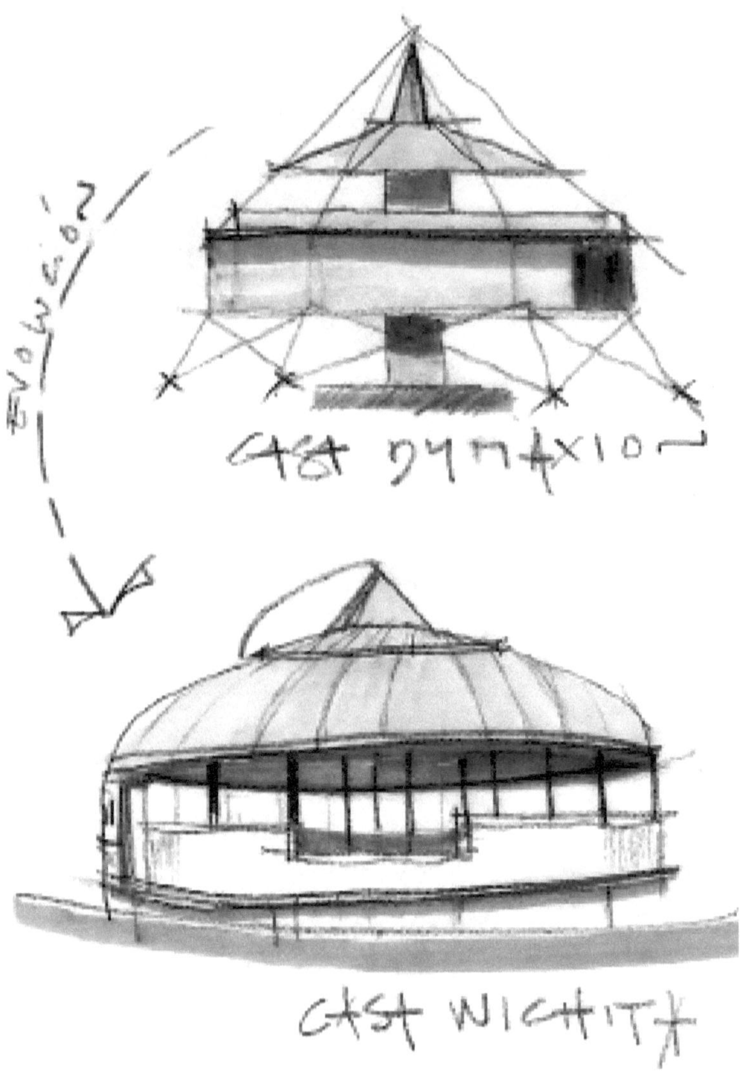

Fig. 12. Modelo Dymaxion, 1927 y Casa Wichita, 1946. Richard Buckminster Fuller
Dymaxion Model, 1927 and Wichita House, 1946. Richard Buckminster
Fuller

Fig. 13. Pórticos metálicos Casas Tropicales, 1949. Jean Prouvé
Central frame/portal Tropical Houses, 1949. Jean Prouvé

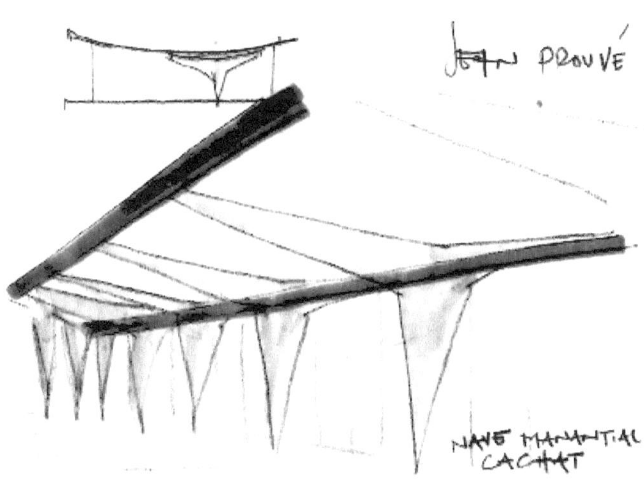

Fig. 14. Nave Cachat, 1956. Jean Prouvé
Cachat Factory, 1956. Jean Prouvé

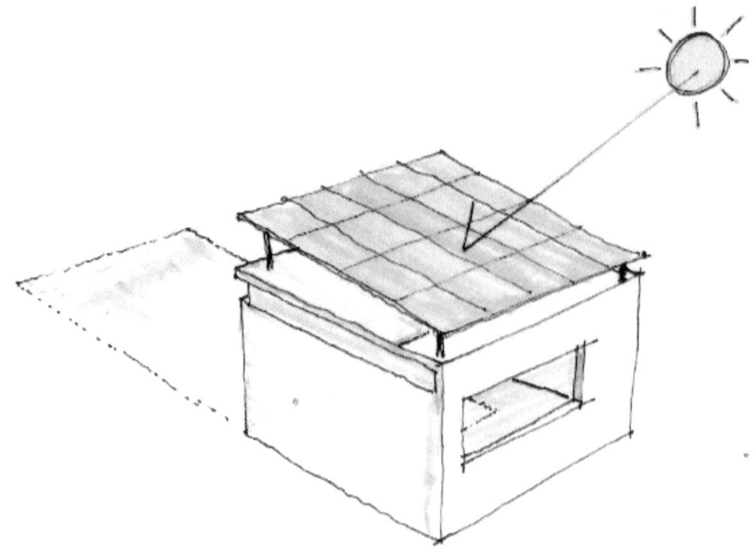

Fig. 15. Fotovoltaica en cubierta
Photovoltaic roof

Fig. 16. Parque Eólico
Eolic Field

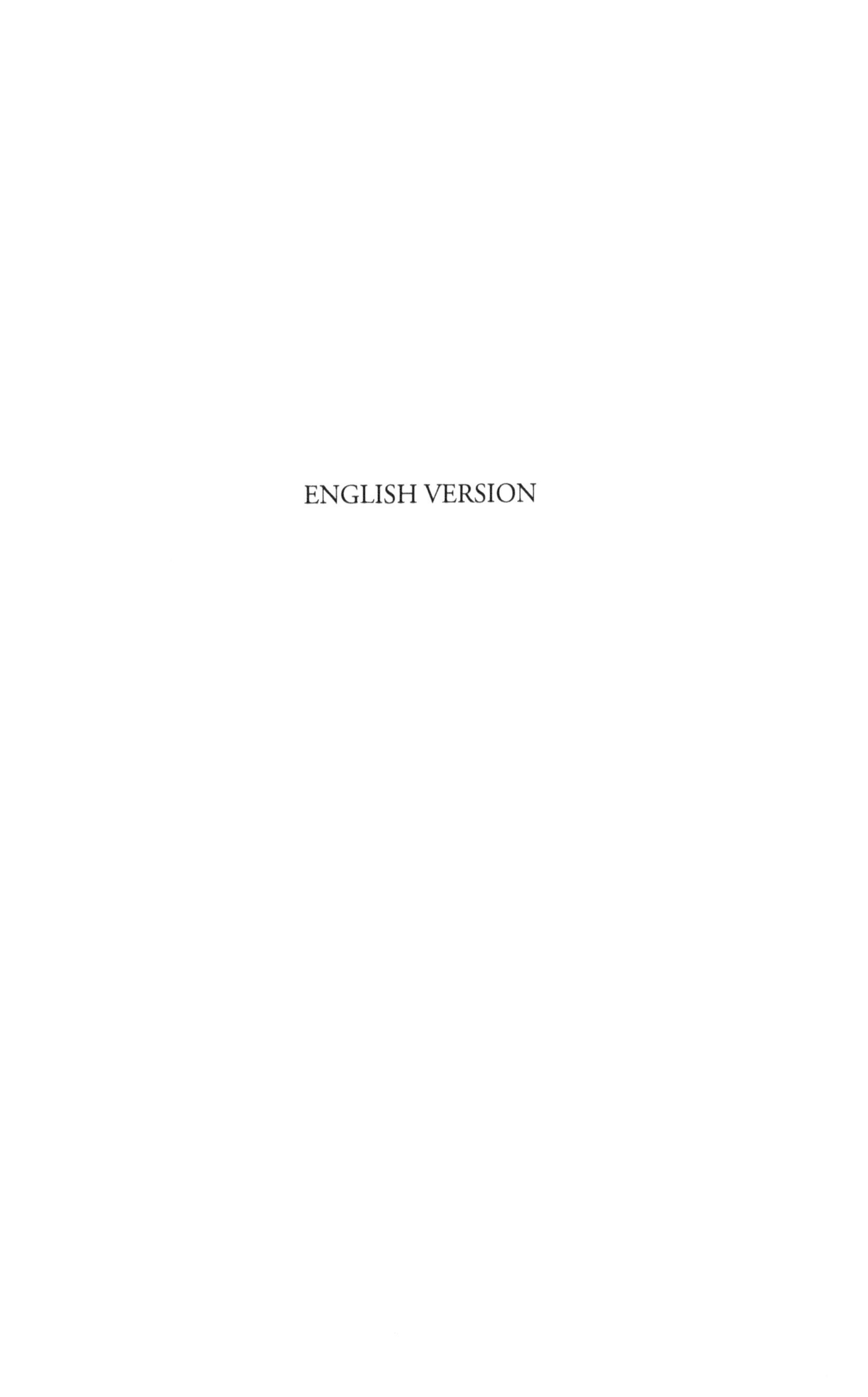

ENGLISH VERSION

1. ABOUT DESIGN AND BIOCLIMATIC ARCHITECTURE

1.1 Architecture and energy

Ever since man has lived on the planet he has made changes in his habitat and, to a greater or lesser degree, in the general climate conditions of our global village. This process has increased since the Industrial Revolution and even more over the last 50 years. Every day our natural resources are diminishing and we are hurtling rapidly towards a crisis. Concepts such as climate change, global warming, renewable energies, sustainability, recycling, protection of the environment and others, are present in our lives through the media.

Most nations are aware of the current situation on the planet. Not all of them are prepared to apply viable policies to achieve the reduction of contaminating, greenhouse effect gas emissions. An example of this are the different operative frameworks which have been put forward but which have not been respected. The best known is the Kyoto Protocol[1].

Within this general wide framework, the profoundly humanistic features of architecture, combined with their eminently technical nature, have meant that architecture has become a vehicle, a protagonist, and also the scenario of the important social events of humanity.

Understood as a service to society and good practice in the exercise of the profession, architectonic activity offers accurate solutions that have positive repercussions for preserving our natural and social environment.

In this sense, Bioclimatic or Sustainable Architecture utilizes building materials and techniques which guarantee an energetically efficient use for the architectonic organism, significant saving and comfort for the user, as well as a healthy relation with the planet.

"The logical process would be to work with the forces of nature, not against them, taking advantage of their potentiality to create appropriate life conditions"[2] and, via active and/ or passive methods, achieve the aim of living in harmony with our surroundings[3], without jeopardising today the future use of resources by future generations.

In short, the basic aspects that define bioclimatic architecture are the interaction of the organism with the environment from the start of the project, comfort in living spaces and efficiency or energy exploitation in energy capture and also in its use. An oxygen balloon for our world.

1.2 Why insist on bioclimatic architecture?

Basically, because it is the best option. Autochthonous architecture recognises the values and conditions of a place; it is what we have inherited from those before us. In general terms, Bioclimatic Architecture[4] - amongst other things - is opposed to the practice of exporting predetermined models to places with climatic and environmental features different from those in the original place. In the majority of cases this is a factor that causes excessive energy expenditure and loss of comfort because it has to compensate design deficiency. It is, in fact, the antithesis of good architecture.

If the architectonic organism is to work with moderate consumption or, better still, with more energy, it should be conceived and constructed in favour of nature, not against it. The great masters, such as Victor Olgyay, have taught us this[5].

Terms such as saving, exploitation and efficiency, although not synonymous, respond to a unique concept of optimization of energy and, in particular, to the use of renewable energy. In relation to architecture these may be divided into solar, wind, biomass and solid urban residue (SUR). The harnessing, accumulation and distribution of energy are the keys for reaching these efficiency objectives.

A large part of the consumption in a house is related to the need to give hygrothermal comfort inside the home. As far as possible, this should be achieved naturally or with the help of sustainable electrical and thermal production. When we speak of comfort and well-being in living areas we refer, principally, to good lighting, acoustic/ sound balance, to favouring the movement and calibrated biological rhythms of the inhabitants, a pleasant olfactory sensation and appropriate hygrothermal factors (heat, cold and humidity).

In regards to lighting, the idea is to create well-lit spaces, giving priority to natural light and determining the activity to be carried out in them at different times of the day.

For acoustic balance, before making use of insulation or acoustic barriers, the possibilities of room distribution ought to be studied, so that an area is not affected by sound emissions contrary to its nature.

Working with kinetic and biological factors is to coordinate the different environments and areas used so that the inhabitants do not feel constrained in their movements.

For a pleasant olfactory sensation, healthy odour-free materials should be used without harmful substances and the predominant winds in the area should be taken into account, ensuring that they do not penetrate from outside if not wanted, by barriers or closure fixtures. Accepting that these variables are determinants in themselves, it is the quality of air which gives comfort and well-being both inside and outside a room; that is, its hygrothermal conditions (humidity, ventilation, temperature). This is the aim of good architectonic practices.

Bioarchitecture[6] and its techniques should be used to satisfy the comfort requirements mentioned above, whether in winter or summer conditions. Good orientation and insulation of spaces where necessary, adequate dimensions and layout of the closure plans and of gaps for the entrance of light/air, as well as the optimal harnessing of solar radiation where necessary.

The well-being of the user, together with efficient handling of resources, are the essential aims in this type of project and are the correct steps in the design process - and prior to it. They are all fundamental. But this is material for another article.

1.3 Bioclimatic architecture. An efficient way

As we have been saying, bioclimatic architecture is little more than a relatively recent name given to the methods, concepts, philosophy and good practice in the process of the design and execution of a project[7]. A good architect understands from his/her training the ordered sequence of steps to be followed to satisfy the requirements of the user as well as the needs of the social context in which he/she lives. These standards have always been present when carrying out a project. They have always been the point of departure.

These general guidelines which, as we have said, are an integral part of the daily exercise of any project planner in the scheme of architecture+sustainability=efficiency, acquire capital importance; they are an absolutely determinant value. They are not immoveable. Rather they are variables consequent with the spirit of bioclimatic architecture so as not to repeat magical recipes valid for any scenario. They are not the same in one project or another; they cannot be. However, they respect a specific action, without this being contradictory[8-9].

In short, they are:

- The study of the behaviour and habits of the user. This requires the observation and examination of the patterns followed in the activities carried out, behaviour in certain situations and at different times of day, energy consumption habits, etc.

- Analysis of the place, its perimeter and climate data. This would include socio-cultural and material conditions, urban aspects, even flora and fauna, orography, topography, geo-biology, hydraulic resources, temperature, humidity levels, winds, solar influence and brightness, rain, clouds, etc.

After this a programme of the design requisites should be carried out. This is relatively easy once we know the user's needs and the climate conditions in the environment. It is of prime importance to first of all offer the spatial solutions for the project structure and a draft study of the needs and possible energy consumption.

Then, linked to the elaboration of the programme, comes the process of zonification and the pre-design of spaces for the drafting of the early ideas of the project. The above-mentioned conditions must be interpreted and compared with the aspirations of the user's design, giving priority to the implementation of passive inside and outside conditioning techniques.

At this point it should then be viable to make a selection of sustainable materials, materials which, by definition, ought to be autochthonous where possible, so as to minimise any ecological damage, recycled and/or recycleable to guarantee a limited life cycle. They should never represent danger of toxicity for humans, animals or plants.

With this data, a definitive study should then be made of energy and consumption requirements, considering the viability of using renewables such as solar/photovoltaic, wind, biomass, etc., depending on each case.

All these steps, if carried out appropriately, tend to minimise the environmental impact of a project on our surroundings. To confirm this hypothesis it is recommended to evaluate the energy performance of the building using energy simulations.

Finally, the desired aim is reached: the final Design Proposal, the result of an ordered sequence of steps whose ultimate objective is to offer shelter and comfort to the user.

This comfort should always be in harmony with nature if our planet is to be clean, free of pollution and healthy so that our children can continue to live in it.

1.4 Natural ventilation

In the exercise of bioclimatic architecture and by putting it into practice to attain the comfort desired, there are two principal methods: the use of passive techniques and the use of active techniques. In general, when we refer to active techniques, we are talking about the implementation of renewable energy in building (solar photovoltaic, thermal solar, wind, geothermal, micro-cogeneration) for generating energy; as well as home automation systems for the optimal functioning of these.

On the other hand, passive techniques are those based on the decisions of design and configuration of spaces to take full advantage of climatic conditions and conditions in the perimeter for the benefit of the project. Apart from this, in passive technology the selection of the type of building materials, based on their features and qualities, is most important.

Amongst the passive methods is the handling of air flows and the circulation of air throughout spaces. Whatever the latitude or the location of a project, the theme of natural ventilation is associated to the health conditions of the living quarters and to the comfort of the users. In the tropics, where the near-100% humidity is combined with temperatures of over 26ºC, the need for ventilation is of prime importance[10].

The use of mechanical systems of ventilation and cooling, widely extended in our environment, should constitute support for natural ventilation and not the contrary, because natural ventilation techniques favour a better interchange of inside-outside air and reduce the bill for energy consumption stemming from the use of mechanical systems[11].

The design and layout of gaps - in dimension, form and positioning - which allow the movement of air, works through the effect of over-pressure generated between the exterior and the interior and/or between the cold and hot strata in the same space. The simplest and best-known system of air movement is cross ventilation. This can be achieved by opening a door or window on one side and another door or window on the opposite side, where the adjacent outside space has different levels of solar radiation or is exposed to the wind.

Another reasonably well-known system is the chimney effect. This is produced by an air entrance in the lower part of the room and an air exit with gaps in the upper part, connected to a vertical extraction conductor with an exit to the outside. This exit of high temperatures, therefore, does not affect correct functioning.

A less-known system or method is the solar chamber or chimney. It functions by capturing through glass all the solar radiation into its inside which is dark in colour. This means that when the air is heated and its density diminishes, a suction occurs in the gaps connected with the exterior in the lower part of the space to be ventilated.

Using a contrary effect is the wind tower system that creates a movement of air towards the inside of the building. A tower is used on the roof of the building which captures the air circulating above the building.

Along these lines we could offer other ways of producing natural ventilation for the different areas in a building, but the best solution to adopt will be determined by studying each individual case. However, the concept is always the same: to procure natural ventilation wherever possible, giving this preference over mechanical ventilation and cooling[12].

Natural ventilation guarantees a significant saving in the electricity bill and it is therefore the duty of any project planner to design with this in mind from the start. It is always preferable to take sustainable advantage of natural resources than to try to achieve the same level of comfort in exchange for substantial emissions of CO^2 into the environment.

We can only hope that the air is free of pollution and that it will be viable to open windows to ventilate naturally; but we shall look at pollution on another occasion.

1.5 Natural lighting

There is the concept of natural ventilation, with its advantages for energy/economy saving and the comfort of the user. Hand in hand with this is also the question of natural lighting. These two aspects are fundamental when considering sustainable architecture. The advantages and benefits of this type of lighting can be most significant not only for energy saving and reducing the electricity bill, but also for the comfort of interior lighting. Thus, natural lighting ought to be considered favourably from two angles. The first is the energy angle because it means economic saving and a certain independence during the day from artificial lighting with the consequent benefit for the environment. The second angle is the comfort derived from good lighting, linked directly to the design and the architectonic concept of the rooms[13].

We should value natural light in quantitative terms for saving and the reduction of greenhouse gases (GHG) emissions derived from this saving; and, in qualitative terms, for an improved quality of light in the spaces where we live.

Le Corbusier, the great master of modern architecture, tells us that architecture is the play of volume under light and it is through light that we can appreciate architecture in its true dimension. Natural light entering inside spaces comes to us from the outside through windows, doors, gaps and glassing around the outside layer of the building, bathing the different hues and light registers, the surfaces, the volumes and their textures, modelling the spaces to produce dynamism in intensity and chromatics.

An area that is well lit is always agreeable to the human eye, but lighting well implies providing correct light in harmony with the features of the area involved. The type and/or level of lighting will depend on whether it is an inside or outside area, a place for relaxing or for studying, for working or for pleasure. For example, in the case of a library or reading room, natural lighting is important for the psychic and visual health of the user. In this particular case, orientation westwards is not recommendable, given that in the morning the level of lighting is minimal and in the afternoon the horizontal rays of the setting sun make reading difficult, not to mention the over-heating on that side of the building. For this type of room, orientation towards the north is the most appropriate because of the calm, diffuse light which can be enjoyed during the day. If we talk of a living-room or an area for activity, orientation towards the south is normally better because of the clarity and potency that it offers. On the contrary, orientations towards the east and south-east provide lighting levels suitable for bedrooms and relaxation areas. Bathrooms, kitchens and toilets are better facing the west[14].

Naturally, whatever the orientation (except to the north), or whatever the room to be lit, the gaps should be conveniently placed with suitable dimensions and also protected to avoid an excessive stream of light or too much heating inside from the sun in horizontal and vertical plans.

When designing a space for natural light, three criteria should be taken into account:

a) to obtain a level of lighting appropriate to the activity, combined with energy saving;
b) to avoid reflection and glare; and
c) to consider a relation between inside and outside ambiences.

In general, designing that takes advantage of the hours of natural light ought to be a permanent premise in professional practice. Obviously natural light will never completely substitute the demand in all inside rooms, either due to the time of day or because the room has little access to light. As a partial solution to this difficulty there are techniques and caption methods such as the implementation of reflectance surfaces and light conductors to less illuminated zones. In buildings already constructed and occupied, the user will have the option of installing this type of surface to achieve the desired effect with greater or lesser difficulty. What is obvious is that it is always better to count on natural lighting as the prime solution and only use light bulbs when necessary[15].

In places where energy is expensive and precarious, as is the case in our country - the Dominican Republic - electricity saving is essential, whether this is guaranteed by the generating companies, the distributors, or the State.

For the moment, as project planners and as users, we should procure good natural lighting in accordance with the nature of each room and be able to turn off the light during the day as an infallible saving measure, to benefit our individual economy. Above all, this would also contribute to preserving the environment, guarantee for the preservation of the human race.

1.6 Green buildings I

Over the last twenty years many cities in the so-called developing countries have been altering their urban planning and at the same time increasing their building density. This is the case of Santo Domingo where road infrastructures are now more modern; the skyline has also gradually changed, growing upwards. We are witnessing how whole residential areas now have high buildings occupied by several families where there used only to be single-family homes.

From the point of view of urban development this might be questionable, because the demand for services multiplies, yet State response does not increase at the same speed. From the economic point of view this process may well be interpreted as a sign of progress in a developing society. The unquestionable reality is that this change of urban profile is occurring, impelled mainly by the private sector. However, certain aspects, such as sustainability, are being avoided, perhaps because they are ignored by promoters.

One good thing in the developing countries is that they are in this process of growth and, with a minimum of good will, they should be able to plan and adopt good building practices, naturally always protected by the appropriate legal ruling. This is not easy, even in countries with higher standards of living, but it is gradually becoming possible.

Green buildings, associated with good habits of use and consumption, can provide an alternative which compensates the disproportioned growth of our cities. We should insist on and emphasise these good habits of use and consumption to people because, however green and ecological a building might be, this by itself is not sufficient to determine a positive change in the surroundings.

One example of good consuming is the responsible use of drinking water in our homes. It is estimated that one person in a middle-class society, as a sufficient minimum, should have access to at least 50 litres of water per day, according to the World Health Organization (WHO)[16]. If to this we add the proportional expenditure for the necessary contribution to agriculture, industry, etc. some 100 litres per person per day should be estimated. Perhaps we should ask whether all the Dominicans have access to 100 litres of water per day? And those who do have access to it, do they consume this amount of water rationally? A further good example is the moderate use of vehicles. Using a car when only really necessary, combining the journeys of the members in a family and walking, as long as it is safe. All this assists in environmental well-being. Using a car a lot or a little has no direct repercussions in the consumption of the building as such, but it is certainly associated to the concept of the ecological effect of the inhabitants in a city. Another aspect of this is that where before only one or two cars per single-family home were parked, there are now some twenty vehicles parked on the same ground of a new tall building. Yet the average roads are no wider, but the pollution from petrol has increased.

However, what are green buildings?[17]. The name "green building" is one of various names to denominate buildings which have a near nil energy consumption, because they are self-supplied with renewable sources of energy and are well-designed to take advantage of the climatic conditions to reduce environmental impact. As we have already commented elsewhere, passive techniques for energy exploitation, known also as design strategies for summer or winter, depending on the time of year, are combined with renewable technologies for generating clean energy, giving a building optimal performance.

These strategies which, in tropical countries like ours, have less clearly defined limits, are the guarantee that a building is pointing towards an appropriate equilibrium in demand and consumption. From the types of materials selected for the heavy work, to the carpentry and finishings, all is a packet of measures tending to improve the qualities of a project.

If it is true that the total expense of the construction of a bioclimatic building increases between 5% and 10%[18] and, depending on the project, could reach nearly 20%, in comparison with a conventional building, it is also true that with effective energy handling, it is possible to make considerable savings and a further advantage is that in only a short time this extra cost will be amortised.

To judge whether a building has the category of green, bioclimatic, efficient or of near zero consumption, there are standards and international systems which certify this, based on a series of parameters, quantifiable by definition, which give us an idea of the degree of sustainability of a building. This degree of sustainability is quantifiable, but it will always depend on human activity for it to be effective or not. Education in this sense is the only way to preserve our environment and to recuperate, if possible, what has been lost today.

1.7   Green buildings II

A sustainable building is a structured building system which aims at being healthy for its occupants and efficient in the resources it uses and, in consequence, minimises its impact on the environment. Therefore, a sustainable building is characterised by economy in the consumption of water, energy and materials, simultaneously offering a high degree of comfort and satisfaction for the user.

Sustainable, or green, buildings have characteristics that are not determined fortuitously; if that were the case they would only be an aspiration or a declaration of intentions. These characteristics that are clearly defined by international standards go beyond placing ornamental plants or putting solar panels on the roofs of new buildings in our cities. Both of these things can be positive, yet they are only part of the bioclimatic proposal.

An eco-efficient project, rather than being simply the whim of a client, a proprietor or a designer, is a magnitude to which different values can be assigned resulting from measurement. It should respond, in its building and design solutions, to quantifiable parameters. In this process a series of objectives should be completed, which lead to the establishment of detailed steps to be respected. These standards allow us to measure the degree of energy efficiency in a building and, if the case arises, to obtain the corresponding certification of that level of sustainability. Although there are various certification systems in the world, such as the LEED[19] (Leadership in Energy and Environment Design), or BREEAM (Building Research Establishment Environmental Assessment Method), a project is not always submitted to an exhaustive analysis to obtain the levels demanded by these certifications. In fact, its implementation is still relatively recent in places with a consolidated bioclimatic tradition. What is highly recommendable is to endeavour to follow the rules of these systems as a guarantee of good design, which is synonymous with guaranteeing a good result.

What are the steps or rules of these certification systems? Those relating to the fundamental objective of providing comfort to the user and at the same time preserving the environment.

With the BREEAM[20] certification system the sustainability levels of a building are measured and considered both in the design phase and in the construction and maintenance phases.

These rules are not pre-established recipes, but they are the same solutions that good traditional architecture has used since the time of Vitruvius, applied by common sense and now they are standardised in normalised and quantifiable programmes.

In the LEED system, the steps and methodology of evaluation are the same whatever the project, although they are adapted to the corresponding typology and to the ambit of application chosen. Depending on the case, this might be for new buildings, or for big refurbishing projects, maintenance in existing buildings, refurbishing of interiors, building and structure, single-family homes or urban development. There are at least seven categories to be evaluated:

1. Sustainable site, which means a good choice of the building site for the project and its orientation.
2. Water saving, for the responsible consumption of water.
3. Energy efficiency and renewable energies, based on the optimisation of the energy systems in the building and the implementation of alternative sources of energy.
4. Building materials, the correct choice of recycled, and/or materials that can be recycled, and their ecological effect.
5. The quality of the air inside the building, that is, the interchange of appropriate air between the inside and the outside.
6. Innovation in the design process, that evaluates the quality of the design and the creativity in the distribution of spaces.
7. Regional priorities, concerning the favourable aspects for a region in environmental development.

Within these chapters there are a series of requisites for obligatory fulfilment and others for voluntary fulfilment. When these parameters have been fulfilled, points are given according to which the degree of certification LEED is awarded: Certificate, Silver, Gold or Platinum. With the LEED the most normal certification process (in new buildings) occurs in the project and work phases of the building and the certificate is awarded at the end of the work phase.

With the BREEAM certification system the sustainable levels of a building are measured and considered in the design phase and also in the building and maintenance phases. The particularities proper to each one of the main typologies now used are taken into consideration, whether these be homes, office blocks, industrial buildings, health centres, schools, and others. BREEAM evaluates ten impact categories:

1. Handling of resources, concerned with the execution of the work and its functioning.

2.   Health and well-being, related to the comfort of the users.

3.   Energy, which measures the energy efficiency and the use of renewables.

4.   Transport, where required in this category, the impact of transport related to the project is evaluated.

5.   Use of water, which is the appropriate consumption of hydric resources.

6.   Materials, related to the correct choice of building materials and their ecological impact.

7.   Residues, which evaluates the treatment given to the residues in the building process and also during the useful life of the project.

8.   Ecological use of the ground, relating to the positioning and location of the project and its relation with the perimeter.

9.   Pollution, related to the environmental impact that the project might produce during its construction and later useful life.

10. Innovation, which takes into consideration the levels of innovation in the project.

Both these evaluation systems and their respective categories mean that certification can be awarded in accordance with different levels of sustainability. They also serve as a reference and technical guide for more sustainable building. If the latter is possible, and it is, we shall be advancing in the right direction.

The truth is that to speak of energy certification systems and sustainability in developing countries might sound like a joke because they still have to create awareness of the problem, educate and know more about it, as well as introduce a set of legal rules to deal with it. We cannot pretend to take giant's steps when we still have to learn how to walk, but technology progresses and to put it to the service of citizens is an urgent job for architects and for the competent authorities. To adopt uses and customs in accordance with saving and the conservation of the resources that we have is, without doubt, a job for everybody.

1.8 Green buildings III

"An architect should be a prophet. A prophet in the true sense of the term. If he isn't capable of looking at least ten years ahead, then don't call him an architect."
Attributed to Frank Lloyd Wright.

The concept of green building can no longer be a future concept, nor a remote aspiration. Our society should consider it and adopt it now as an urgent reality. It is not possible to plan, construct or live in a building when the aims of sustainability and energy saving are ignored. We are experiencing a transit towards a new paradigm where themes such as climate change or the scarcity of energy resources force us to modify - not only temporarily - our living habits in all aspects.

All of us together should make the necessary adjustments to adapt the levels of energy consumption to the new reality. Government and the private sector should continue to advance in the creation and consolidation of a set of rules that, on the one hand, foment efficiency in the use of available resources (water, electricity, etc.) and, on the other, strongly penalise environmental pollution. All this should be backed up by an educative campaign for citizens.

Fortunately, there are already initiatives in this sense in other places and we could use these for inspiration. Good examples of commitment between social actors and sustainability are the Directives 2009/28/EC[21] and 2010/31/EC[22] which oblige the 27 countries of the European Union (EU) to adopt the triple objective "20-20-20" by the year 2020. This triple objective implies:

1) The reduction of carbon-dioxide emissions (CO^2) by 20%.
2) A 20% increase in energy efficiency.
3) 20% of all the energy consumed in the Union should come from renewable energies.

These directives are binding and provide plans of action for a series of renewable technologies, including bio-energy (bio-fuels and biomass) and solar, thermal, photovoltaic, mini-hydraulic, ocean and wind power. When they talk of binding, this means that these directives enforce each member State in the EU to adapt them to its national jurisdiction. This initiative aims to reduce energy consumption in the EU building sector, given that it represents around 40% of the general consumption in these countries.

Within this framework member States are encouraged to develop a methodology to calculate the energy efficiency for buildings which includes thermal characteristics, type of insulation, air-conditioning/heating, lighting and interior comfort. Using this calculation methodology, each State must establish minimum requisites, to be revised every five years, to reach efficiency and cost objectives. When fixing these requisites, distinction should be made between typology of buildings (single-family houses, collective houses, tertiary and industrial buildings) and between new and existing buildings. In some cases specific typologies are excluded, such as protected buildings, provisional or short-life buildings, or those dedicated to religious cult. In Spain these requisites are partly included in the Basic HE Document of the Technical Building Code[23].

New buildings should fulfil these sustainability requirements from the design phase and this includes a viability study for the implementation of renewable energy. There should be an improvement in energy efficiency in existing buildings, when they undergo substantial restoration, so that they may also fulfil the minimum requisites.

All in all, the instruction - if we can call it that - is not only to satisfy the requirements of energy consumption in buildings or in urban systems with efficient equipment or renewable sources of energy; nor is it a question of copying foreign ruling, although this can be used as an example.

The mission that the whole of society has is to install green buildings whose dependence on energy is minimal, or because their consumption is almost nil as a result of good design decisions taken from the beginning of the project (passive architecture), which in turn come under clear legal rules, combined with a significant quota of responsibility on the part of the user.

Yet is this possible, knowing that our buildings today are devourers of energy and that our habits and way of life are harmful to the environment? Yes, it is.

The answer is as affirmative and convincing as is the imperious need that we have to achieve it. We need political will and citizen awareness. This is not easy. We know that, but with the second proposition we can induce the first one. This will only be a first step.

1.9 Small high-rise gardens

Charles Édouard Jeanneret-Gris, known as Le Corbusier, was born in 1887 in La Chaux de Fonds, Switzerland, and died in 1965 in Roquebrune Cap Martin, France. There is no doubt that he was the principal exponent of modern architecture and one of the greatest architects in the twentieth century and of all times, together with Frank Lloyd Wright, Walter Gropius and Ludwig Mies van der Rohe. In 1926, Le Corbusier presented his five points for a new architecture, which are:

1) Separation of the building from the horizontal layout by pilotis (concrete stilts).
2) The roof garden (flat roofs with gardens).
3) The open floor plan.
4) The longitudinal window.
5) The free façade independent of the structure.

To define each of these points would require several articles for the capital importance they have signified in architectural theory and practice since their publication to the present day. The validity, or otherwise, of each one of them is directly related to the climatic and socio-cultural conditions of a place, the aspirations of the promoter of the project, and the capacity of the architect to propose a design solution from these variables.

Of these points presented by Le Corbusier, the roof garden has today regained importance from the bioclimatic point of view. The roof garden that Le Corbusier proposed is considered as an efficient solution to avoid the over-heating of flat roofs. This type of ecological roofing affords a vegetal shield to the side of the building which is most exposed to the sun and is, furthermore, pleasant to the eye and, to a certain measure, restores the ground occupied by the building itself, projecting it to the top floor.

If we look at many of our cities and compare them with what they used to be, we can see that a lot of trees have disappeared, as well as the vegetation in districts that used to be part of the life of the neighbours, and that this has been supplanted by concrete and asphalt, relinquishing the green lungs in the city that we used to enjoy.

To consider the roof garden as a substitute to those extinct green areas in our cities is not the purpose of this article, nor the intention of its author. Green urban spaces should be recuperated (or considered where they never existed), so that they can play their social role and a role of atmospheric de-pollution. What could be considered is vegetal, or ecological, roofing as a reasonable approximation to complementary solutions. As a technical solution, the ecological roof offers advantages such as[24]:

-    the reduction of the thermal jump between the outside and the inside, that is, that the excessive heating of the roof will not be transmitted to the inside spaces because the plants on the roof will reduce it;

-    better acoustic insulation than with any other type of solution;

-    if the correct vegetal species are selected, a system of rain harnessing can be implemented for the re-utilisation of the water and/or the watering of the garden zones in the building, with extremely low consumption;

-    also the option of creating a small urban kitchen garden, without further pretensions.

A well-designed roof garden[25], suited to the climatic features of the area, will never be a problem in the case of storms or hurricanes (the choice of the type of plant is essential for its size and for the way it is planted); it is on the other hand a guarantee of air and water tightness for the roofing, ensuring that it is impermeable and lengthening its useful life.

Apart from all this, plants serve to capture pollution and, to some degree, as air purifiers. It is true that, as with any bioclimatic proposal, a roof garden implies greater expense in the final total of the work, but this additional expense will not only later be converted into added value for the building, but will also imply energy saving in air-conditioning/heating because it is an excellent thermal solution.

These small high-rise roof gardens are not just a grain of sand for the environment, but they could become superb allies in cities[26] for recuperating green areas. They are also an alternative for reducing consumption and energy saving in buildings.

If man decides to invest in preserving the natural environment, he will have taken an important step towards the preservation of his own species.

1.10 Vertical gardens: green and functional

In recent years everything with a green or ecological label is in fashion. We hear non-stop in our daily life about the eco-sustainable question. At times what we are told is true, but at others it is only advertising. To be green sells and that's why the term is often abused. The good thing about this - of course it does have some good - is that collective ecological awareness is increasing and each day people appreciate the benefits they can reap from a purchase with environmental sustainability.

In the case of architectonic organisms, we can see how these unquestionably potentiate this culture and they certainly receive great benefits from it. A building that functions bioclimatically isn't only good in technical terms of efficiency or comfort; it is also a visual testimony of the culture of good building practices and this is where its skin is significant as tangible evidence of that true "green spirit".

The vegetal building envelope[27]

This skin - formed by the roof and the façades - links the inhabitants inside the building with the outside world and also, in good architectural examples, it is an indication of the good practices carried out in a project. Despite the potential benefits, vegetal building envelopes are still rare and their application has been restricted mainly to exceptional buildings integrally designed under sustainable criteria.

In any basic book on the principles of bioclimatic architecture (principles only, never rules), the treatment of each façade has a different focus depending on its orientation. Thus a northern façade cannot, nor should not, be the same as a southern façade, given that one of them hardly ever receives the sun and the other has it for long periods during the daytime. Authentic architecture is when a project-planner manages to convert an element of his façade into something that is sensible, not merely decorative[28]. This is the case with green façades. In buildings they are not only decorative - an aspect which should never be scorned - but they become an integral part of all the bioclimatic solutions in a sustainable building, or even in a conventional building, using the type of plants suited to each climate and the orientation of the façades; this is much more than the advertising we mentioned above. So as not to omit any detail, it is also true that to speak of a vegetal façade as something merely decorative is quite relative, because the greenery it gives to its surroundings is a touch of life which is more than appreciated in our concrete, asphalt jungles.

Bearing all this in mind and, despite the potential benefits, the vegetal building envelope is still a relatively uncommon practice locally and even in more developed countries. Its application is centred almost exclusively on exceptional buildings designed integrally under sustainable criteria when this type of envelope could be a differentiating element affording a positive balance to conventional building.

Fortunately the different technologies for green façades are gradually spreading throughout the building sector with the development of flexible solutions, easy to apply and at a gradually more competitive cost. This means that they are slowly being integrated into building projects. On the other hand, these solutions could also be used in the refurbishing of the envelope of buildings that already exist, forming part of restoration programmes of degraded areas and even in whole districts. The application of these solutions positively influences the outside microclimate, proportioning lower temperatures in summer and a regulation of humidity.

With relation to some of the advantages of vegetal façades conceived and appropriately installed, we would mention:

The stabilisation of inside temperatures in buildings for the insulation they provide against heat and cold, they also refresh and humidify the surrounding exterior environment, they contribute to capturing CO_2 from the environment and they are decorative.

One of the most innovative types of vegetal façade are those with a tank system that offer the following advantages as against any other vegetal façade system: saving of water consumption associated with the vegetation, improved growth of plants, lower costs in maintenance and high saving in energy consumption in air-conditioning inside the building thanks to the protection they provide against over-heating on the façade.

This type of vegetal façade can incorporate renewable materials and products that are easily recyclable. If combined with the potential energy saving in cooling they will help to improve the environmental performance of buildings.

The Final Aim

The social and technological aim of bioclimatic architecture is to ensure that its solutions combine energy efficiency + internal comfort + harmony with surroundings. Green façades are just another element within this concept.

To combine beauty and function should be the guiding aim of every architectonic solution. Moreover, this should be the objective of a green façade so that the investment in it has ample repercussions in the life of the users; or, similarly, that function and form be part of a whole.

1.11 Building with sustainable criteria

"…Architecture is the point of departure for the person who wants to lead humanity towards a better future." Attributed to Le Corbusier

On other occasions we have defended the advantages to be gained if, once a building has been initiated, every builder were to supervise it, so that several (if not all) of the maxims for a harmonious relation be carried out with the society that the building serves and also with the environment and its scenario[29].

Sustainable building that includes the correct choice of materials, techniques and construction processes, also includes the health of the urban surroundings and the development of these. It studies the whole life cycle from the concept of architectonic design to the layout of raw materials, including the process of putting them into place. It is based on the management and optimal re-use of natural resources and, therefore, of the energy conservation that goes with this. In some way, the concept of sustainable building includes aspects such as planning and social behaviour and even - if applicable - reinterpretations of the uses of the architectonic organism so that it can have its useful life lengthened.

According to data from scientific studies in the European Union, the building sector, including its whole radius of influence, is one which generates the greatest environmental impact, calculated between 25% and 50%, thus greatly contributing to the increase of greenhouse gas emissions and environmental pollution. This European estimation, together with the Spanish data, as reference for a developed country, could perhaps be a guide for analysing these data[30].

If we go on to consider the available resources during the building cycle in a developing society, we should then continue to enumerate the following aspects to be taken into account: energy, ground, water and raw materials. We should then immediately establish five basic sustainable criteria so as to analyse and measure the early stages of the process and the later years of the useful life of buildings[31].

- Level of occupation in the territory
- Responsibility in the face of climate change
- Alteration of the natural water cycle

- Modification of the cycle of materials
- Quality of inhabitable spaces

Putting these criteria to work using parameters that define sustainable building methods will obviously influence the following points with specific actions:

- **Correct integration in the perimeter**
- Control in the layout and utilisation of the ground
- Carrying out geo-biological studies
- Conservation of natural areas and biodiversity

- **Choice of technical materials and processes:**
- Non-use of potentially dangerous materials
- Good use (or non-use) of non-renewable materials
- Re-utilisation and recycling of materials
- Preferential use of materials coming from renewable resources

- **Efficient handling of water and energy:**
- Reduction of water consumption and contaminating sources or non-renewables
- Diminishing of gas emissions
- Correct layout of spaces, natural ventilation, etc.
- Use of renewable energies

- **Planning and control of the generation of residues:**
- Handling the reduction of residues and fomenting recycling
- Facilitating the disassembly and selective separation of residue during the processes of rehabilitation and demolition

- **Creation of a healthy interior ambience:**
- Utilisation of non-toxic materials
- Previsions for a good transport system
- Maintenance of the healthy interior ambience and the quality of the urbanised ambiences

These are some suggestions for good building practices. Respecting them would greatly assist in the healthy preservation of our environmental surroundings. With the commitment of all intervening agents working together, progress can be made in the right direction. Hopefully these words will inspire us to go on to actions.

1.12 In favour of a technical building code I

A Technical Building Code (to use the Spanish term)[32], as its name indicates, is a set of rules that serve to regulate building activity in a specific place. In developing countries such as the Dominican Republic there are several rules in force which regulate urban building and organisation. Although some of these are not sufficiently detailed, they mostly fulfil their regulation commitment and are part of a well-intentioned effort - not always well-coordinated - made by central and municipal authorities.

In our opinion and in the light of experience in other countries with similar or higher levels of development than ours, we can make three clear divisions in the types of ruling that affect a building project: building rules (building solutions, structures and installations), urban ruling (site of a project, geometry and/or volume of the building, etc.), and environmental rules (environmental treatment of the site, possible interventions in the natural surroundings, disposal of residues, etc.). The correct coordination or the correct coupling of this "packet" is what leads to a conscientious approach to the subject.

In our country the authorities - in different administrations, periods and levels of government - are progressing in the consideration of initiatives tending towards coordination; our complaint is that they have not progressed at the desired speed and that dialogue has not been permanently established. Is this contrary to what we think … have we perhaps got the wrong idea?

As an example

In the year 2006, after several years of disperse ruling and after a serious study on the state of the question, Spain brought to light a principal unitary document that, together with the municipal rules, responds to her needs as a society. In this document basic security requisites are established, as well as the habitability of buildings and they are defined in a planning law for the building sector. The requisites for its application include the phases of a project and its construction as well as the maintenance and conservation.

The majority of rules for building in Spain are included in the CTE (Spanish initials for Technical Building Code), but there are also others which, although in force, do not belong to the CTE, such as the NCSE and the EHE which are the rules on earthquake resistance and concrete structures. This is because their content is specific.

It is appropriate to point out that the CTE is a code based on performance qualities. This means that if it is respected, the building has to cover certain qualities, independent of the techniques used to accomplish these.

The general structure of this is organised in the following way: objectives, demands, methodology of verification and accepted solutions which we shall define in the next part of this article.

The CTE is made up of a group of rules known as Basic Documents of which there are two classes - those applying to security and those applying to habitability. We shall also deal with this in another article.

At the time of applying this new code Spain was immersed in the real estate bubble which became the engine of the Iberian economy. At the time they wanted to organise a large part of the building process in that country, particularly in energy efficiency (contained largely in the Basic Document HE and in the CTE) and progress has been made in that direction. The bubble burst because of political/economic causes, but the CTE continues its process of revision and adaptation. Today in Santo Domingo we are experiencing significant development in building and it is now up to us to put our house in order.

1.13 In favour of a technical building code II

Even though there are building rules which are more than acceptable (regulations, etc.) in the Dominican Republic (to make specific reference to one country), it is always possible to improve them by including them in a unitary, accessible, well-coordinated document; a code that allows better handling and application of all the rules in it by the professional unions and project planners, where this is the case.

We have made reference to the Spanish CTE approved in 2006 as a good example of unification and coordination of a large part of the ruling. It is a unique binding volume free for all to see and it collates the greater part of the procedures and regulations for building in Spain.

Taking as a point of departure a more simplified structure of the schemes in Northern Europe for building codes, this unique document is organised into a four-level scheme as follows:

1) Objectives: This is the section defining the general aims to be respected in buildings in compliance with the Building Law.

2) Demands: The technical part of the demands established for buildings is developed in this section, so that it can be considered whether these fulfil the CTE objectives.

3) Verification Methods: Here the admitted verification methods are established to prove that a project perfectly fulfils the demands.

4)   Accepted Solutions: This part summarises the different building solutions considered to be valid, which comply with the verification methods, the demands and the objectives.

The Technical Code[33] to which we refer is composed of a set of regulations known as Basic Documents. There are two classes of these Documents, those on security and those on inhabitability.

Basic Documents for Security

DB-SE (Basic Document for Structural Security) in turn composed of 5 rules:

DB-SE AE (Building actions): includes the external forces that structures have to bear, principally weight.

DB-SE C (Foundations).

DB-SE A (Steel): This substitutes the NBE-EA 95.

DB-SE-F (Manufacture): for brick or block structures.

DB-SE M (Wood).

DB-SI (Basic Document for Security in the case of fire).

DB-SUA (Basic Document for Security of Use and Accessibility).

Basic Documents for Inhabitability

DB-HS (Basic Document for Health)

DB-HR (Basic Document for Protection against Noise).

DB-HE (Basic Document for Energy Saving): in this rule solar energy systems must be used in the project and also building materials and techniques that foment energy saving.

The Main Advantage

In the Dominican Republic we have several regulations which cover the great majority of the requirements needed today for a building project to be secure and to have optimal inhabitability conditions.

Apart from the interesting division into "chapters" and their content, the great advantage of creating a unique document or technical code such as the one given in the example, in the form of a "vade mecum", would be to be able to inter-relate every one of the existing rules in our country more easily so that they are in one place and not all over the place.

What we propose is a unique document (or almost unique), revisable every so often, accessible and free of charge in the network, although it could also be sold in printed form; but above all, organised and coordinating the different parts in it. It is certainly a relatively simple exercise of reorganisation which, at first sight, does not represent much but, from the experience in other countries, we know that in the long run it is the first step for putting our house in order and doing what has never been done.

1.14 Acoustic insulation I

Noise has always been a recurrent theme in our cities. Given our Latin nature, it is often difficult to avoid the noises of a neighbour, someone walking in high heels in the flat above us or street vendors crying out on a Sunday morning.

What is sound and how is it transmitted?

Sound is defined in physics as an alteration of the environment that produces changes in pressure. It is measured by the decibel (dB) and it is captured by the human ear in the form of vibrations. When we speak of physical ambience, it may be liquid, solid or gaseous and sound travels through these. Giving a graphic description (in our case noise), we would say that sound hits a given surface, is reflected or projected, in part absorbed and in part transmitted. To detain sound a barrier must be raised to block it. When we refer to acoustic absorption we are speaking of muffling those waves inside closed precincts. Concrete, glass, metal, tiles, stone (hard materials) reverberate sound, whilst rugs, curtains, textiles in general, spongy surfaces, etc. (soft materials) absorb sound. What happens with these is that when we muffle the reflections we obtain a less resonant sound, more bearable and less strident[34].

Noise in buildings[35 - 36]

Noise, disagreeable to our ears, can be transmitted by air, by impact and even by both (heels in the flat above us) which is a very common combination. Noise in the air, as the term indicates, travels by air and is spread by the closure elements of buildings. The noise of impact that generates vibrations in the structures of a building (because of the rigidity of these) and converts them into a type of sonorous focus, is produced by blows of objects against a surface, by displacements or even by the installations in the building blocks, then also travelling by air.

To solve this problem we need first to study what differentiates them, that is, if the noise is by air or by impact, but the aim is the same: to determine the noise that can penetrate the building elements and interpose mass (and/or absorbent/insulating elements) between the source of emission and the receptor.

Distinguishing between concepts we arrive at the fact that insulation prevents the propagation of the noise or acoustic energy that finally acts on it; and with absorbent material we try to transform part of this energy. At this point we conclude that acoustically insulating precincts, or a particular building, is to provide them with protection against the transmission of generated/emitted noise by a source which is harnessed in the place where more silence is required. In other words, whilst the society is being educated and we learn to be less noisy, we can condition our immediate surroundings for the desired tranquillity.

The US poet Oliver Holmes wrote: "The noise of a kiss is not as loud as that of a canon, but its echo lasts much longer." We prefer the first.

1.15 Acoustic insulation II

In recent times developed societies have begun to be aware of noise as being socially negative. We could consider this awareness as the result of a basic need that man has developed for comfort. Noise generates psychosomatic discomfort; it is also in part responsible for cardiovascular and digestive illnesses; on the other hand it entails a social cost which is complicated to quantify. Statistically around 62% of people who live in large cities built during the decade of the 50's consider that one of the main defects of their houses and buildings is the deficient sound insulation. Excessive noise generates a lot of stress. Anxiety disorders are magnified when the affected person lives in acoustically "aggressive" surroundings. And we know that stress and anxiety have a very high social and pharmacological cost for society.

For this reason it is not strange that some studies demonstrate that one of the main features valued by humans when choosing a new home is its level of acoustic comfort. Insomnia is directly related to the acoustic level of our home.

There are new varied technologies which allow us to enjoy an acceptable acoustic level. If the question of noise is taken into account from the start of an architectonic project, it is known that the cost of these new technologies is very low. Architectural technicians, engineers and estate agents are aware of this. Unfortunately they do not always make an effort to apply these technologies or propose them for their projects.

The best solution for attempting to avoid the excess of noise in a house is, obviously, to have a good insulation system. For example - and only as an example - we could name rock wool as a complementary material. It possesses a series of technical properties which make it appropriate for very good results, both in the design of light laminated plaster partitions or in conglomerates of wood as cladding. Its most extended use in many temperate countries is for thermal insulation; here we refer to its acoustic property.

Combined with the appropriate dimensions of laminated plaster board, rock wool can insulate one room from another with noises of up to 81 decibels. An example of this would be: 3 laminated plaster plaques 13mm thick on the A face + 2 layers of rock wool 40mm thick each + 2 layers of rock wool 60mm thick each + 2 layers of 40mm thick each + 3 laminated plaster plaques 13mm thick on the B face[37] .

We know that if the insulation between two rooms is insufficient, noises will pass from one to the other without any resistance, even noises that are not so strong, of around 30 decibels. If the insulation is 35 decibels, it is possible to hear voices but not to understand the meaning of the words. If the insulation is 40 decibels, a conversation might be perceived with effort but its meaning not understood.

With an insulation of 45 decibels and over, the room is silent and outside noises cannot be heard. As we have said, rock wool is highly efficient against noises of up to 81 decibels, duly combined with laminated plaster.

Where, however, can we use rock wool?

This material can be used to insulate closures or distributive partitions, i.e. the separations between the rooms of a house or flat. It can also be used to insulate what are known as separation partitions, or those which separate one flat from another (horizontally). Rock wool can also be used as acoustic insulation in office screens, in shops, in leisure places, in buildings belonging to the services sector such as hospitals, hotels, schools, etc.

Rock wool adapts perfectly to the different structural elements in any building; moreover, it is efficient protection against fire.

It is very easy to install; it also provides efficient acoustic insulation because it muffles the motionless waves between two parameters. On the other hand it is very light and economical… or at least it has been in the past.

It is quick and easy to install and this gives certain advantages. In the case of a plasterboard partition, insulating panels of rock wool are placed between the boards and nothing else is required, as we have already explained. The measurements of these panels are adapted to the measurements of the most common partitions. Once the panels are in position it is extremely important to ensure that there are no fissures between the joints in different layers of the materials. Any fissure at all could become what we know as an acoustic or thermal bridge, spoiling or affecting the end result. After this, the rock wool panels are covered with laminated plasterboard or other material considered suitable. This is fixed with screws, nails or staples to the structure. The benefits and features of these materials, whether used alone or combined, are widely defined in the ruling and annexed documents of the countries where they are normally used[38].

As we can see, protection against excessive noise is relatively simple. Calm, noiseless surroundings allow greater psychological and physical well-being, higher concentration for work, the ability to study better. On the other hand, to be able to sleep and rest without interruption from noises implies better daytime performance and has clear effects on our mood, our health and our social life. All these are advantages!

Improved awareness in society about this would clearly benefit all sectors of the society, both for production and economy and a better level of social well-being. The best method we can use is silence … and not molest our neighbours.

(*) Thanks to Eloísa Cano Hutton, psychoanalyst, for her collaboration.

1.16 Master Niemeyer

"…A gente tem que sonhar, senao as coisas nao acontecem…"
(People have to dream, otherwise things simply don't happen) Oscar Niemeyer

On 5 December 2012 in room 3940 of the Av. Atlántica (Copacabana), a light went out, yet an eternal dream was lit; the life of Master Niemeyer came to its end.

Oscar Ribeiro de Almeida Niemeyer Soares was already seventy when the author of these writings decided to come into the world. He was born in Río de Janeiro in 1907; on 15 December 2012 he would have been 105. We feel extremely privileged to have shared part of the century with this man who was, until his last breath, a symbol of the maxims of Le Corbusier's modern architecture.

Niemeyer conceived Brasilia with Lucio Costa (he designed the architecture and Costa the urban planning), and the city will always be an example - with, we believe, more light than darkness - of the modern and postmodern movement which was to reach limits beyond architecture.

In reinforced concrete he discovered the most faithful testimony of his poetic sculpture and his daily lines, whether curved or straight. He used the "new material" as the best ally for his forms and for a mode that contrasted different positions to juxtapose them and obtain his reality from them[39].

He made friends with Brazilian politicians and this allowed him to develop much of his work, yet he was also exiled in 1960 for his left-wing militancy. During his exile he experienced a Europe open to his work and received support for several of his international projects. When he returned to Brazil in the decade of the eighties he became the reference for Brazilian architecture.

He was awarded the Pritzker Prize[40] in 1988 and the Príncipe de Asturias[41] in 1989, amongst others. Niemeyer continued to share his genius with others to the end of his days.

A whole generation of architects was born with revolutionary ideas and concepts which moved towards a reflexion in architecture, always in harmony with the social, economic and environmental pulse; Niemeyer was a distinguished exponent of this group.

At a reunion with students the master said, along these lines: "…It is hard to trace a system, or the elaboration process of a project, because they are always subject in every case to different factors; however, it is possible to establish certain rules to organise a suggestion within logical, rational and balanced lines. For this it is necessary to adopt some basic principles, for example, that the solution be the result of the specific conditioners of every design problem. Within this criterion architecture will forcibly be of a higher level and, where possible, have creative strength…"

We never knew him in person; other Brazilian comrades were able to participate in his discussions. We only knew him through his work[42], but we felt so close to his poetry and his prose that it was as though he had allowed us to enter his workshop each day.

Bon voyage, Master.

1.17   Exteriors and sustainability I

The spaces outside buildings are often like a frame delimiting the architectonic work. Others are an inseparable part of the design solution offered. In either case their good use, optimisation and conservation provide the project with benefits which extend beyond their boundaries, very often with repercussions on the surroundings and certainly on the environment.

When these exteriors are in the form of gardens the environmental implications are highly significant and their use in favour of interior spaces are most advantageous. In other words, these exterior gardens function like lungs or natural cleansers of the building and its perimeter.

To make these exterior spaces sustainable from both ecological and economic points of view, it is relatively easy to implement a series of changes that can easily be done by a non-expert. A clear alternative for achieving these aims would be to choose autochthonous plants[43] which require less care and even less watering. Another measure would be to try and substitute the types of pesticide, manure and chemical fertilizers for others of organic origin that do not contaminate the natural surroundings. Also if we substitute drinking water for watering purposes with recycled water, this would help to favour sustainability.

Trees and bushes

Trees and bushes exercise an important function in capturing CO^2 [44] and in emitting the oxygen we breath. Planting trees and bushes in our gardens - strange as it may seem - truly contributes to reduce the impact in climate change.

In temperate climates, trees which lose their leaves in the autumn are excellent allies for allowing the sun's rays to reach the southern façade in the winter and, in the summer - covered with leaves - to prevent over-heating on that side of the building. On the other hand, perennial bushes and trees situated to the north protect the building from winter winds and help to refresh the summer ambience. Although these effects are not quite so noticeable in tropical climates where the temperatures are practically the same all year round, they do help to protect façades from the sun.

Vegetal and grass surfaces

Many vegetal surfaces (with flowers, small decorative plants, etc.) and grass, consume a lot of water. In an area where it rains a lot this is not a problem, but when this is not the case, these surfaces can be a headache.

One square metre of grass requires a certain amount of water, depending on various climatic factors on the site, amongst which we could mention the temperature of the ambience, the relative humidity and evapotranspiration (ET) which depends on these and other variables such as solar radiation, the speed of the wind and the vapour pressure. Evapotranspiration combines two processes which are evaporation from the ground and from the area covered with plants and the transpiration from the leaves of plants[45].

This amount for watering one square metre of grass can be calculated from the ET data previously obtained for the place of study. Supposing that the ET is 5mm per day (5L/m2 day), it should be increased between 10% and 15% to obtain a real estimate for watering. From an ET increased by 5.75mm (5.75L/m^2 day), calculating the need for water in 100 square metres of grass in one day, we would have 100 m^2 x ET x 1 day = 575 L/m^2 [46].

In some projects artificial lawn is laid and, although it has a pleasant, homogeneous appearance, it does not offer the same hygrothermal benefits as natural grass; and it also needs water in summer to regulate its temperature.

Before laying artificial grass, there is a solution known as mixed prairie which at first sight is similar to natural grass, but requires less water. Another option is the species Zoysia tenuifolia, a grass base which can be used without problems, requires little water and minimum maintenance[47-48].

1.18 Exteriors and sustainability II

The maintenance of green garden areas requires care and dedication. Watering plays a preponderant role in this. Before watering we should ensure that it is really necessary so that we do not harm the plants with an excess of water thus wasting this precious resource.

In general we often tend to water our gardens frequently. It is preferable to water abundantly but less frequently so that the water reaches the roots.

A technique that is fairly effective and "home-made" to test the need for watering is to poke a thin stick into the earth to a depth of approximately 30 cm. When the stick is taken out of the ground and has remains of earth on it, watering can wait. If, on the contrary, it comes out without remains, then it is time to water.

It should also be pointed out that, although in tropical climates the temperature is more or less constant throughout the year, it isn't the same to water in summer as in winter. During the summer the ideal moment for watering is the afternoon when the sun is setting; then the water will not evaporate. In the winter - our gentle tropical winters - watering can be done at any time during the day, although it is preferable to do it half way through the morning when the dew has dried and the sun begins to warm the vegetal surface of our gardens.

Apart from knowing the best time to water it is also recommendable to apply the best technique, that is, that which implies less waste of water and greater benefit for the plants.

Hand watering with a hose or watering can is quite recommendable for small areas, but for larger areas sprinkler irrigation is recommended. The latter is only efficient if controlled with a suitable timer and if the pipes and sprays are as close to the ground as possible. The timer prevents over-watering and the buried pipes with the sprays at ground level mean that the spray of water will be finer and evaporate less. Another system for optimisation by automatic sprinklers is to install a sensor that activates watering depending on the level of ground humidity, the rainfall and the wind. These are big words, but it is also true that in the middle term they imply considerable saving of water consumption.

The third technique for watering is the drip[49]. This system is used frequently by the Israelis in dry areas of the Mediterranean because of its high efficiency in giving hedges, bushes, trees and farm crops the right amount of water[50].

Rain water

Rain water is, without a doubt, the best ally for maintaining our exterior spaces. Because it contains no lime, chlorine or other products added by man, the water that falls from the sky is ideal for gardens and landscapes. Considering that over 10% of the world population has no drinking water[51], using it to water can be considered a waste.

Recuperating rain water for its later use in the garden is not only recommendable; it is necessary.

We can discuss two methods for recuperating rain water. The most economic and simple consists in a tank that collects all the water on the roof via channels and pipes. Before reaching the tank, the water passes through a type of filter placed at the exit of the pipes (a rack or grating) which stops leaves or other solid remains from passing through. If the deposit is on high and we install a hose, we could use the water directly without the need for a mechanical/electric pump because the water would descend by gravity. The other method of collecting rain water is similar although it may seem more complex. It collects water on the roof, channels it and "filters it" for storage in a cistern that will provide water not only for the garden but also for other uses in the house that do not require drinking water, such as washing machines, toilets and washing cars. To be fully operative, however, this system does need a pump that extracts the water from the buried deposit and takes it to wherever it is required.

Exterior spaces could well be the continuation of the design of our interior spaces - if this were to be an objective of the project, obviously - to allow a fluid interaction between open and closed ambiences. A general condition of any project is the fact that the relation with the natural surrounding space admits many visions and possibilities; the key is to give a suitable interpretation to propitiate a harmonious relation.

1.19   Green active façades. An interesting option

In an I+D+I (Investigation+Development+Investment) project in Germany, called the BIQ House, a façade system was incorporated based on micro-algae called the Bio-reactive Façade. This project was developed for the International Building Exhibition (IBA) held in Hamburg in 2013 [52].

Bio-reactive façades have been conceived so that the algae can reproduce in the quickest possible time under the sun's rays (they are placed on laminas, or on other surfaces similar to glass, for this purpose) thus giving a shade effect in the summer. These "bio-reactors" produce both biomass and solar thermal energy, thus adding to the positive balance of the architectonic organism, in this case the BIQ building[53].

In other words, what all this signifies is that photosynthesis offers an active response to the needs for solar control, whilst the cultivation of micro-algae (for biomass) is an excellent source of renewable energy. There are different lines of investigation on this theme which serve as a reference for studying the question[54].

The façade is aided by photosynthesis to create micro-algae which are then collected and converted into biomass.

Jeff Bezos, founder of Amazon.com - probably the greatest free trade system in Internet - once commented that: "…If we want to be creative, we must be prepared to fail at some time…". It is true that boldness is often the mother of great discoveries and contributions made for the benefit of humanity; and when we hear of this BIQ prototype building, we imagine that its principal promotor, Splitterwerk Architects of Graz, Austria, had been sufficiently daring to take a step forward in the development of vegetal coverings on the skin of buildings. What is considered here is to close the life cycle of this type of façade, reducing its ecological footprint to almost zero, in view of the fact that the remains can be used as biomass.

For architecture - in its triple condition of science, art and technology - balance between function and form has always been a challenge. Namely, in architecture - in good architecture - the design should not only be pleasant to look at, but it should also function; or the reverse, it should not only function, but it should also have a harmonious form.

In the case of bioclimatic architecture - the good architecture - we would say that its social and technological aim consists in combining energy efficiency, comfort and environmental harmony.

More than mere academic advertisements, optimisation examples such as the BIQ House or the houses in the Solar Decathlon, should serve just like the little stones that Hansel and Gretel used, to mark their way for a whole generation to follow. It will be up to the coming generation to operate the changes in paradigms.

1.20 Prefabricated modular construction

The Industrial Revolution[55] (mid XVIII century and even early XX century) consisted in a change from manual work to industrialisation processes. Amongst the main contributions of this change of paradigm was the increase in production, together with a reduction in time and costs. In other words, it was the start of the era of mass production.

We could say that as part, or perhaps as a consequence, of this evolutionary process, mass production or assembly line production arose. This was developed by Henry Ford[56] and served as a standard system for the manufacture of the car model Ford T[57].

Building and, in a more global sense, architecture has been linked from the beginning to everything that the Industrial Revolution signified, either as a direct beneficiary or as a sociological response to what provoked this phenomenon which was responsible for altering the way of thinking in society.

However with time, architecture and, in particular, building techniques, have remained anchored to a "handmade" way of doing things. Proof of this is that some professions in the building field still persist. Even though several phases and components of buildings have progressively, and almost habitually, been industrialised, it is a fact that industries such as the car industry are well ahead of us in using mass production.

A large part of the products that we use and consume have been mass produced in a factory. Why then is it that prefabricated buildings are still considered to be rare? We do not have all the answers to this question but perhaps we could propose one of them: that people tend to imagine that prefabricated building is something with a limited useful and functional life, unsure and not aesthetic. Nothing could be further from the truth.

Today prefabricated building not only represents durability, security and aesthetics, it is also less costly, more quickly manufactured and assembled (between four and six months for a medium single-family home and other competitive periods of time for other types of building) and it has possible high energy qualities[58].

With regards to this last point, we could consider some favourable aspects such as the fact that to undertake a large part of the constructive process in a factory optimises and reduces the use of raw materials and energy. At the same time it generates fewer residues that cannot be recycled and when incorporated into a project, only requires assembling work, minimising the possible pollution generated by a conventional building.

When we use the term modular in prefabricated building, we are referring to an alternative system in the same field that offers greater advantages when considering solutions at a reasonable cost, solutions for comfort that are energetically efficient. This building system consists in tri-dimensional modules that leave the factory ready for use[59].

These modules (designed and intended for each zone depending on social, environmental and climate conditions) come from the factory with equipment and installations that allow their immediate connection to the public network for the use of their inhabitants. They are transported to the site in heavy vehicles and assembled by cranes (in piles or in series) depending on whether they are for a high building or for a horizontal residential area.

These modules - if part of the original design proposal - do not appear to be different in any way from a conventional building. In fact they are often more attractive than traditional buildings.

The advantages and benefits of this interesting design solution outweigh the ancestral stereotypes on modular construction and they offer us more optimal opportunities to the housing question in the Dominican Republic. The competent authorities know this, or at least they envisage it.

1.21 On construction techniques

With time and with technical progress (particularly in the more industrialised countries) building processes have become lighter, more resistant and with a closed life cycle. Unless otherwise stipulated in the original design, architecture always endeavours to lighten the weight of a building as far as possible and this is why they have started creating materials that fulfil a structural function yet are light weight. The "appearance" of steel as a structural element favoured this concept of light weight over and above the weighty formula of reinforced concrete.

One thing is certain and that is that the building process (from the manufacture of the materials) involves a certain energy consumption[60]. The sad thing is that today we are often not even aware of this level of consumption. Aware or otherwise, pollution is generated by this consumed energy and we should be able to begin to reduce it.

It could be said that those in charge of constructing a building are not in charge of manufacturing the materials; they only purchase from the manufacturers. This analysis of the situation is extremely simplistic; it is as though a doctor says to a patient: I shall prescribe this drug, but I'm not responsible for the side effects it might have. Obviously the doctor has no apparent responsibility in the manufacture of a drug and he is not present when it is being made, but it should also be said that when he prescribes it he is totally responsible for the suitable administration of the medicine to relieve the patient. Similarly, an architect is responsible for the materials he prescribes for his projects and therefore he should assume responsibility for the situation.

But, how can an architect or building professional influence the manufacturing processes of the materials when he only buys them? ... From the initial phase of design. The architect can influence the design and spatial layout of ambiences when he elaborates his requisites programme, in his selection of materials, and in the way these materials are used.

Obviously this needs an architect who is committed to a cause - more like someone from the Renaissance era: an investigator of technique, an ingenious searcher for solutions, a prophet one step ahead of the industry of material manufacture and who proposes alternatives. This is not an ideal. Students are trained in schools for it.

It is said, according to studies carried out by specialists, that there are several levels of energy consumption in the processes of building, obviously depending on the types of building and the geographical areas of the site[61]. According to these studies under reference done by Mercader, Olivares & Arellano in their article Quantification Model of energy consumption in building, in one square metre of a single-family home, 10,461.02MJ of energy could be consumed, whilst in one square metre of a collective block of homes, some 8,843.90MJ/m^2. In each case respectively this would be some 290,584 kWh/m^2 and 245,664 kWh/m^2.

From many points of view - certainly from ours - the advantages of industrialisation in building processes are obvious, as opposed to the ever fewer advantages of "handicraft" construction. It is also obvious to us that industrialisation techniques offer values that contemporary architecture is searching for: optimisation of resources, control of processes, weight reduction in materials without diminishing quality, etc. The question is: Does it really compensate to substitute handicraft construction by an ever more industrialised system? The answer is yes, but... with conditions.

If industrialising the different phases in a building job saves money and gives off fewer emissions, then the answer is yes. But when the well-being of the final consumer - the user of the building - or the environmental balance is relegated to second place, then it would be no. Industrialisation is not always the same as environmentally sustainable, neither is it directly synonymous of energy efficiency. So that this be so, what is economically viable should be conjugated with what is ecologically viable.

Industrialisation is a good pathway, perhaps the best one; we only have to bear in mind the real objectives of it: sustainability and energy efficiency. To control this is also the task of the architect.

1.22 Design

Designing is a beautiful, creative act. The fact of being able to create something, or to even adapt something already in existence, is truly gratifying. All designers, all project planners live by and for designing; there are few things in the world that are more pleasurable than the creative process.

Those intensive days and nights without sleep, or extra working hours, are not so important; all that is worth it if the end result is a project that satisfies our aspirations and those of the person in charge of the job. It doesn't matter whether the design is an electronic object or an advertising campaign, the satisfaction of an objective accomplished gives the creator pleasure[62].

In architecture, as in other disciplines where aesthetics and technique combine in one proposal - or in others where they are not combined - there are design conditioners. Design conditioners, although they often annoy us, are our best allies[63]. A "limitless"project is not very common and when this occurs it is like a piece of tasteless fruit. The limiting conditioners of a design are technical, economic, social, even environmental or ecological[64].

A house by the beach is an attractive and interesting challenge. We would have to imagine how to provide a well-lit ambience with different views and a good exterior/ interior integration, but we would also have to project foundations in accordance with geotechnical studies which take into account the type of sand on the beach. On the other hand, we would have to avoid using an iron structure because of the effects that saltpetre would have on it or seriously study the type of wood - always a good option as material - to be used if this were the case.

With this same beach house we should study its performance in winter and summer conditions. Also as a design conditioner we should consider if the summer is Caribbean or the winter Patagonian. Each one of these limits means fixing boundaries to a project until the appropriate solution is reached. Whether the house is for private use or for hiring will also determine several aspects when making design decisions. Conjugating these factors with others, such as socioeconomic ones, mark out a direction which helps our brain towards the end proposal.

A product, whether a beach house, a collection of fashion clothes or a new orange squeezer, demands discipline and planning with these conditioners in mind.

If we were to define the verb design we could say that it is the creative process to produce something new or adapt something existing. That something can be a service or an object or an environment, as is the case with urbanism. To complete this definition, we could also say that planning is inherent to design, inseparable from it, or at least an interactive process. To design/plan is to assume techniques, based on acquired knowledge, with work methods in some way contrasted. Some poets would even say that designing is an act of *intellectual speculation*[65].

Whatever the best definition, we are convinced that design and planning go hand in hand and that one is part of the other.

What is curious is that sometimes we see cases where it seems that one thing has nothing to do with the other. We encounter situations where design and planning have absolutely nothing to do with each other. Why, we ask. We could answer this with one of two reasons or, perhaps, both at the same time: professional intrusiveness or professional irresponsibility. The first is very serious given that, by definition, elements intervene pushing the designer out on the fringe; the second is perhaps even more serious because the fault is with the person who is supposed to possess a degree of commitment, yet who does not finally assume it.

It is said that when you do what you enjoy and can live off it, then you are a happy man. We believe that, as compensation for this sort of luck, designers should have the moral obligation to more than satisfy the demand for design in the light of the conditioners: it is a question of professional ethics, colleagues.

1.23   Not landscaping ….. saving

Landscaping is more than just the design of the outside space of a building. It is concerned with the benefits for man to live in harmony with his social surroundings and the natural environment to which he has access[66]. Therefore, architectural projects of the landscape, together with the planning and managing of that space, are determinant in completing the architectonic and urban scene.

In the range of bioclimatic architecture, landscaping and the designing of spaces on an urban scale[67] recuperate (if indeed it has been lost at any time) that important role in the sustainable solution of a design. It is well-known that trees are filters that absorb CO^2 returning it in oxygen. Certainly a leafy area is considerable compensation for the carbon dioxide emissions of a building.

In temperate and cold climates trees can mark the difference in the interior comfort of inhabitable spaces. Deciduous trees and bushes afford shade in the summer months, allowing the rays of a winter sun to penetrate inside rooms that need warmth in the cold months. Perennial vegetation serves as a barrier to protect the northern façade from cold winter winds.

In hot climates trees around a building can reduce the outside temperature considerably.

A landscape design - simple as it may be - does not only mean saving in inside air conditioning, as in the examples given above, but also adds a plus to the value of the building on the market.

Water saving in the maintenance of urban vegetation

Green surfaces are not only pleasant to look at, but they also help to keep areas cooler. However, if measures are not taken, their maintenance can involve an undesired water expenditure. If the rainfall of the place is high, then this is not a serious problem, but if we want a grass surface in a dry climate, then the scene changes.

The key is in the design

A good landscape design means significant saving in water consumption for watering gardens. It is not necessary to turn to artificial alternatives (unless the design conditions demand this); combining grass areas with another type of surface can help here.

There are various possibilities to optimise the use of an area for landscaping design and to save in watering. For example, the grass should be in specific parts where it can be enjoyed within a limited boundary (25% for a patio of 100m^2 would be reasonable), such as the edges of cobblestone paths, areas around swimming pools or ponds, or parts with another type of paving such as fine gravel, a combination of earth and vegetation, etc.

Apart from a suitable design, there are systems and methods for watering vegetation that are reasonably efficient, but this will be the subject of another article. We should exploit the bounties of vegetation in the design context of areas, but be responsible with the use of water for their maintenance.

1.24 Research in the field of architecture: a brief chronicle

In its purest definition architecture is art, science and/or technique and its objective is the design and construction of buildings. Widening this definition we could say that it is the discipline by which inhabitable spaces are planned. Side by side with architecture is urbanism which is the organising of the territory and surroundings of cities.

In general terms and in a wider, more flexible concept, architecture is responsible for planning and organising inhabitable spaces for man, using art, science and technique to achieve this.

Technique

In the field of design and construction, technique does not progress as quickly as other fields. Our predecessors and their technology are still accepted today in our daily actions. The way of doing things and building materials have developed but not at the same rhythm as other branches of design, such as aeronautics or the car industry[68]. However, even accepting this, we can say that the path trodden has been considerably fruitful. We still have a long way to go, but the evolution has been obvious over the last decade.

Industrialisation - though in many cases only nominally - is gradually penetrating the field of architecture. The concepts of energy efficiency are strongly pushing research towards new materials and new ways of building. Change of phase materials to achieve better thermal details in closures[69], sources of renewable energy generation integrated into the construction elements of buildings[70] are acquiring applicability beyond researchers' work desks.

The academy and the real market

All that is being achieved in the laboratories of architectural schools (new building techniques, new materials, new systems and, in many cases, all of these together)[71] takes considerable time to pass from the "academic prototype" to the "industrial prototype". Often this process is reduced to a minimum when private enterprise and academy manage to join forces to work on certain projects.

The Holy Grail of researchers is that a private enterprise is prepared to sponsor their experiments (contributing resources) and that the university is ready to accept this alliance. Once this is achieved, the product has to be made saleable for the market … and this also takes time. It is not the same to develop the prototype of an idea as to manufacture it in mass-production. Sometimes to develop the prototype only serves to demonstrate that it is not viable and that another way would be more appropriate.

A real contribution

Many ideas fall into oblivion. We all have good ideas, many of them really exciting - this often occurs in the field of urbanism - but they are not all viable.

An idea becomes a real contribution when once experimented in all its possible scenarios, it passes through the filter of the market society in which we live. It is not enough that a new material or a new way of doing things is good for people (the natural beneficiaries of all our contributions); the idea has to be viable from all angles: economic, social and political … with all their derivatives.

Towards an energy efficient society

There are several filters but they are often discouraging. The challenge is wide and the mission of the architect is to approach it like the Renaissance man. Society demands a quantitative leap or, rather, a series of quantitative leaps, in steps which signify a continuous advance towards the final end which is to give our inhabitable spaces that energy plus. Today we refer to this as if it were a joke, forgetting that it must not be further delayed.

1.25 The bauhaus: a brilliant light and a reference for today[72]

The design school Bauhaus, with Walter Gropius at its head, was founded in 1919 in the German city of Weimar. Later in 1926 it was transferred to the city of Dessau[73].

After the First World War, global society recovered its inexorable ascent towards development and this was obviously manifested in different fields of design, science and technology.

With his idea that the creative profession should englobe design as well as the actual work of a creator, Gropius[74] situated the Bauhaus at a perfect balance between creation and the artist/technician's execution in the workshop.

The Bauhaus had Ludwig Mies van der Rohe[75] as its Director at the time when National Socialism decided to close it down for fear that the school's philosophy might be a light beyond the Party's interests. Brains fled towards creative freedom in the United States.

To a certain degree the general mystic and principles of the Staatliche Bauhaus (whether Gropius or Mies) are still valid ... or at least those that we, as observers, prefer to see from our own particular optic, reinterpreting where necessary.

The creator (in our case, the architect) should enter into contact with technique from a very early stage. The first phase of his creative work is research, if he wants to make a contribution over and above repeating tested formulas.

When Gropius was forming the Bauhaus he made the following consideration: "… it was then that I realised the importance of the architect's work of our times…" and he continued"…it is essential to trace a new scope for architecture…".

Today's architecture, or rather architects, are the leading actors in the changes that should be made to how things ought to be done. Technology in the building industry should have the seal of architecture, without fissures and with a clear commitment to the demands of the society we live in.

Anyone could say that this is so, that all technological progress in the field of building is committed to offering society an excellent service. We would respond affirmatively, conditioned by a few previous questions and answers … evidently, from our specific viewpoint.

Is the architect involved in creative processes, no longer like the craftsman of the Bauhaus with his own hands, but certainly in the study of techniques as the antechamber to the proposal of a constructive solution?

Does the architect contribute his cosmic-vision for improved alternatives of design and constructive composition? Or could we ask: is he sufficiently up to date in his training to be able to confront the new challenges that the responsible exercise in the job of planning requires?

As citizens of today, are we aware of the real energy requirements of our current society and of our society fifty years from now?

As one of the possible actors of change do we have a proactive attitude for confronting the quality of life or, at least, for maintaining optimal standards?

We could continue to make derivatives of the same questions and to suggest others around the same theme. The truth is that the answers to these questions are evident to the reader; however, we promise to answer.

1.26 The bauhaus: a brilliant light and a reference for today II

We have given a lightening overview of the Bauhaus spirit[76] , that school which, to our understanding, is still an important reference and inspiration for today's projects. The Bauhaus was considered in its time, and is still considered, perhaps even more so, as the visible part of a movement of renovation; today it is remembered as a leading example.

As planners, we cannot lose sight of our role and we should develop our activity in a society where challenges are continually evolving; this role has been the same throughout the centuries but is updated depending on the times and circumstances accompanying it.

There are several questions. From our particular point of view we propose some replies, more as a desire to think about them than to offer any lucid answers. In any event, it would take more than a few lines to be able to develop them to the full.

Is the architect involved in creative processes and in the study of technique as the antechamber to the proposal of a constructive solution?

The architect does not always have the chance to intervene in the entire creative process. When we refer to the entire creative process our use of the term is ambitious and includes the research of new building materials, the state of techniques and their possible applications, the most efficient way to use them and everything concerned with the creation of spaces from a sustainable environmental optic. The architect should be an investigator within his own profession and, from this role, suggest improvements[77 - 78].

Does the architect contribute his cosmic vision for the consideration of improved alternatives of design and building composition? Is he sufficiently up to date in his training to be able to confront the new challenges inherent in the responsible job of planning?

The project planner is, to a plan or project, what the trainer is to his team. The planner traces the strategies and is familiar with the elements available to him and with those that he could count on if necessary. An architect is an integral professional who possesses the basis to offer a general focus of the question, calculating the positive or negative repercussions of the actions to be undertaken. It is not enough to plan the project of an elegant building without pondering the impact that this will have on its surroundings and on the infrastructures put to its service... Of course this is complicated; it is much easier to put on a pair of blinkers and concentrate on the action in itself without bearing in mind the surrounding conditions and how we affect them.

The architectonic or urbanistic project demands qualities that the architect should have by definition. The tools are on the table and the information is there and, obviously, the responsibility of the technician is to have access to them. Ignorance is not a valid argument in a globalised society, although the argument of specialisation is accepted. The architect does not necessarily have to be the engineer of the installations or the person who calculates the structures, but he must direct all the workshops[79].

As citizens of this era, are we aware of the real energy necessities in current society and in our society fifty years from now?

Unfortunately not, or at least not of all these necessities. Today we are aware that we are negatively affecting our planet but we do not realise just how much. We visualise the planet as something distant and we don't realise that the planet is our district, our school, our work place, etc. We are not fully aware that our daily habits in life and the way we consume is what affects our environment and destroys future perspectives.

As one of the possible actors of change do we have a pro-active attitude for confronting the quality of life or, at least, for maintaining optimal standards?

Unfortunately not. The trouble is that society has not fully woken up to itself in this sense. The fashion of all green, all ecological in many aspects has done more harm than good and the question has become banal. The authorities are incapable of decisively confronting the problem; they do not take coordinated measures of "efficientisation" in energy production or energy consumption, either in the improvement of quality of life (or maintaining the current level) without using more contaminating emissions.

Not so far away

This may all sound rather apocalyptic or, at best, a long way off. To focus on it from the angle of architecture and urbanism is only one of the many ways of looking at the subject. We are all, unwittingly, agents of change; our daily actions prove this: drinking a glass of water, turning on a light, buying a mobile telephone assembled in India or planning the project for a building or an underground train.

The architect as an agent of change

A society is made up of everybody, some have a particular function and others carry out other tasks. Each one fulfils his role and the planner of buildings and urban spaces is one amongst his equals; one with a responsibility.

In the so-called first world almost 40% of the energy consumed corresponds to buildings... Shouldn't the architects in those areas, and society in general, take note of this and be up front? .... Of course they should.

2. ABOUT PLANNING AND BIOCLIMATIC URBANISM

2.1 Green cities I

The Spanish city Vitoria-Gasteiz (in many ways administrative capital of the Basque Country) was recognised in the year 2012 as the green capital of Europe[80]. This is an environmental prize awarded by the European Commission. This institution motivates and encourages the cities on the continent to improve the quality of urban life for their citizens and is based on territorial planning and care and respect for the environment.

Vitoria-Gasteiz, capital of the province of Álava, has made impressive advances in the ecological transformation of its traditional urban surroundings. The "Green Belt", formed by areas which were previously degraded but now reconverted into semi-natural green areas, surrounds the centre of the city offering the population of 250,000 inhabitants green areas and a high quality of life.

The European cities bidding for the prize are evaluated taking a complete list of environmental criteria as a starting point, amongst which are: solutions for global warming, regulation of transport, areas available as green urban zones, sustainable organising of the ground, nature and biodiversity, quality of the air and the local atmosphere, noise levels, generation and handling of residues, water consumption, treatment of residual waters and environmental control of the municipality from the administrative angle.

Vitoria began its process of "green planning" some thirty years ago when José Cuerda, Mayor at the time, and his team of collaborators, visualised a more sustainable future for their city. From then on they ordered a criterion for the territory that was more in line with their aspirations, strictly regulating the use of the ground, encouraging urban mobility other than the private car and fomenting and educating recycling, saving of water and energy.

For the island of Santo Domingo, where it is always springtime, to progress towards ecological awareness is a duty to preserve the natural resources of our small territory, a duty rather than an opportunity. As we have always insisted, our country - in the development phase - is at the perfect moment to trace plans which will guarantee a future with greater energy efficiency, less CO^2 and healthy natural resources. Our cities (not only Santo Domingo and Santiago) need, and are waiting for, better urban planning and municipal action in the widest sense of the term. To modify and/or create urbanistic and environmental ruling is a common challenge that the different actors in society should adopt, respecting and enforcing respect for it, and this should be our aim.

In 2005 in San Francisco (California), under the auspices of the UN, the Urban Environmental Agreements were signed. These agreements are a declaration of intentions to fulfil 21 actions to procure an improvement in urban places and qualification as a green city. Some cities have been implementing several of these actions in an attempt to reach the objectives of sustainability, such as Vitoria; others have taken scant notice of these agreements and have done nothing.

Although no Dominican city signed these agreements seven years ago, we understand that they can still clarify the question in the light of our national context. We certainly ought to reconsider time limits and objectives if we want to implement some of the following even though many of them are outdated:

- Ensure that there is a public park or open recreational space no further than half a kilometre from each inhabitant by the year 2015.
- Reduce the city's energy consumption by 10% by the year 2012.
- Set a recycling policy and reach the absence of residues before 2040.
- Reduce by 10% the number of cars occupied by one person only by the year 2012.
- Avoid and reduce water waste by 10% in 2015, with recycling programmes and planning systems in which all affected communities participate.
- Increase and improve the public transport service, ensuring that it is accessible and at less than half a kilometre from each citizen.

Throughout the year 2012, Vitoria could boast of having obtained the environmental award of the highest reputation from the European Commission. But more important still is that the city has been converted into a viable and sustainable project.

We might think that all this is utopic, but we firmly believe that we cannot stop referring to this question time and again and that we should not. We must continue to consider solutions even though they are general ones from this small platform, sow a small seed in the collective awareness, or help to water the seed already sown.

It is in our hands to propose concrete solutions, the table of negotiations (and decisions) is ready... Shall we begin?

To be continued...

2.2 Green cities II

We realise that many of the agreements reached at international summits are little more than declarations of intentions or, at most, good desires, and not much more.

Vitoria-Gasteiz has not only been the green capital of Europe, but has also signed several of these international agreements. It has been working over the years on environmental and ecological planning that is much to be admired.

Amongst these agreements (which have, in the majority of the signatory cities, been put aside and forgotten), is that known as Urban Environmental Agreements[81] - in plural.

For cities in the Dominican Republic, many of these actions could be specific aims inspired by good practices carried out in places like Vitoria. Naturally, this whole process of change should be brought about through the efforts of different sectors of our society. It is true that it is incumbent on the State and municipal administrations to educate, to create a set of legal rules and to supervise the fulfilment of these aims. It is also true that in our journey as a republic, the State has rarely afforded itself the luxury of long-term planning and when it has tried to do this, it has not been able to execute the plans on time. Perhaps this is about to change for the Dominicans, but whatever occurs, as members of the society we should take it upon ourselves, through our actions, life style and local proposals, to generate progress. Our intention is not that this motivation suggested should become a hymn to self-government; certainly not. We do not believe in that. What we do believe is in institutions that fulfil their role and in responsible citizens who adopt the role of guardian of this legacy for future generations.

The 21 actions proposed in the Urban Environmental Agreements fall into the following sectors:
1) Energy: renewable energy, energy efficiency, climate change.
2) Reduction of the generation of residues: zero rubbish, producer responsibility and consumer responsibility.

3)   Urban design: green building and urban planning.

4)   Urban nature: parks, restoration of the habitat and wild life.

5)   Transport: public transport, clean vehicles, reduction of traffic congestion.

6)   Environmental health: reduction of toxic substances, systems of healthy food and clean air.

7)   Water: accessibility, water conservation and reduction of liquid residues.

Seven wide fields of action are proposed so that the measures undertaken in one or other combine and produce a change of paradigm. We hazard to say that perhaps undertaking the whole process at once would not be viable in the light of our present national reality. What does seem possible to us is that, just as thirty years ago the capital city of Álava decided to embark on their journey towards a greener future, any Dominican city could decide to do so. To begin to organise itself. We would like to imagine and visualise any urban centre in developing areas or, specifically, on the island of Santo Domingo such as Montecristi, Monte Plata or San Cristóbal - to mention three at random - adopting a plan where the central Government, Town Council and local civilians combine and coordinate efforts in this sense. We would prefer not to have to imagine it, but to undertake it right now.

The Dominican Republic, as suggested in a page on a social network, is a continent in miniature; or, as suggested in an old touristic publicity campaign: it is inexhaustible. We would add that, given the growing expansion of urban centres, the urgent task we have pending is to plan this growth and harmonise it with the available natural resources so as to be able to maintain this miniature continent inexhaustible.

To be continued...

2.3 Green cities III

Taking as a reference the Urban Environmental Agreements signed in San Francisco, California, in 2005 which, unfortunately, today are still valid for several of the signatories, we can see that they are perfectly adaptable to the Dominican model and serve as a general guide for good urbanistic practices. No Dominican city actually signed these agreements; however, their utility would be more than justified if we aspire to a better society, to green cities.

The first part of the 21 actions considered in these urban agreements in the energy sector, in the reduction of generation of residues, urban design and urban nature, are the following:

Energy

Action 1: Reach an agreement between public and private sectors and implement policies to increase the use of renewable energy systems thus giving 10% more of this energy to the city in a period of seven years.

Action 2: Promote a public policy to reduce energy consumption in the city by 10% through energy efficiency measures and conservation, also within the next seven years.

Action 3: Create a plan for the reduction of greenhouse gases to diminish their emissions in the municipality by 20% before the year 2030.

Reduction of Generation of Residues

Action 4: Establish a recycling education policy so as to reach zero rubbish before the year 2040.

Action 5: Create a legal framework to facilitate reduction by at least 50% in seven years in the use of throw-away products, toxics or non-renewables.

Action 6: Implement recycling programmes for organic residue by converting it into fertilizer. The aim of this is to diminish by 20% over a period of seven years the wastage per capita of solid residues destined for the common garbage bins in the city.

Urban Design

Action 7: Create a set of rules to be obligatorily respected demanding energy efficiency in new and refurbished public buildings.

Action 8: Reach necessary agreements and create the legal framework for urban planning to promote the use of ground in accordance with citizens' requirements in sustainable construction, accessibility and circulation of motor vehicles, cyclists and pedestrians and foment/preserve open spaces.

Action 9: Propitiate municipal policies that generate jobs for protecting the environment in the poorer districts and/or the areas with few resources.

Urban Nature

Action 10: Ensure that there is an accessible park or recreation centre with open space at half a kilometre from each resident in the city.

Action 11: Make an inventory of natural autochthonous and/or indigenous ecosystems and develop a plan for the protection and restoration of the native ecological resources.

Action 12: Approve legislation that requires the establishment of corridors in the habitat and features that favour it, using native species in harmony with the development projects carried out.

Making a brief parenthesis in our list of actions, we ask: Is it possible to channel our urban plans in this direction and achieve a society with a higher standard of living than the present? We sincerely consider that it is possible. We firmly believe that our desire to improve will motivate the change at some moment… But we must do it. We must take action now.

These actions were written in the first five years of the new millenium and there are obviously bibliographical, technical and scientific references which are more up to date for green cities,[82 - 83] yet it is true that we still haven't started and the implementation of these actions is still pending.

2.4 Green cities IV

"How easy it is to sigh at the gesture of a man who fulfils his duty…"
Fragment from Canción en harapos. Silvio Rodríguez.

Continuing with this series on Green Cities[84 - 85] we have mentioned the Urban Environmental Agreements signed in San Francisco, California, in 2005 and also the first 12 actions (from a total of 21), suggested for implementation by the signatory nations. These actions correspond to energy aspects, residue reduction, urban design and urban nature. We have also commented that no Dominican city signed these agreements, but we would repeat that their utility would be more than justified in the framework of this national reality and that they could be perfectly implemented locally. This would help to make up a type of legally binding municipal guide for good urbanistic practices.

The second part of the 21 actions in the urban agreements of San Francisco, on transport, environmental health and water, are the following:

Transport

Action 13: Develop and implement, in a time limit of 10 years, policies to increase and improve the public transport service so as to offer greater accessibility to citizens at only half a kilometre from wherever they may be.

Action 14: Make a law to eliminate leaded petrol and gradually reduce the sulphur content in fuels in general. This should go hand in hand with a plan to control emissions for public transport and State vehicles. The aim is to reduce contaminating emissions by 50% over the next 7 years.

Action 15: Implement a policy to reduce the circulation of vehicles occupied by one person only (private cars) by 10% over the next 7 years.

Environmental Health

Action 16: Make a plan to annually identify and eliminate the products or chemical composites used in the building industry which represent a risk to environmental pollution.

Action 17: Promote and support sustainable systems of organic production in local foods. Ensure that 20% of the facilities of the city (including schools) serve local products and organic food within 7 years at the latest.

Action 18: Establish an index for air quality to measure its pollution level, proposing the aim of 10% reduction in the next 7 years of contaminating particles and gases.

Water

Action 19: Develop a public policy to ensure the access to drinking water for the entire population. In cities with a consumption of over 100 litres per capita per day, adopt and implement a policy for a 10% reduction.

Action 20: Protect the ecological integrity of natural hydric resources in the city, for example, rivers, lakes, dams and other associated ecosystems.

Action 21: Adopt municipal rules for handling water wastage and reduce its volume by 10% over the next seven years. For this, water recycling programmes can be developed and planning systems based on ecological, economic and social principles.

Of all the 21 actions proposed we can see how some are more viable than others. However, we believe that all of them are attainable in the time limits proposed, obviously if the necessary policies are established to this end.

Our country suffers chronically from never respecting the extensive legal framework we have as a nation and it is a common and constant practice to approve laws, but then to ignore them. With our proposal to take up these Urban Environmental Agreements and draw up municipal rules that include their 21 actions, it is not our wish to add more bureaucracy or sterile documentation to the question of sustainability. What we want to do is to propose a change in citizen awareness. We are convinced that once the population is "empowered" (a popular word nowadays), and society in general educated - that is, the social organisms in it - advancement will occur and the change in events will be positive and imminent.

Our politicians and ruling class have the responsibility to respect and to enforce respect of the laws; in some cases it is also incumbent on them to make those laws. As "al citizens" we also have the responsibility and the duty to respect these laws, but we should also assume the role of promoters of change through proposals and actions to the benefit of all. Are we ALL prepared to fulfil our part of the plan?

2.5 Architecture for society

In general ...

Dominican architecture (like that in other countries with a similar Gross domestic product /GDP) has experienced several moments of glory throughout its history and grand exponents almost always with a high degree of common sense and awareness of the climatic and environmental conditions on our island, although they are not all architects. Since before the conquest and when Santo Domingo was a colony, these lands have served for centuries as the scenario for the practice of a profession that has grown in parallel to the development of our society; at times it has provided a faithful response to the needs of the citizens, but others perhaps not so much[86].

On the other hand, it is also true that the slow economic development of our society[87 – 88] has for many years prevented our towns and cities growing into ordered urban centres suited to expansion, from small hamlets without any planning or located around centres of production or natural wealth. However - and this should be emphasised - in many cases they had a highly recognised local architectonic identity. This is also true of other English and French Caribbean islands and even more so of other tropical regions with identical environmental and climatic features[89].

The reality today (sad, but still rectifiable, and we refer to present examples) is that in many cases it would seem that there has never been a defined tendency about how to do things, as though the features of the local style of architecture have been barely visible and could therefore not serve as a guide, or inspiration, or anything; this has meant that several of the buildings recently constructed are true exponents of the lack of intention to offer optimal efficient design. We could even say that the rule of architectonic activity tracing the urban profile of our cities goes no further than the idea: I shall solve my problem and whoever comes after me can get moving by himself, or I'm going to build this tower to get rich. If to this we add the shameful system of "urban non-planning" (this is our term) that dominates our uses and habits, the question is certainly of great concern.

The absence of social responsibility should not, or cannot, be the norm of a society that wants to enter the virtuous circle of development. Architecture is an enormous mirror which reflects the values of a society, its levels of well-being and growth. As architects we are responsible for interpreting - and very often defining - the aspirations of a society in urban and not so urban infrastructure.

It is good that the profile of Santo Domingo changes and that that of Santiago also changes; and that many cities experience those airs of prosperity, but not like brigands (may Bridge and Dimes forgive us)[90], nor with the complacency of the architect, the professional with the most social profile of those responsible for change.

Our country needs some sort of code of honour - they call it a deontological code - amongst building professionals, some macro guidelines full of common sense and consequent with the maxims of bioclimatic architecture (which includes local architecture) and energy efficiency; this would be the ideal and for this reason we shall always advocate it.

As an example of agents of change the principal actors of the Chicago School[91] come to mind who, at the end of the XIX century and the beginning of the XX, conducted a renovating tendency in the city of Chicago, pioneer in the introduction of new materials and techniques for the construction of large sky-scrapers. To a certain measure, this tendency broke with reminiscences of past styles, not because they were past, but because they no longer served. Here we should make a break not so much with the past, but with forms which are no longer efficient to plan our buildings and cities.

That historical moment of urban reorganisation motivated by the economic rise of the Chicago of Louis Henry Sullivan[92 - 93], William Le Baron Jenney[94], Henry Richardson[95], and potentiated by the tragedy of the 1871 fire, (quite apart from the motivations and their justifications being questionable or not and obviously different to our tropical environment), could serve as inspiration to us to undertake the task of organised growth in our urban centres. In that context of change of century, Chicago experienced what many cities in our countries are experiencing now: the need to create better residential and commercial buildings with small sky-scrapers as elements defining the skyline.

We are not against a change in the profile of Dominican cities, but we are against disorderly growth which lacks planning and splits the road arteries of the residential districts with buildings that are energy sumps. We are convinced that we can do it better, authorities, architects, builders, estate agents, citizens. We can do it better and there are already people who are doing it better.

It is the right moment to establish a new Dominican school of architecture, not so much a new edition of the famous Chicago School[96], but at least inspired by its spirit of change, to renew a paradigm that augurs few good things, a paradigm committed to sustainability, to the environment and to collectiveness. Let us break with the cycle of bread today, hunger tomorrow.

The way we do architecture, think and plan our cities, ought to be a reflection of the aspirations of the type of society we wish to achieve. Not only the reflection of the material development of a people, but a seal of identity and a path that, in the light of present events, can be considered as sustainable and energy efficient.

The only way that these lines can be considered other than mere poetry is to establish a table for negotiation and planning, a space for discussion and consideration of solutions ... Some of them we have been expressing here and our intention is to continue. Count on that.

Let's do it better... In memory of Don Guillermo González[97] (*)

(*) Father of modern Dominican architecture, born in Santo Domingo (1900-1970). He studied at Yale University in 1930 obtaining the highest honours. Amongst his work we can quote the Eugenio María de Hostos Park (previously the Ramfis Park), the Copello building, the Jaragua Hotel demolished in 1985, the planning of the Peace and Confraternity Fair of the Free World, the Town Hall of the Distrito Nacional. and the National Congress. As recognition of his achievements and career, 3 November, his birth date, was declared as the Day of Dominican Architecture.

2.6 Sustainable urbanism. Some finishing touches

In recent times it has become gradually more popular to study all our daily matters from the optic of ecological awareness[98]. Technology, architecture, urbanism, sociology of cities in a general sense are not outside this "green" tendency; on the contrary, we could say that they have always been naturally, even implicitly, associated with it. The good exercise of architecture and correct urban planning have always gone hand in hand with harmonious criteria for man and his environment.

When putting into practice sustainable concepts in the fields of architecture and urbanism, factors should be considered such as the ecosystem and environment, energy and how it is generated, types of construction materials, residue generated during and after the building process, mobility factors and transport of people and resources.

It is essential to integrate the planning and urbanism of a territory into the bioclimatic building because this is always linked to sustainability and energy efficiency: adequate content to make a healthy, well-planned continent. There is no sustainable urbanism[99 – 100] without sustainable architecture.

When an enterprise undertakes to plan, with sustainable criteria from the above-mentioned points, the handling of the ecosystem (use of ground, rules, etc.) is generally the greatest challenge, at the same time being the main piece of the puzzle.

There are three basic lines of sustainability applied to this field of planning: ecological sustainability, social sustainability and economic sustainability; the order will always be adaptable in each specific case. Correct territorial ruling should be the basis and the complement of these three pillars of support.

Territorial organisation should be a reflection in the urban space of economic, social, cultural and environmental policies, and citizen participation in the entire process of analysis and decision-making should play an important part.

The compact, functional model of a city that integrates its social actors is the best example of urbanism associated to sustainability, with the tandem proximity/mobility as basic elements for the quality of life.

Sustainable Development applied to Urbanism

We also define three fundamental aspects for sustainable development applied to urbanism.

Firstly, the ground should be considered as an exhaustible resource, and scarce into the bargain. What we should try to do is to develop on reconverted, regenerated or recycled ground (even if this implies changing its use). In a good development model it is highly recommended that 80% of the projects should be carried out on regenerated ground, always trying to preserve green fields, not previously urbanised, for agriculture or ecological balance and even for leisure and quiet spaces for the use of neighbours [101].

The second aspect is to consider the city with its buildings, streets and squares as the principal consumer of raw materials, energies and the production of residues and emissions, so that the balance of these variables can then be planned, which will lead to a reduction in consumption and emissions. Education of the citizens is fundamental here.

The third important aspect is the density and shape of the city. When organising new ground and urbanising whole areas it is essential to work towards a compact density model - without falling into the agglomeration that we already know. This should guarantee optimal services which avoid dispersion, or urban sprawl[102], where motorised transport is needed to accede to any basic service and even to go to the supermarket.

2.7 Towards an efficient city

Vancouver, city in the southwest of British Columbia in Canada and one of the cities with the highest standard of living in the world, has proposed an ambitious plan of action for 2020 which will convert it into an example of sustainability.

Since 1990 the authorities of Vancouver have joined forces to reduce pollution and it is the city in North America with the smallest carbon footprint. Yet even with these favourable data many non-renewable natural resources are still being consumed, emitting enormous volumes of GHG (greenhouse gases) and producing large quantities of solid residue.

It is precisely with these data in mind that Vancouver plans to become the Greenest City 2020[103 - 104] or, what is the same, the greenest city on the planet. We should mention that, at the time, other cities like Toronto, New York, Chicago, San Francisco, Portland, Seattle, London, Paris, Berlin, Copenhagen, Stockholm and Sydney, demonstrated interest in this same objective, which is none other than to reduce the carbon footprint improving the quality of life of their inhabitants yet without jeopardising future generations or other parts of the world.

If any one of these cities is to be transformed into a sustainable city (which would, apart from fulfilling an environmental objective, be a good economic strategy to attract investments and consolidate a favourable climate for this) it should fulfil ten requisites that are part of the 2020 Action Plan. Each of these requisites includes a long-term objective and a specific objective for the year 2020 which would be something like "achieving sustainability in one generation". It is obvious that this is not entirely possible, but the idea is to put down a basis using measurable parameters such as the ones we mention hereunder and which would help to achieve a generation free of pollution.

1. The value of Green Economy: To consolidate the city (as in the original project) as leader in the green enterprise.
2. Climate Leadership: To reduce greenhouse gas emissions.
3. Green Buildings: Every new construction will have building standards with near nil emissions. To lead sustainable building and the design of green buildings at a global level.

4. Green Mobility: To make public transport, the bicycle or walking the preferred options of citizens.
5. Zero Garbage: To reduce the residue per capita.
6. Easy Access to Nature: To ensure easy access to green urban spaces.
7. Reduce the Ecological Footprint: To achieve an effective reduction per capita.
8. Clean Water: To procure the best drinking water in the world.
9. Clean Air: To equal/improve the directives of the WHO (World Health Organisation) in air quality.
10. Local Alimentation: To convert the city into a world leader in urban food systems.

All these suggestions for objectives in the 2020 Action Plan represent a huge challenge for any developed city in the world and much greater for developing cities. It is unlikely that a lot of these aims can be totally fulfilled by several of the cities that wish to do so. It is even probable that political/enterprise interests prevent them being reached, protecting certain advantage or advantages obtained from the current situation. Still worse, it does not surprise us to realise that all this could remain a pipe dream, and that everything we have been discussing on this subject may only become a fragile document added to a pile of papers thrown into the well of the impossible … or, as the experts say, the not viable.

However, and despite the previous paragraph, we do know that it is possible to manage to execute a plan similar to the 2020 Action Plan. We know that there are sane interests working towards converting our cities into more inhabitable places for us and for those who come behind us. Perhaps we could dream even more by imagining that it is possible for a small corner of the Caribbean.

2.8 A few words about transport

Any person, without being a specialist in the subject, is aware of the predominant urbanisation problems where he lives. He may even imagine how to solve some of these problems. On the basis of this we often ask ourselves: how is it that some urban planners and specialists come up with ideas completely lacking in logic?

For quite some time now subjects like population density and/or services and urban infrastructures have been on the tables of technicians and politicians. These technicians and politicians have mostly been very capable, although not always.

Architectonic and urban planning are certainly not easy tasks; but it is true that, although arduous, combining social aspirations, noble interests and technical and socioeconomic options, these processes are gratifying today and also for the influence they may have in the future[105].

The answer to the question in the first paragraph is that sometimes these technicians do not do their projects and planning in tune with the most basic principles of sociology and urbanism; they so often fall short of all elemental logic. We don't know why, but we often suspect that other interests get in the way, preventing the development of this healthy process that is lacking in our cities.

One of the problems we notice (or rather suffer) most is the transport problem. The number of vehicles in the city of Santo Domingo, to give an example of a developing country, has considerably increased over the years, but this doesn't necessarily mean that it has increased efficiently. We see many motor vehicles on our streets, yet there are still too few dedicated to collective transport. Over the years we have learnt the lesson of self-management of public services very well, amongst them urban transport, but we haven't stopped for a minute to evaluate the consequences.

Middle class Dominicans, to continue with our example, do not use public transport because it is chaotic and inefficient, but they have not developed sufficient traffic sense to make driving easier. People with low income who have no option but to use public transport are the victims of our ancestral State inoperativeness and of clans of pseudo-transporters who have joined up in chaotic "employer/union" entities. If to all this we add what we have said about the lack of planning and coordination, we are confronted with what we are already familiar with: a drama of disorder and pollution.

A brief proposal

Without pretending to offer a magic formula in these articles, perhaps we should consider certain points of departure to formulate proposals… Or perhaps we should re-consider what other colleagues have said already and what has been proposed in dozens of programmes, studies and projects? However, this is our simple suggestion which gives a general idea in only three points of what seems to us to be the right direction.

1) To create a SOLE transport consortium that groups together (and, in some cases, eliminates) the different State and municipal entities involved; including in some way the "employer/union" clans who currently offer the public transport service[106].

2) This consortium should administer the entire road traffic policy established.

3) Any development plan or improvement in public or private transport should

be considered from the perspective of well-being for the citizen and the preservation of the environment … Although it seems obvious to say this.

The development of each of these points and others that will necessarily be added as guide lines, will include more detailed solutions, eg.: change the direction of the traffic in several streets of the city, promote collective transport, whether public or private, privilege non-motorised means of transport such as the bicycle, give priority to the pedestrian in the urban zone, provide incentive to the socioeconomic development of the district so that by creating wealth in the immediate surroundings, travel to distant jobs or shops can be avoided.

There are a lot more possible solutions to solve the transport problems, but they would be part of more in-depth studies than this article. What has to be clear to us is that with fewer motor vehicles on our streets, fuel expenses will be less, there will be fewer traffic jams, fewer CO^2 emissions and an improved quality of life. It is even simpler than these few words are on the subject.

2.9 Another innocent comment on transport

The use of the private car has become more and more popular. Our streets are full of them, and not only at peak hours. We believe - and this is often the case - that the easiest way to reach a place is by car, crossing the city and trying to park at the very door of our destination.

In our cities today cars represent the greatest source of environmental pollution because the burning of the fuel they use is converted into nitrogen dioxide, monoxide and carbon dioxide, amongst others[107]. These emissions are responsible for significant harm to the environment and to our respiratory tracts. Also this massive emission of gases, together with hydrogen oxide and sulphur dioxide, cause acid rain.

In cities like Mexico D.F. or Madrid measures are being taken to avoid congestion on the roads, harm to our health and to the environment. To a greater or lesser degree we are trying to find a solution to these problems. In Mexico there are several days a week when certain registration numbers are not allowed to circulate; in Madrid and London[108] traffic is strictly controlled inside historical areas and there are regulated parking zones as a dissuasive measure. As an alternative to the car, in both these European cities, the public transport service is excellent.

As we have already mentioned, there is no magic formula to these questions of planning and design solutions; they have to be studied case by case. Obviously, design solutions for a house in Azua will never be the same as they are in Reykjavik.

Similarly, in transport questions, what works in one place may not necessarily work in another.

What is true is that there are general rules that, when adopted by one city, turn out to be valid for others. In many cities the common denominator that has served to reduce traffic jams, the expenditure in fuel and environmental pollution has been to foment the use of public transport.

Buses using special lanes cross the city in all directions at all hours amply fulfilling the demand (does this ring a bell?). This and the underground train service, with their almost infinite network, are perhaps the two best modes of urban transport and certainly the most implemented by State and municipal administrations.

The type of solution for collective transport depends in each city on its sociological, environmental and technical features (climate, geology and topography). In some cases the bus will be the solution, in others the metro and in others a combination of both and certainly of other systems and/or factors. The important thing is to make a study of the city where the urban transport network is intended and offer the solution that best responds to the requirements. A good example of the planning and interpretation of these local requirements is the case of Curitiba in Paraná, Brazil. That city was planned for man as the protagonist and the urban surroundings his scenario, not his prison[109].

A reflexion before finishing

In cities the individual is now less important than the cars. We have tried to reach a state of commodity in transport that has gone against us. We must reconquer the city to live in it, not simply to put up with it. The pedestrian is the protagonist and cities should be planned for him…but is it possible to "re-think" a badly planned city? This is certainly not an easy task, but yes, it is possible. *Where there's a will, there's a way.*

2.10   The obvious on urban settlements

The world population is growing and, with it, the number - although not always the size - of urban settlements and/or the number of people who inhabit them. There are various causes for this phenomenon or perhaps one big cause alone which has several aspects; that is, that today the opportunities lie in cities. This situation is so obvious that already over half the planet's population live in cities and it is esteemed that for the third decade of this century, this proportion will increase to around 60%.

These data can be found in reports presented by the United Nations Programme for Human Settlements (UN-HABITAT), the Department of Economic and Social

Affairs of the UN (DESA), and the more recent report World Population Prospects. The 2017 Revision[110].

These reports make a clear observation of capital importance for considering future solutions to this phenomenon of urban over-population. This is that, as cities increase their size and population, the balance between social, environmental, quality aspects and the distribution of urban space will be determinant. To guarantee this balance depends on two main protagonists - the public authorities and the citizens. The responsibility of the first is to establish most of the guidelines. These guidelines can be summarised in two - equality and sustainability - and from these, others will arise.

These two pillars, on which all initiatives tending to improve the life of the inhabitants in cities should be based, represent an imposing challenge for those interacting on the urban scene.

Equality

When we speak of equality - a very wide term - we should touch on aspects that belong to the category of social debt and ancestral imbalances. In the cities of developing countries, a poor family has always lived in areas with the worst services and infrastructures, if compared to a family of middle or high standing. The opportunities in their social surroundings are scarce and often inexistent; and if this wasn't enough, their settlements are often so vulnerable that they are barely able to resist atmospheric phenomena or natural catastrophes.

To consider the objective of equality of opportunities in cities involves an in-depth study with planning implicating all actors in the urban scenario from the beginning. True, in many cases the resources - particularly economic - are not available in public administrations and governments to confront the daily needs of the population, but it is also true that, to a large measure, it is the lack of planning that we are always referring to and the lack of political will, not to mention inefficacy and corruption, that impede progress in this direction.

It is probable that if this bureaucratic red-tape were to disappear yet full access to economic resources was still possible, much could be achieved towards the equality of citizens.

In the present context today political will does exist and the commitment of many of the sectors involved. We hope that they don't lose the thread, as often happens, in long, fruitless meetings and days of interminable planning.

In this aspect - and surely in many others on our social agenda - it is time to correct what is bad, bury it for ever, but above all, it is time to do what has never been done in planning urban settlements. On the question of sustainability we shall continue later on.

2.11   Urban settlements and a little about sustainability

The term sustainable, to which we have already referred, is in danger of losing its value. Anybody wishing to give a certain air of actuality to a study, a proposal or an analysis uses, or abuses, this word and obtains benefits.

However, and despite the fact that we would seem to be members of this new neo-ecological wave, we should say that urban sustainability is an indispensable condition when planning settlements. Sustainability involves many aspects, from the socio-economic to the cultural and human, and ultimately to the environmental. All this is inter-related and rightly so, given that one thing should lead to another if this question is to be completely balanced. On this occasion we shall focus briefly on the interaction with our natural/urban environment and its sustainability.

We have already made reference to the studies and reports made by organisations of the United Nations (UN) which claim that, as cities continue to increase in size and population, the harmony between aspects of social and environmental space in the urban area and its inhabitants will become increasingly important. It is also affirmed in this report that to guarantee this harmony we must start from two basic points of support: equality and sustainability.

In his aspiration to develop, man is transforming the natural surroundings where he decides to settle and he is conditioning everything around him so as to satisfy his vital - and not so vital - needs. Without going into too much detail, this transformation which comes down to us from the beginning of time, largely affects the previous bio-balance. Without a doubt this fact is inevitable and man will always act in this way. The great challenge understood by planners is to preserve as far as possible the original state and/or consider the balance which will guarantee harmony between man and nature. The first is an ideal, the second is possible; but the master lines sketched by Ian L. McHarg, in his desire to project with nature[111], come to mind.

A graphic example

Let us give a simple, yet graphic example. Let us imagine a State or municipality with precariously executed urban planning projects or, at best, (even though excellent) projects that are not executed for lack of vision and/or resources. Let us continue to imagine a significant deficit in housing suffered by a population with standards of living on the verge of extreme poverty. These poor souls erect spontaneous urban settlements without any type of prevision on the banks of a river, stream or a mere tributary. Obviously this new settlement has no type of public service and if there was one it would be improvised. To speak of drinking water, drainage and treatment of

218

black waters is unthinkable, whilst on the river bank pollution and insalubrity reach appalling levels incompatible with human life.

Let us imagine that in this same place human settlements are no longer encouraged (things can be fomented passively or simply by the indifference of the authorities) and that a rescue plan is carried out in the area - not only the area itself but also the people who live in it in dreadful conditions.

Let us suppose that the families are transferred to another previously planned place where life conditions are more appropriate. Then a rescue plan is executed, after it has been conceived, studied, agreed on, compared; this plan revives the river life without untreated black waters, toxic waters from industry, or improvised dumping grounds. The original conditions are almost returned to the river bank, with its erstwhile biodiversity and a green area is developed in the heart of the city. This ecological regeneration gives rise to co-habitation of man and the natural environment; both together they are part of the balance we need and desire if life is to last in our cities.

...and our dream continues...[112]

2.12 The accessible city

It is only right that the place we use for our daily activities is easy to use. Going from one point to another, in our homes, our work places, our schools, local districts or cities, is so natural that we only miss it when we cannot do it. The aims of architecture and even urbanism are to ease people's lives in their normal surroundings[113].

Even with a specific objective, project planners are very often not capable of eliminating the architectonic barriers that prevent certain people with special conditions (we prefer not to use the term handicapped) living as normal a life as others.

Architectonic barriers, or barriers to accessibility, are the physical obstacles that complicate - and often prevent - people with special conditions moving, entering an area or simply doing anything at all in a specific space or building.

Many cities, in pursuit of questionable development, eliminate free pedestrian transit, and do not even offer equality of movement for people with reduced mobility or those who suffer some condition that prevents them living a normal life.

If anyone stops to think about the physical conditions of the urban or architectonic surroundings, he would realise that barriers are still there where they are least required. High edges to pavements, stairs without an alternative ramp with the right slope, narrow doorways or rotating doors of the wrong size; these are some of the most obvious obstacles to be found for people in wheelchairs or with reduced mobility. In the case of the blind, not to have tactile signals on the ground (those perceptible when walking with a stick), or sound signals on level crossings, is inadmissible in a city, place or surroundings which aspire to develop the quality of life of its inhabitants.

Surroundings for the people

A developed society offers its people equality of opportunities in all aspects ... or at least it attempts to suggest alternatives that give access to everybody. A city should balance its offer: the motor vehicle should have its space with roads for efficient traffic circulation, but without robbing from the pedestrian, whether he has special conditions or not. The city is for the individual and, apart from anything else, it should adapt to him and to his life in group; that is development.

We know the way to ensure the adaptation of our surroundings so that we can all enjoy them without accessibility problems. In architecture and urbanism schools we are trained to do projects without architectonic barriers, the municipal authorities know what has to be done and the citizens demand improvement in their surroundings ... why, then, is it that we forget to do it properly?

Cities such as Berlin (Germany) 2013, Gotemburg (Sweden) 2014, Borås (Sweden) 2015, Milan (Italy) 2016, Chester (United Kingdom) 2017, amongst others[114], have been recognised for encouraging the integration of their inhabitants. The European Union wants all people with special conditions to be able to fully participate in society, without barriers or obstacles.

We often think that Europe is a utopia for those with a lesser standard of living. Blessed utopia that serves as an example to us, but those in front don't get so far ahead if those behind run fast.

3. ABOUT ENERGY EFFICIENCY IN THE BUILDING

3.1 Audit and energy control in building I

"Energy is not created or destroyed. It is merely transformed".
Law on Energy Conservation.

The law on energy conservation is also the first principle of thermodynamics[115]. If we look back we will remember that we learnt this in our schooldays and those Physics classes that later continued in the university, even for those who studied Arts.

This law or principle affirms that the total amount of energy of any isolated physical system - that is, one without any type of interaction with another system - remains unalterable in time, although susceptible to be transformed into another form of energy. A good example of this phenomenon, if we can call it that, is when electrical energy is transformed into calorific energy. Considered in another way we could say that energy can be infinitely transformed from one form to another, or transferred from one body to another, but its whole remains constant.

If we take this principle as a basis and accept it as good and valid, valuing it to be as true as the law of gravity, we shall see that energy as and how we receive it will never not exist; it is infinite and no matter what we do, it will always be there. Evidently, we should now add that what is exhaustible - or at least in the form we have them today - are the resources that allow us to generate this energy, and also the money we need to produce and purchase this energy.

In our day to day, whether in our home life, our companies or industries, we are not really aware of how much we consume, nor how we use the energy we have to furnish our daily requirements. The electricity bill is a "good" indicator (particularly for the companies which offer the service) of what we will have to pay this month, but it is certainly not a good indicator of how we have spent what we are going to pay and how to better administer our energy over the next invoicing period.

In many countries it is considered that energy audit[116] is a tool for helping to save, although this idea is not so common in the developing countries. Perhaps its very name suggests something complicated, and even though it has its degree of technical specialisation it is also true to say that it is quite an approachable subject for anyone wanting to use it as a first phase to optimise his energy consumption.

Energy audit is little more than the analysis of the energy performance of a building with the aim of reducing its consumption, evaluating the habits of the user, the air-conditioning equipment for interior comfort, the lighting and electrical apparatus in general, the insulation of the installations and the thermal performance of the building envelope. Then in a second phase there should be a programme of control responding to the data obtained in this audit.

The data revealed from an audit allow us to obtain and work on the following advantages as steps prior to good control:

- Definition and characterisation of the type and amount of energy consumed, consumer habits and consumer centres.
- Knowledge of the aspects of energy consumption which allow us to make necessary adjustments for its optimisation.
- With an audit we have the opportunity to consider the change or adaptation of the equipment installed to sources of renewable energy.
- If we know the characteristics of the energy served, the form and levels of consumption and the maintenance necessities of the equipment, it is possible to prolong their useful life and reduce the impact their use has on the environment.

All this leads to a reduction in consumption with the consequent energy/economic saving and even though this is the first thing that we value, the ultimate aim and the greatest advantage of an energy audit is that it is a decisive step towards attenuating the negative impact that systems and equipment of buildings have on the environment.

Later on we shall refer to the question of energy control as the natural evolution of an audit.

3.2 Audit and energy control in building II

"Less is more" Ludwig
Mies van der Rohe

If energy audit[117 - 118] is the best way of defining and understanding the type, levels and quality of energy consumption in a building - whatever type of building it is - energy control is the way we administer the energy available to us.

The energy control of a building, even though the term might seem very technical to us, is not something which affects us from afar; on the contrary. Knowing how to use available resources to give us the comfort we enjoy in our present way of life is what will guarantee being able to have "something" to enjoy in the future.

We define handling or control as the collective methods or systems that allow us to optimise energy uses through monitoring processes. This means undertaking the correct administration of natural resources (such as water); the functioning of equipment and installations (from the toaster to the light bulbs in the house, to the air-conditioning in an industrial complex); as well as the building features. The ultimate aim will be to obtain maximum efficiency in the energy processes of the building or, what is the same, to live well saving on consumption.

A large part of the essence of bioclimatic architecture can be summarised in the maxim of the master Mies: Less is more. It would also be quite acceptable from our point of view to achieve at least the same, but always with less. What do we mean by this? In response, an example: there are taps (bathroom basin taps, kitchen taps, showers, etc.) that have a micro water spray. This minimises the flow without it signifying a reduction for the user either in sensation or in the actual use of the water. On the contrary, the user experiences the opposite, given that he feels greater strength and flow, but this is really the ingenious mixture of water and air.

Basically energy efficiency in building (an obligation of the project planner and the person who carries out his activities within the architectonic organism) concentrates all its theory and practice on consuming less energy, or similarly, on achieving greater final benefits with fewer resources and less impact on the environment.

Certainly efficient energy control for a building should be in the hands of a professional in the sector, whether an architect or a specialist engineer in these matters. Broadly speaking, some of the first steps for carrying out this process are:

- Analysis of the energy function of a building: consumption, efficiency levels, etc. Diagnosis and audit.
- Control and optimisation of the variables that guarantee comfort and determine consumption, so as to establish saving measures and parameters for demand.
- Substitution and installation (if required) of equipment that fulfils the expectations of saving and rules if they exist.
- Evaluation and control of the management system and of the possible maintenance plans and equipment of the physical plant.
- Proposal of alternative solutions such as the implementation of renewable energies.

Adopting the maxim LESS IS MORE, might be a mere glint of light on a dark horizon, or it could be the first ray of hope in an imminent dawn. To reduce consumption and achieve that this has repercussions on improved present and future standards of living is a difficult task, but not an impossible one. It is some time now that the countdown for the environment has been activated, whilst in sterile meetings they continue to preach the urgency of making changes which often take far too long to come.

The aware citizen (perhaps someone has to help him to become aware) should start walking the road to make these changes, some of which will only appear as simple gestures. Yet we still believe that these gestures can add up to the force that will lead us to a better end.

We shall write more on this subject.

3.3 Audit and energy management in building III

Why does this magnificent scientific technology that saves...and makes our lives more comfortable, afford such little happiness? The answer is simple: because we still haven't learnt how to use it properly.

Attributed to Albert Einstein

Energy audit[119] is the best way available to define and understand the type and energy consumer levels in a building and also the quality of this consumption. And energy control is now the best way to administer available energy for use in our daily activities.

The aim of this whole process of audit and control (the first being defined in the dictionary as revision and the second defined as action and the effect of administering) is the reduction of energy consumption in our buildings. Also the ultimate aim of this consumption reduction is the global concept of saving; that is, economic saving on the one hand and, on the other, saving damage to the environment.

If it is a fact that carrying out these processes of audit and energy control correctly are jobs for professional architects and/or engineers, it is just as true that the user possesses the success of history in his/her hands, and in addition, he can always take steps motu proprio. This is the most common experience in a developing society.

Although we are not always in agreement with self-management - leitmotiv in this type of society - because it is often the root of the generalised disorder in which we live, we understand that in the particular case of energy saving, it is almost an obligation for citizens to take individual measures to control their energy.

Without pretending that these are magic recipes, we confess that we have decided to recommend some general measures that we believe can be of valuable help for correct energy management and the resources available in our buildings. We realise that much of this advice does not respond to the precarious situation of services suffered (whether water or electricity) in over 60% of towns like those in the Dominican Republic. At this point we promise to deal later on with some solutions to these problems from the bioclimatic optic. For the moment, we put forward some of our suggestions. Water is the first.

Water Management

On this point we will not deal with water management beyond the domestic ambit (house, office, small industry), leaving industrial and agricultural uses for another occasion.

Shower instead of bath

When we have a bath (lying in the bath covered with water), we use an average of between 15 and 20 gallons of water (approximately 90 litres)[120], whilst with a simple five-minute shower, we consume only 6 gallons (almost 23 litres). The ideal is to shower in a short time and with a moderate flow of water. We recognise that a Dominican who doesn't have drinking water is able to bath with barely two gallons[121 - 122].

- Devices for the toilet

In the process of storage, purification and distribution of domestic water, a significant carbon footprint is generated, but we use this as if it were an inexhaustible source. A large part of the water that reaches middle-class homes goes directly to the sewage in an absurd display of wastage. To reduce the amount of water used in toilet discharge, we can place a plastic bottle full of water inside the cistern. If you consider changing the toilet and are able to do this, opt for a model that allows you to regulate the discharge by half, or completely, which would be the ideal. The estimate of CO^2 emissions in the use of a normal domestic toilet is approximately 61 Kg of CO^2 eq per year[123].

-For the basin

Both in the basin and in the shower a flow-regulator or aerator can be installed which moderates the flow of water. Apart from these extra elements, which give the sensation of filtering the same amount of water because they produce bubbles, and are more and more common on the market, the good habit of turning off the tap when we soap ourselves or brush our teeth, will save us a considerable amount of water. The estimate of CO^2 emissions during the use of a normal domestic washbasin is a little less than 8Kg. of CO^2 eq. yearly[123].

-General hints

Water consumption per person increases each year as the world population increases. Water treatment requires a large amount of energy and this generates a high degree of emissions. Some general advice would not cause us much inconvenience (some inconvenience is always caused) and it would help to control and conserve this resource.

Exploiting rain water is a method which has come down to us through history. Some of the water that falls on the roof can be collected and sent down a pipe to a deposit (a water tank or an earthenware jar) and treated with a little swimming-pool or washing chlorine. This water can be used in the garden, to wash the car or directly incorporated into the consumption network (basin, toilet, kitchen sink, shower). The car is better washed with a couple of buckets of water than with a hose, but if a hose is needed, put a "pistol" on it which will reduce the consumption.

Instead of using a hose in the garden, wherever possible, a watering can is more efficient and it is preferable to water in the early mornings or at night to avoid evaporation. Put mulch or compost around the plants. This will avoid the rapid evaporation of ground water. Keep grass to 4cm in height as an average. This will give some shade to the ground and keep it from drying.

If viable, it is recommended to install a hose with a manual pump which diverts the water from the bath tub to the toilet or garden, to reuse grey sewage water. There are products for purifying the water for our personal hygiene and they can be used for this. There are also brands of sanitary apparatus that connect basins and toilets so that the former filters water to the latter.

3.4 Audit and energy management in building IV

> *"… The home should be our sheath in life, our machine of happiness…"*
> Attributed to Le Corbusier.

Continuing with some of the energy self-management solutions for our daily scenario (houses, work centres, study areas, etc.), we shall now enumerate some recommendations for energy saving; a collection of gestures that will help to make a difference.

Electricity Consumption

In consumer societies electricity consumption - together perhaps with water consumption - are the most obvious types of domestic consumption and many of the apparatus that we have are electric.

- Lighting[124]:

A significant part of the electricity we use daily is consumed to light our rooms. Maximising the use of natural light is the measure par excellence for saving in lighting. Obviously this solution depends on the hours of sun we have per day.

We should avoid the use of traditional incandescent bulbs given their low performance; they lose up to 80% of their energy in the form of heat. Instead of these the use of compact fluorescent lights (CFL) is recommended; they are low consumption using only a fourth part of the energy and are between 6 and 10 times stronger[125]. As a point of interest, since the year 2010 incandescent bulbs have been prohibited in Australia and since 2011 they have been trying to prohibit them in the United Kingdom. Phillips, the largest manufacturer in the world, has gradually been ceasing to produce incandescent bulbs in the United States and Europe.

Another alternative on the market (very much in fashion at present) are light emission diodes commonly known as LED lights (Light-Emitting Diode)[126 - 127]. These lights are much smaller, brighter and with an extremely high performance because they have no filament. They last approximately ten times longer than the CFL and up to 100 times longer than incandescent, depending on the model or brand.

An interesting technique to optimise the lighting in our rooms from the point of view of saving is the use of flexes (lamps that have an extensible arm). These "light arms", apart from giving off a pleasant light, mean that we can concentrate the light where required without having to light up the whole room. Also the strategic positioning of these lamps in corners facilitates the favourable reflection of light in the room.

The use of lighting timers or sensors helps to dose consumption. If light is needed during the night, yet only at certain moments, the installation of movement sensors could be recommendable.

- Electrical apparatus

Many of our homes are often equipped with all types of the latest electrical apparatus. All this equipment consumes much more energy than we imagine. In the homes of countries with a high standard of living (that is, with developed economies), the consumption of these types of apparatus has grown considerably, with the consequent increase of CO_2 emissions into the atmosphere[128].

Fortunately, the use of electrical apparatus with labels of high energy efficiency is now widely spread.

Of course the main saving measure is the moderate and sensible use of electrical appliances. For example, turning a machine off instead of leaving it on standby is much more efficient and can considerably reduce the bill[129]. Also using timers can help to avoid carelessness in the use of these apparatus.

Our dependence on computers is converting the information technology industry into the cause of approximately 2% of all CO_2 emissions in the world[130].

If a computer is not needed in the next hours a prudent saving measure is to turn it off. Also if it is not going to be used over a long period, for example at night.

Although endeavouring to make an effort to synthesise this material, we must leave some solutions on file for energy management and saving, for example, those concerning refrigeration and air-conditioning, in the hopes, obviously, of being able to complete this compendium of "gestures for energy saving".

An essential part of man's survival since the beginning of the species until today is being conscious of what he has so that he can then administer it. The place we live in, and/or where we carry out our daily activities is the place where we can put into practice the joint action of administrating and saving energy and resources.

Energy audit + energy management = SAVING. That is to say that the sum of the two first factors is the same as significant general saving both economically and environmentally and that is the main objective.

We should try to ensure that our comfort and happiness in our living spaces are not in conflict with that sheath of life that is our little planet ... our big home.

3.5 Audit and energy management in building V

> *"...Modern life demands and is waiting for a new type of plan both for the house and for the city..."* Attributed to Le Corbusier

We continue with the section on the reduction of electricity consumption and the responsible use of apparatus that makes our lives easier and now we shall deal superficially with the optimal exploitation of refrigerators and air-conditioners.

Without a doubt, the conservation in cold storage of foods and mechanical acclimatisation in living spaces are amongst the salient commodities to which modern man, or rather contemporary man, has access.

The advantage of being able to conserve meat, fish and other foods delaying and avoiding their deterioration could almost be equalled (with a little exaggeration) to the milestone in history which was the use of salt and its influence in the development of primitive man.

On the other hand, the fact of producing cold or heat, depending on the latitude of the area, the season of the year and even the hour of the day, has become in many cases a conditioner for comfortably carrying out several of our daily activities or specialised tasks.

Many middle-class families have the opportunity to acclimatise their living space for daily use with air-conditioning (A/C); although we prefer natural ventilation - more appropriate in tropical climates - today A/C is a reality that has direct repercussions on our electricity bills.

But if the use of A/C increases every day in our homes, there are also many more families who have the opportunity to keep their food under refrigeration during several days in deep freezers and refrigerators.

As already mentioned, the responsible and intelligent use of these electrical apparatus will be positively reflected in our monthly consumption and in the improvement of the environment. We now enumerate some of the "gestures" that would make a difference:

-Refrigeration

It is a good thing to note that a deep freeze or refrigerator represents almost 18% of domestic electricity consumption in Spain[128].

Placing this useful apparatus in a cool area, away from heat sources such as a stove or oven, with a space of at least 6 cm. behind it so that the air can circulate, guarantees improved functioning.

Putting the deep freeze/fridge at a mid-level of cooling (+/- 5ºC) avoids excessive consumption and provides an adequate temperature for the food. (In the freezing chamber the recommended temperature is - 18ºC). When we go away it is always preferable to disconnect the deep freeze or refrigerator[128].

Regular defrosting of these apparatus is recommended for greater efficiency; that is, more cold with less energy.

The door should be hermetically closed and this is fundamental to maintain the temperature within. To test that there is no need to change the rubber closure, put a paper between the rubber and the fridge and this ought to stay put when the door is closed.

Organise the food products as this avoids wasting time and up to 30% of the interior cold whilst searching for them. We should allow hot food to cool down before placing it inside the fridge and this helps to "economise" interior temperature and energy consumption.

So that the fridge works better, fill it to 70 or 75% of its capacity and keep the freezer full up. This prevents cold air being lost when we open the door. If we don't have enough food we can place recipients full of water.

-Air-conditioning (A/C):

We are convinced that mechanical systems of acclimatisation take a high ecological toll and, given that global temperatures are on the increase daily, the green alternatives are the key for our future. To bid for natural ventilation will always be the best option.

When we install A/C we should verify that its capacity is appropriate to the space to be acclimatised. According to the Practical Guide for Energy. Efficient and Responsible Consumption, published by IDEA (Institute for Applied Studies, Madrid - see Reference 56), to refrigerate a space of between 9 and 156 m², refrigeration should be 1.5kW, for a space between 30 and 35 m², 2.4kW is needed, and for a space of between 50 and 60 m², 4.2kW refrigeration is required. It is also fundamental that the pipes, closures, doors and windows are hermetic. To keep the area closed would seem to be an obvious observation, but it is often forgotten and this negatively affects the maintenance of the temperature conditions in a room. We should point out that even when the A/C is turned off an hour before leaving the room, the temperature is acceptable for the user.

Another important factor is to try and shade the room wherever possible to avoid over-heating. If this is not done then the values given should be increased by 15%. Controlling the temperature at approximately 23/26ºC is more than sufficient to obtain a good level of comfort. Apart from this, dress appropriately for the activity you intend to carry out and you will then not feel too hot.

Check and clean the filters regularly and this will ensure that the apparatus works in normal conditions.

As we have previously commented, most of these hints and steps for use of the facilities and apparatus that we have are well-known by everyone[131]. Moreover, we are also sure that grouping them together under the concept Energy audit + energy management = SAVING, will insert them in a context of responsible and healthy use both for our purse and for the environment; and we also respond to a question asked by one of our companions: Is all this of any use? Of course it is … it is extremely useful.

3.6 Energy certification of buildings

"How am I going to believe, said the guy, that the world no longer has utopias…?
Mario Benedetti

Who would have said that at the beginning of the XXI century the European utopia of energy efficiency in buildings would become a reality and even more that one of the biggest commercial associates of the Americas, such as Spain, would introduce it obligatorily as from 2013? We refer to the Energy Certification of Buildings[132].

What is Energy Certification? It is a process whereby the energy efficiency of buildings is evaluated and the buildings are assigned an energy level depending on their qualities and consumption. This level goes from A for the most efficient to G for those that are not so efficient.

The Spanish Situation

The Ministry of Industry, Energy and Tourism and the Ministry of Public Works are involved in the process of adapting the Spanish scenario with regards to energy.

Thus Spain is respecting the demands of the European Union[133 - 134] which sees the Certificate as an appropriate measure to foment efficiency, favourable for saving in energy consumption and for the environment.

The significance of this is that when the project (in the case of new projects) is being conceived the architect should have prepared, as points of departure for the design of the building, the strategies and systems to be implemented for sustainability. He should also have prepared measures best adapted to the situation for improving the efficiency of existing buildings.

In Spain this European ruling was introduced by Royal Decree during the year 2013. It is obligatory in all existing and new buildings.

This Energy Efficiency Certificate is now essential in contracts for the sale, purchase or hiring of houses or buildings.   Housing blocks with a contract for hire of under four months fall outside this obligation. Also excluded from it are open buildings, protected buildings and monuments or religious buildings. Furthermore, provisional constructions with a life limit of under 2 years are excluded, industrial buildings and farms, isolated buildings smaller than 50 m^2 and several other specific cases to be considered at the time of certification.

A Good Example

Apart from the brutal crisis that affects Europe and, in particular, Spain - and perhaps stimulated by it - advances in energy efficiency ruling in building have borne their fruit. Let this be an example - in this aspect of importance to us - for the youngsters (and for those of us who are not so young) coming behind who want to do things properly….Do we really want to do things properly, or is it only a utopia?

3.7 Efficient interior lighting

Lighting is one of the main energy needs in any type of building. Obviously it is necessary to determine the type of lighting required depending on the features of the building and its uses. It is not the same to give light in a library to the bedroom of a house.

On other occasions when we have touched on the question of lighting we have emphasised that it is preferable "to consume" natural light than electric light. Reasons for this are the saving in energy consumption, the quality of the light and the positive effect on the environment. Wherever possible, design permitting, priority should be given in the project to natural lighting. To optimise the use of natural light factors such as the shape, orientation of the rooms, layout of the gaps, should be measured by the planner or the person in charge of the project[135].

Yet it is true that however well designed the rooms are and however much they benefit from the sun's rays for lighting, night-time eventually comes and this makes it necessary to turn on the electric light; or simply during the day in certain parts of a building, electricity has to be used to boost the lighting.

Whatever the case, there are different types of domestic lamps for inside use. Some of them are:

1. Incandescent lamps with a useful life of 1000 hours which, when lit, only use 5% of the electrical energy that they consume; the remaining 95% is transformed into heat without actually using light[136].

2. Halogen lamps that last longer and give a better quality light, although they are more focalised. Some halogen lamps need a transformer. If the transformer is electronic, they consume 30% less than incandescent lamps[137].

3. Fluorescent tubes with greater luminosity than the incandescent lamp and 80% less consumption. They are based on the luminous emission of certain gases such as fluorine that they produce through an electric current. The loss of energy by heat emission is less with this process.

4. Low consumption lamps which are more expensive, but the expense is paid off well before their life is over (some 8,000 or 9,000 hours); they consume barely 25% of electricity in comparison to incandescent lamps. In many cases they use the same support for installation as conventional bulbs.

If we had to offer a recommendation we would repeat what everyone already knows: avoid the use of conventional and incandescent bulbs; although the initial investment is higher, in the medium term it has favourable repercussion on saving, performance and sustainability.

The directive Ecodesign 2009/125/EC at the time fixed the progressive elimination between 2009 and 2016 of traditional incandescent lamps, establishing a calendar in September 2009 with the elimination of 100W bulbs, continuing with those of 75W. The aim of this European directive went beyond the reduction of energy consumption and included avoiding the residues generated by these apparatus[138].

The greatest energy saving is achieved with LED technology. Bulbs with highest energy efficiency and useful life are those that employ this type of technology. Amongst the main advantages of LED bulbs we should mention their low consumption, lower temperature when functioning, brighter light, they do not contain mercury, they do not create magnetic fields, they have a better chromatic spectrum, they have a better "relation" with the electricity networks, they are not affected by constant turning on and off, they are a better answer to the systems of photovoltaic generation and their useful life is much longer with some models functioning up to 50,000 hours.

The term LED are the initials for Light Emitting Diode. It is a technology that we have at hand and gradually the market is reducing it to a price more suited to the domestic purse.

3.8 Harnessing sun for energy

Exploiting the sun's energy is one of the most recurrent alternatives in the field of architecture[139]. If we want to produce clean energy, harnessing the sun is possibly the first option that comes to mind when embarking on a project.

Solar energy can be collected in two ways: passively without mechanical elements for harnessing it, or actively using technology designed for harnessing and transforming the energy.

The most common uses of active harnessing are for generating electricity or sanitary hot water and heating in cold countries or cooling by absorption.

Sanitary hot water and heating[140-141]

The solar energy dedicated to the production of sanitary hot water and heating can be low temperature, medium temperature and high temperature; this will depend on whether the solar harnessing is direct, with a high or low degree of concentration.

The most popular on the market is low temperature technology with flat glass collectors and their most common applications are: in buildings (sanitary hot water, heating swimming pools, heating in cold countries, cooling by absorption); in industrial installations (sanitary hot water and heating water for industrial processes); farming installations (heating greenhouses and heating water for fish farms).

Photovoltaic[142]

This is electricity generated by a photovoltaic effect which occurs when the sunlight strikes a semiconductor material, in this case normally silicon. In this method a flow of electrons is generated on the inside of the semiconductor and a difference in power that can also be used.

At world level, electricity generation by solar photovoltaic means offering the possibility of self-supplying the actual producer (domestic or industrial) or of selling the energy generated to the general network.

Integration[143-144-145]

The great challenge of active applications for solar harnessing (the examples mentioned above), apart obviously from the generation of energy, is the integration into the architectonic organism without being too costly. Managing to integrate the solar harnessing elements into the skin of a building is one of the first challenges, building elements the second, and not simply gadgets fitted wherever.

Certainly the project planner will have to sit down and work out a creative proposal for presentation to his client, but this does not mean that the integration of solar harnessing into a building is an impossible mission. There are very good examples which can serve as inspiration to architects, some of them are known, others not: the Academy Building in Melben, Germany; the Carlow Barwalde Church, Germany; the Metropolis Foundation Building in Madrid, Spain; the Pompeu Fabra Library, Barcelona, Spain; the Vallecas 48 Building, Madrid, Spain.

For several years now there have been very fine photovoltaic panels called thin-film that can be integrated into the roof or the façade, although they are less efficient. The most revolutionary, however, is the recent research of the Chemistry Department at Copenhagen University where they are working on a paint that combines the properties of solar photovoltaic cells and energy storage batteries[146].

With official funding of approximately 4 million euros, the Copenhagen university has created a research centre where they are planning to develop molecules that can adapt to any type of surface. They are trying to produce panels in the form of paint that can be assembled in places where today it would be unthinkable.

In countries like Denmark with few hours of sunlight, this system of harnessing and storage would be a great benefit for optimising this question of energy efficiency in building. In countries with a large energy deficit - like one that I know - this type of initiative, certainly very expensive, would be welcomed like rain in May.

It requires a lot of effort and money to develop techniques that optimise the performance and integration of active systems of solar harnessing, but the first steps are being taken. For the moment we can always play with creativity and subtly integrate it into our architectonic and urban surroundings … but, as the Spaniards say "hay que currárselo", or really work at it.

3.9 Energy restoration of buildings

The energy restoration of buildings involves carrying out restoration and remodelling actions which tend to foment energy efficiency and economic saving, thus improving living conditions and reducing greenhouse gas emissions[147].

All energy restoration has as its aim the fulfilment of the triple proposal comfort + energy efficiency + sustainability[148]. To achieve this it is essential to improve the thermal behaviour on the skin of a building, reduce the energy demand and improve the performance of the installations.

Restoration is a basic principle of sustainability given that it is always better to make corrections in a place than to produce something new; or, in other words, it is better to repair, remodel or refurbish a building, suiting it to the requirements, than to demolish it and begin again from nothing. These corrective measures to improve thermal comfort also serve to cure the syndrome of a sick building, a concept recognised by the World Health Organisation consisting in inconveniences associated with the use and habitation of certain buildings, caused by the poor quality of the air inside it, deficient air-conditioning and/or poor ventilation, dampness, decompensation in the temperature, etc.

Refurbishing and Restoration

At this point we should describe the difference between a normal restoration (can the term normal be used in restoration?) on a demolished building whose composition, construction and structural elements, etc. are in critical conditions, and energy restoration which pursues other aims. With the first, the idea is to recreate in some way (even by contrast) the original conditions of a building; with the second, the idea is to improve the characteristics of its energy function, obviously respecting, wherever possible, the requirements of the restoration and historical conservation of the building.

We remember what we learnt in our student years in subjects relating to the history of architecture and the restoration of national heritage buildings. We recall how absolutely necessary it is to restore and/or refurbish an architectonic organism respecting its history. For example, if the aim is to refurbish the gaps (doors and windows) of a building declared to be of cultural interest it is fundamental that the work be done with materials and techniques that we have today. This is so that in the future (100 or 200 years) technicians can identify the period of restoration or refurbishment of the property.

In search of energy efficiency

The process of energy restoration in a building is more complex if it also has to be refurbished in historical terms. Apart from what we have said in the previous paragraph the aim is to provide the building with systems and solutions that guarantee its energy efficiency.

The intervention needed on a building for energy refurbishment stems from a general analysis of the problem of comfort and efficiency. Once this is known, a work plan must be traced including a series of corrective measures for energy saving and the improvement of the features of the building, both to its envelope and its construction elements and installations.

Once the faults have been identified the work should be structured in several phases, for the project of integral energy restoration. When these different phases or workshops are defined, from improvement in the thermal behaviour of the envelope (vertical closures, roof, carpentry) and the construction elements to the perfection of the building's installations, the work should be carried out integrally or in coordinated stages, depending on the work plan, and the requirements and possibilities of the person in charge.

Today energy restoration has become one of the most important aspects of sustainability in cities. An interesting theme for future development.

3.10 Energy restoration in buildings. The world panorama

The energy restoration of a building means to act, bearing in mind saving and energy efficiency, so as to achieve the conditions of habitability and comfort that are lacking at the time of intervention. Thanks to energy restoration it is possible to improve the thermal functioning of façades, roofs and exterior carpentry (the building envelope) and also to improve the efficiency of the air-conditioning, electricity installations, etc.

There are several advantages associated with the processes of building restoration: improvement in comfort and conditions of habitability, economic saving in energy bills, reduction of GHG (greenhouse gas) emissions and, finally, the upgrading of the building[149].

As nothing in life is free, perfecting a building from the energy angle requires a significant investment in resources. Very often, if these resources are not available to restore a building, this is the main obstacle that has to be overcome. In countries where these types of action are being carried out, the State facilitates this part to a large degree with grants, taxation facilities, loans and other similar formulas of encouragement.

Restoration in our environment

We are aware that to speak of energy restoration in a socio-economic environment in developing countries might seem a pipe dream, because the basic living requirements of the people are still not covered. It could be said, how can we speak of restoration when the object of that restoration doesn't even exist? Firstly, our main aim is to share in these lines a little about the world panorama on a question that is fundamental in building activity today. Secondly, in a society - as in many in Central America and the Caribbean - that does not have a strong consolidated residential building sector, there are still many public and private buildings that could be restored.

Therefore, does it make sense to talk of energy restoration in societies where living accommodation is lacking? We think it does, although respecting the particularities of each place. It is not the same to carry out energy restoration in Vienna as it is in Bonao or Santo Domingo. In the Austrian capital it is of prime importance to improve the outside closures (façades, roofs, windows and doors) so as to conserve the heat in winter and the cool in summer; in Bonao or Santo Domingo it would probably be sufficient to work on the western façades, as well as on other small elements, to avoid undesired overheating.

In the city of Santo Domingo - although not everywhere - it is possible to speak of the energy restoration of buildings. Let us give as an example a public building with air-conditioning systems malfunctioning over a considerable time which require excessive expenditure because they are inefficient, or simply because the quality of inside air is not appropriate; this example is valid for any scenario[150]. Imagine that this same building is close to the sea and all its interior lighting systems are not working. Many of its inside areas are in semi-darkness and it has an unpleasant hygrothermal sensation. Could it undergo energy restoration? The answer is yes.

This building, the object of our example, could be considerably improved: substituting the air-conditioning systems by other more efficient ones to optimise expenditure and functioning; favouring ventilation and natural lighting wherever possible; redistributing interior space so that the work spaces are better lit than the rest. And finally, using renewable systems to reduce the dependence on the conventional energy network and avoid GHG emissions.

Several slants

Energy restoration can be understood in several ways, depending on the context where it is applied. To speak of the restoration of buildings in the Salamanca district in Madrid is viable; to do so in La Barquita in Santo Domingo, is not. To restore the old offices of the Dominican Republic Central Bank could be an interesting project, but could we say the same of a cottage in La Javilla, Colinas del Ozama or 2 de Enero? … No. Not a priori, or at least with certain clarifications, taking into account that in these Dominican districts it is more a question of resolving a lack of housing.

There are areas where it is more realistic to consider energy restoration on a large scale, but this has another name: regeneration of the urban fabric and it is the subject for another article.

4. ABOUT SUSTAINABILITY AND ENVIRONMENT

4.1 The sun: energy for the planet

As we well know, the effect that the sun has on our lives goes beyond the heat and light we receive from it during the day. That solar energy that we so easily identify with the light which awakens us each morning has to do with almost the entire process of life that develops on our planet, from photosynthesis in the chlorophyll of green plants, to wind movements resulting from the differences in pressure and the heating of air masses.

It is calculated that every hour the earth's surface receives energy from the sun thousands of times more than world consumption and we still have not been capable of exploiting it to the full[151].

We take advantage in two ways of the sun's potential - if we can call it that - which might one day reach us in the form of a solar storm, yet which always comes to us as radiation: to heat water and to generate electricity. Thermo-solar heaters are already considerably used in the Dominican market. For years we have been able to see them on many of our homes, not particularly beautiful to the eye, but they provide us with hot water even on cloudy days.

Fortunately technology progresses and there are improved results occupying less space on roofs, with greater efficiency and more elegant designs. The generation of electrical energy using solar means is less extended. Firstly, on this subject, there should be two chapters: massive State generation, or a private enterprise for commercialising it later on, and private generation for self-supply or for sale to the general network.

Today in countries like the Dominican Republic, although there is no clearly and totally defined framework, self-supply is the only method; yet even here it is barely more than anecdotic, used only by a telephone company or perhaps in some tax-free zone. Unfortunately, we cannot boast of having that culture impregnated in the skin as we have the sun's rays, and we ignore it because hardly anybody has told us that it could be of interest beyond a simple patching up of energy instability for half a century.

Therefore, why doesn't a country chastised by electricity cuts take full advantage of the generation of solar energy? This question has several answers. Some of them are related to factors such as cost, technology, efficiency, all of which still represent a challenge for other more developed countries. Certainly, photovoltaic generation - as it is called - is not the only solution to the alternative generation of household electricity, yet it is the best developed of all the renewable energies and is the easiest to apply. On the other hand, the photovoltaic answer is the one that is best integrated into an urban environment and into the architectonic organism, because the outer layer of a building (as long as it faces the south) is the best of all possible supports and is the motive, or pretext, for truly innovative and efficient designs.

Exploiting sunlight is merely one example, one of the several sustainable options that we have to choose from; but there is only one challenge, which is to provide us with the energy we need for living without reducing our comfort levels and without harming our environment.

The pathway is long and on this journey we have to adopt new habits of use and consumption which would bring a real change in paradigm. The time is now and the opportunity is right. We can do it better. The whole of society ought to embrace the concept of sustainability as the only possible alternative. It is a clean, healthy, economically productive and lasting concept. Thinking about this with the sun's rays on you, could be a useful exercise. To make the change and take advantage of the sun's energy, still more useful.

4.2 The ecological footprint

"Buildings are also children of the earth and the sun". Attributed Frank Lloyd Wright.

The ecological footprint[152] is the surface of the earth needed to maintain man's life-style. It is an environmental indicator proposed by William Rees and Mathis Wackernagel[153], which attempts to determine the impact that we have on our surroundings. It takes into account the surface needed to produce the resources we consume, as well as the surface required to absorb the residues we generate.

The ecological footprint can be calculated for individuals, buildings, cities, agricultural products and industrialised products. Calculation of the ecological footprint should always stem from the following premises:

1) For the production of any product, whatever the technology used, raw material and energy are required that originally come from ecological systems.

2) Ecological systems are obviously needed to reabsorb the residues generated during the production process and the use of the final products and to be able to close the cycle.

3) Due to advancement in development we are occupying more and more space with infrastructures, housing, equipment, etc. and are therefore reducing the surfaces of productive ecosystems.

The method used to calculate the ecological footprint is based on the estimation of the surface required to cover the needs of food, energy expenditure, the use of forest products and the direct occupation of the ground. This surface is generally expressed in ha/cap/year when the calculation is made per inhabitant, or in hectares if made per community.

The types of productive ground defined for calculation of the ecological footprint are: cultivation, pasture, woodland, marine area, built-up surface or, lastly, area for the absorption of CO^2.

To calculate the ecological footprint in the case of construction we should consider not only the ground used for building a project or urbanised areas occupied by infrastructures, but also the ecological footprint of all the materials used in the building process from the design phase. There is no doubt that to undertake the task of measuring the ecological footprint of an architectural project is an arduous mission. Perhaps we should also consider the energy consumed in the planner's office during the design to the last bolt placed on the site. It is probable that this borders on a sort of ecological fanaticism, but it is still a good mental attitude which could benefit the user, the project and the environment.

Master Wright, in his maxims on organic architecture, says that the intelligent thing is to build with materials autochthonous to the surroundings so that the project - amongst other things - can somehow dialogue with those surroundings[154]. That would be the ideal scenario, but we have to admit that it is not always the most viable in the light of our present reality. Let us just imagine the ecological footprint of imported ceramic tiles for covering floors or walls in bathrooms and kitchens. If this tile is Chinese, Italian or Spanish, we not only have to calculate the fuel consumed for its transport by boat or plane, but also its placing on site in Santo Domingo. Apart from this, we should also consider the impact generated by the industry that manufactured it in its place of origin (water consumed, raw material used, gas emissions into the atmosphere, possible ground pollution, etc.). Finally all this will constitute the sum of the environmental cost of the tile.

Can we not possibly break with this lengthy, harmful cycle? That would be difficult, given that marketing laws are in general contrary to such principles for reducing the ecological footprint.

However, the planner, the builder and, finally, the user, could implement compensatory measures from the particular point of view of each one of these actors in the process. For example, the architect should present an efficient design which respects saving and the exploitation of renewable resources, such as wind and natural light. The builder controls the optimisation of resources such as water and electricity or the possibility of recycling material on the site. The user, who is the end and continuing actor, can modify his consumer habits to ensure that his surroundings enter into the sustainability circuit.

For William Rees, the originator of this calculation methodology, the only way that society can become really sustainable is by putting a break on frenetic growth.

In his opinion, this will be the great challenge of our planet in twenty years' time.

At first sight, reducing the ecological footprint might seem utopic, but the fact of having to reduce our consumption simply cannot be postponed. Today technology for renewables and their generation of clean energies is ebullient and that is a good sign. Man is desperately searching for green alternatives to be able to maintain his consumption, but he insists on not reducing it; for some reason the collective conscience associates development with frenetic expenditure. It is obvious that a change of awareness is needed, placing the future of our children over and above the squandering of today. This, we have to do.

4.3 Towards sustainability

"Technology should first be social, then technical..." Quote attributed to Michel
Foucault.

However developed a society is, it has certain characteristics which identify it but which are also in constant evolution. If this society is in an early or medium phase of its development, the process of change, whether positive or negative, could become even more widely accepted. The developing societies, such as the Dominican Republic (with a mainly young population), have a magnificent opportunity to advance towards good uses and habits fixing the basis for sustainable development.

The term "sustainable development" has its origin in the English language and it is applied to the socio-economic development in societies. The concept was first defined in the document known as the Brundtland Report[155] (1987), which was the result of studies made by the United Nations World Commission of Environment and Development, created in the UN Assembly in 1983. The definition was ultimately assumed in the Río Declaration[156] within the framework of the UN Conference on Environment and Development (1992).

Sustainable development[157] is defined as the type of development which satisfies the needs of present generations without jeopardising the possibilities of future generations to resolve their own needs. To achieve this type of evolutionary sustainable process the following three concepts should be combined: ecological, economic and social. The main objective of this type of development is to consider viable plans and projects that unite these three concepts.

However, what are economic sustainability, social sustainability and environmental sustainability? Economic sustainability occurs when commercial activity, although profitable, does not harm natural, environmental and social processes. Social sustainability is based on maintaining harmony and social cohesion and on man's capacity to work towards common objectives. By environmental sustainability we understand the compatibility between human activity and the preservation of the biodiversity and of natural ecosystems, avoiding their degradation and the interruption of the life cycle.

Putting sustainable development into practice is a task still pending for man and it is based on principles that preserve our surroundings as the only guarantee for preserving the human race. All social actors involved in environment should be galvanised towards a unique aim: to live today and be able to live tomorrow.

Human intelligence dominates the planet and has the power to re-steer its actions to produce the necessary changes for its defence and protection. Everything, absolutely everything, can be improved: our habits, our laws, our production methods, our transport, the way we cultivate, everything we consume, the city where we live, the office where we work, the school where we study or the house where we sleep.

It is a question of political will, or rather social will, because it is society which produces the changes, makes the demands and constructs its own evolutionary process.

In this context, architecture and urbanism should take on the role of building a large part of the scenario where our social transactions are carried out. This is how they aid human development, contributing their responsible part for the construction of sustainable development.

4.4 Stop CO^2

In the European Union - an interesting reference model - the building sector represents, as we have already said, a high percentage of the total energy consumption in this area and of the CO^2 emissions in the environment. In countries like Spain the use of energy in the residential sector constitutes a significant part of GHG (Greenhouse Gas) emissions. If we consider the levels of global emissions (building processes and useful life), the residential sector (or building sector) is extremely important when calculating GHG emissions in this country.

The EU is promoting standards of energy efficiency as a general rule amongst its member countries. Through the transfer of Community directives to local laws, the Union countries are obliged to design their new buildings under criteria of optimisation and saving of energy resources.

This measure means that terminated buildings have a good design and are in line with the postulates of energy efficiency in the EU. This satisfied, the big commitment is to ensure that the existing building sector can also be efficient; this is the biggest challenge of the moment: to reduce the energy demand (CO^2 emissions) in existing buildings.

Although on a global level, it often seems that there are no pre-established guidelines in questions of environment, sustainability, energy efficiency, etc., with this general EU assignment we understand that the intention has been to trace general measures to direct the steps being taken towards the reduction of GHG emissions. Energy certification for new and existing buildings makes us believe this ... but is it really sufficient?

Harnessing CO^2

Sufficient or not, we are aware that this formula - to reduce the energy demand in new and old buildings - is the most realistic today. And it is a precedent for continuing to dream and work, like researchers at the Mongstad Technological Centre in Norway[158].

The Norwegian Government (together with the private sector) initiated, some time ago, an experimental project for harnessing CO^2. This was at the above-mentioned Centre.

Seemingly hopeful tests are being done in relation to the harnessing of CO2 with cooled ammonium in industry (for the last 150 years industry has been yards ahead of architecture).

When we say hopeful this is for the simple reason of knowing that a public-private initiative is offering fruitful experimentation with this new technological development, both with gases from thermal power plants and in industrial processes for refining fuels. This is a move in the right direction.

Climate change will only be viable when the Norwegian model is not the exception but the rule.

The missing link

Our research efforts, the synergy between architecture and industrial technology, should be intensified in our pursuit to slow up climate change. As project planners, we have the tools to make good buildings, buildings that are not energy sumps. If to this we add more social and political will and commitment and financing, we shall be on the brink of a possible solution to the question of environmental deterioration.

We are convinced that we have a large part of the know-how. The question is to push ahead with this commitment shared between all actors in society. Puppets and puppeteers, we all live on the same planet.

4.5 Taxing CO^2 [159 – 160]

It would seem today that the increase in CO2 emissions is the price humanity has decided to pay for development over the last 60 years. Carbon dioxide is one of the so-called GHG gases (greenhouse gases) responsible for global warming. In moderate quantities CO2 has played an important role in keeping the planet at a comfortable temperature over the centuries; the problem is that in recent decades we have increased its emissions and those of other gases at alarming rates.

Industry, transport and construction have been largely responsible for this increase in emissions. In meetings, treaties, agreements and laws we have searched for one formula after another to put a brake on this process, but we have made an even greater effort to avoid the rules that have been written; from the Kyoto Protocol to a voucher in a fish shop, we have not respected one of them.

The question of taxes has always been a big headache for citizens who endeavour to respect their fiscal obligations, yet without sufficient retribution in return; however - and to express this somehow - they are a necessary evil.

Although the United States did not sign the Kyoto Protocol, the Federal Government intends to impose 20 dollars in taxes per metric ton of carbon. It is hoped that this tax will achieve a significant reduction of the budgetary deficit over the next decade[161].

It was also estimated that, in line with what was published in esseficiencia.com, it would generate approximately 88,000 million dollars in 2012, increasing to 144 million dollars in 2020, which would reduce America's debt by between 10% and 50%.

A report from the Investigation Service of the Congress considered that the US budgetary deficit would be over a billion dollars yearly in the fiscal years since 2009 and could increase to between 2.3 billion and 10 billion dollars by 2020.

It is in this context that the US Congress considers the possibility of applying a tax to carbon. With any budgetary project there are problems when weighing up the positive and negative points of the question. For example, one of these disadvantages is that private homes are faced with heftier energy bills because enterprises are forced to pay the tax, so it is probable that these costs have repercussions on consumers. The same old story!

Unfortunately the impact for low-income homes will be very strong if those taxes do not culminate in benefits for them. Also the fact of returning money to consumers would mean that there are fewer funds for reducing the deficit. Does this sound familiar? There are documents, such as that presented by the EU, on systems with favourable levels for all involved as far as CO^2 transactions go[162].

The Dominican Republic has its own version on CO^2 taxation[163] - in the transport sector. It is intended to tax it in the new fiscal reform, or at least this was the idea in the original project. It is - or was - decided to tax motor vehicles at the time of registration or inscription, depending on the CO^2 emissions per kilometre, implanting the following taxes on top of the value of the motor vehicle:

a)   Less than 120g CO^2/km = 0%.
b)   Between 120 and 220g CO^2/km = 1%.
c)   Between 220 and 380g CO^2/km = 3%.
d)   Over 380g CO^2/km = 5%.

Without entering into whether this is a good or bad reform, we should insist that any initiative at all that tends to reduce the emissions of the so-called GHG is positive. To continue like this is to be on the right path.

Returning to the situation in the US, another of the disadvantages is that the new carbon tax does not guarantee a specific environmental result. However, we have to start somewhere. A law can evolve into another better one until it reaches the best option.

What is pretended in the Dominican fiscal reform on the CO^2 emissions tax is certainly not a final solution; it is merely a step and, from our point of view, a tiny point of light in the whole process under discussion….Congratulations. If only things were like our noblest aspirations …. if only.

4.6 Towards a change of paradigm?

The US did not ratify the Kyoto Protocol delaying their adhesion to it until the year 2001. Then the US withdrew from the Protocol, claiming that it was inefficient and unjust because it did not include developing countries such as China and India. Both these vast Asian countries, with their economies in perpetual growth, are in turn enormous emitters of greenhouse gases.

It is true that the United States - in their own way and unilaterally - are making efforts to advance in reducing emissions, despite their negative within this whole context. The use of new technologies and the constant discovery of others by the North Americans, signifies that we would prefer to have their commitment to the Protocol postulates.

Many of these initiatives are carried out in the ambit of the states of the Union and others have a federal jurisdiction equally binding for all the states.

Amongst the attempts, and even initiatives, in North America, there is an interesting one in New York: the exemption of taxes for sustainable buildings.

The State of New York approved a law in 2012 authorising local governments (town halls and communities) and school districts to voluntarily apply fiscal exemptions to the property tax both for new buildings and for large restorations being built from 1 January 2013.

This law would be applied to schools, offices, commercial centres, institutional buildings, skyscraper residences and single-family homes, as well as to important restorations of these. They must have a gross ground area of over 930m^2 net surface that fulfils the requisites of some of the classification systems for existing sustainable buildings, such as the LEED (Leadership in Energy and Environmental Design)[164].

The following table of incentives in accordance with the LEED certification level was elaborated at the time:
- LEED CERTIFICATE: 0% exemption from property tax.
- LEED SILVER: 100% exemption from property tax in the first three years and 20% annual increase to the eighth year.
- LEED GOLD: 100% exemption from property tax in the first four years and 20% annual increase to the ninth year.
- LEED PLATINUM: 100% exemption from property tax in the first six years and 20% annual increase to the eleventh year.

Similar incentives are applied for the other certification systems on the market, depending on their degree of exigency.

Following information from http://www.spaingbc.org, in its race to reduce GHG (greenhouse gases) the state of New York created the CPF (Community Preservation Fund) investment fund in 1999 with the idea of promoting conservation and energy efficiency projects in all fields in this State. Thanks to this fund, energy efficiency programmes have been implanted, including single-family homes and office buildings, as well as commercial centres; they have also implemented special tariffs for producers of renewables and special electricity metre systems for housing blocks with renewable energies. Similar programmes have been carried out successfully in Chicago, Seattle and San Diego.

This type of initiative is continuing throughout several states of the Union and they are helping to assist in a change of perspective as to how the Americans can approach the problem of climate change. The United States, together with Europe, leads technological development and has the opportunity to give an important stimulus to the fight against climate change.

Examples like New York are worthy of imitation, where the public sector traces a route then followed by the private sector. This type of initiative and legislation does not only help to reduce energy consumption, but also has favourable repercussions on the collective well-being, reducing environmental impact and helping social economic development.

Are we moving towards a change of paradigm with international implication against climate change? .... Spain set down ways in 2015 with regards to a decrease of the IBI (Housing Tax) for efficient buildings... Perhaps we are on the threshold of a change of paradigm...

5. ABOUT SYSTEMS AND RENEWABLE ENERGY

5.1   Solar cooling: an efficient proposal for air-conditioning

When we speak of solar cooling or solar refrigeration our intention is to refer to all air-conditioning systems for inside spaces that, in general or in some way, use the sun's energy as a source of alimentation. Certainly the application of these systems is not confined to the comfort of living spaces but also applies to everything concerned with commercial or industrial refrigeration of products, merchandise, drugs, etc. To put it simply - however contradictory it might sound - it is creating cold through the sun.

Solar Photovoltaic energy

An air-conditioner can function perfectly thanks to the energy generated by photovoltaic panels[165]. A complex change in technology is not necessary in either system.

Thermo-solar energy

The conventional thermo-solar systems that have always been related to sanitary hot water, heating - depending on the climate of the place - and the conditioning of swimming pools and jacuzzis, can be highly efficient, profitable solutions. However, very often - and we refer to cold winter countries - they may not be for heating because they may also require a conventional energy system to warm passages and rooms. The principal motive of this situation is the fact that the greater the need for heat, solar radiation is less, given the time of year. With air-conditioning systems of solar cooling - perfect for tropical latitudes - there is a coincidence between the supply (solar radiation) and the demand (need for cold), thus obtaining the perfect combination[166].

Thermo-solar energy used as a source of energy for air-conditioning and cooling represents an energy consumption that, apart from the fact that it does not congest the conventional electricity network, is one of the ways of channelling solar energy which best adapts supply to demand, as mentioned in the previous example.

We should now mention that even using the most elemental principles of physics we can relatively easily obtain the benefits of solar cooling. Equipment, installations and specialised techniques are required here that can operate and interact within the framework of an appropriate passive and active architectural design and air-conditioning techniques.

Cooling by absorption

Cooling by absorption is the technology used in these thermo-solar systems. It is based on the capacity of absorption of the heat of the water (as a refrigerant) and ammonia, or also water (also as a refrigerant) and lithium bromide (LiBr). Without entering into too much detail, its functioning is based on the reactions between an absorbent and a refrigerating agent, activated by thermal energy[167].

The absorption machine operates thanks to:
- the fluid evaporating and absorbing heat but when it condenses it loses heat;
- the boiling temperature of a liquid changing, depending on the level of pressure;
- chemical products being established and determined, combined in pairs that can dissolve into each other.

To simplify, the refrigeration cycle by absorption is obtained substituting the mechanical compressor in a normal scheme, for a thermal compressor or concentrator with an absorber and a generator.

Over and above the field of pure theory, this system of solar cooling, if well implemented, can certainly mean a saving of between 50% and 70% as a consequence of the reduction of electrical consumption and the use of a type of renewable energy such as solar energy. The added value is the diminishing of CO^2 emissions and the environmental impact.

Cooling by adsorption[167]

As opposed to absorption systems, whether for air conditioning or for refrigeration, the adsorption system uses an adsorbent in a solid or semi-solid state instead of an absorbent liquid; namely, a combination of water as a refrigerant and silica gel as an adsorbent.

With a discontinuous cycle and a charge/discharge phase, these systems function with a COP of 0.55 and a temperature of 55ºC and solar collectors can be used.

The COP, or Coefficient of Performance, is the expression used for determining the efficiency level of a heat pump. By establishing the COP of the equipment, what we are doing is making a comparison between the amount or flow of heat that emerges (Q) and the power injected into the compressor of the equipment (W).

This system is composed of an evaporator, two adsorbent chambers and a condensation unit. In general, the process consists in the water evaporating at low pressure, cooling water from almost 12ºC to almost 7ºC, or any other necessary range. Then the evaporated water is adsorbed by one of the adsorption chambers with the saturating silica gel. On the other hand, in the other chamber, hot water is conducted by the heat interchanger, regenerating silica gel.

5.2 The use and re-use of water I

When we speak of the use and re-use of water in the context of housing blocks, offices or small industries, we are talking about harnessing and re-utilising rain water, about the use of surplus water from swimming pools or ponds and about the re-use of grey water (water from kitchen and bathroom basins, showers, baths, etc.).

Some of the great advantages of these types of exploitation are that they do not have to be connected to a supply network outside the building, there is no need for transport to supply the water, its cost is relatively low and it does not require complex treatment for its consumption. On the other hand, as water is a resource, it is not always available in many parts of a country nor is it supplied regularly, often depending on seasonal variations. It is always useful to have a sustainable support and complement to the conventional supply systems of drinking water.

The Use of Rain Water[168]

Rain water can help considerably to cover the requirements of non-drinking water (with very little treatment it can become drinkable), for watering and toilets, washing machines or fire-fighting extinguishers. The system for collecting rain water is composed of a surface to collect it, channels, a filter for impurities or decantation system, and a deposit for storage. The roofs of buildings are normally quite adequate as a surface for harnessing because they are highly impermeable. This means that the most important part of this system of exploitation of rain water, the harnessing surface, is available as an integral part of the building.

In this water harnessing system, the decantation tank and the filter - whose function is to pick up any residue in the water - is vitally important for lengthening its useful life; given that the presence of impurities is thus avoided in the bottom of the deposits, guaranteeing the good conservation of the water and avoiding having to undergo frequent checks of the equipment. The installation of a bypass valve inside the decantation tank means that water from the first rains after a long drought can be diverted, impeding the dirt to alter water reserves. We can even develop a more complex system with a valve at the bottom which helps to maintain a minimum reserve of water to ensure continuity with the automatic tasks that might have been programmed.

The storage deposit should, where possible, be made of non-porous material, such as polyester strengthened with fibreglass, or others similar on the market which guarantee a better quality of water and at the same time facilitate cleaning and maintenance. The classical cistern, that we are all familiar with, is also valid but preferably to be used exclusively for this purpose. This deposit, whatever it is, should have a spillway and pumping equipment to control the pressure and the flow necessary for each use. We should note that if we bury the deposit it will be perfectly integrated in the surroundings and will preserve the water from insolation and high temperatures, helping to preserve the stored water in optimal conditions.

In tropical latitudes the collection of rain water for its later use is not only viable, but is almost a duty. Every drop of water that falls in the form of rain can be perfectly utilised for many of our daily tasks.

Collecting rain water[169-170] is a way of helping the environment because it reduces the amount of water that has to be treated for our consumption by aqueducts. It also reduces the carbon footprint and our water bills will be lower with consequent benefit to our economy.

As we have always said: Water is life. It is in our hands to improve our handling of this precious resource.

5.3 The use and re-use of water II

Using surplus water from swimming pools

To continue with the strategies for using and re-using water, we will consider a solution for optimising this resource when it is used in swimming pools. Let us take the example of a public swimming pool (clubs, hotels, sports centres, etc.) where a certain amount of water has be be frequently renewed. Due to the size of swimming pools, renewing this amount of water necessarily brings with it the rejection of another significant volume of water. The water rejected can be used for the same applications as rain water; however, for watering it is essential to dechlorinate previously so that plants will not be affected. In other words, the system to exploit surplus water from pools is available for the same uses and identical to that of exploiting rain water.

Can grey waters be re-used?

Water coming from the shower, the washing machine or basins (grey waters)[171 - 172] can be re-utilised for toilet cisterns. For this system there will have to be a second network of pipes independent from the shower, bath or basin which lead to a small installation for the treatment and storage deposit. From there the water - already treated - is pumped to the toilets through a separate network. If the grey waters are not sufficient for the toilets, the storage deposit should have a cistern or earthenware tank of rain water or water from the supply network. In whatever case the system should prevent the water from both sides coming into contact. The sanitary conditions of the stored water should be periodically checked and the system should have a spillway to divert residual waters towards the evacuation network.

Dimensions of non-drinking water deposits

The design of the installations and rain water systems, surplus water from pools or re-used grey waters must be properly separated and guarantee that they are not mixed with drinking water so as to prevent possible pollution in the normal water supply. Therefore, it is essential to have a mechanism with double-security or interruption of the flow so as not to mix the two types of water.

To calculate the volume of the water deposit, the consumption of non-drinking water foreseen should be considered as well as the amount of rain water and the surplus from swimming pools or grey waters that can be collected. In the case of swimming pool water, the amount available will directly depend on the volume of the pool and on the percentage of renovation established. To re-use grey waters it is necessary to calculate how much water comes from showers, baths and basins. In the case of rain water, the volume of the deposit is established by a polynomial integrating the water demand for toilet cisterns and watering green areas, the rainfall and the harnessing surface with the coefficient corresponding to the porosity of the material used to capture water.

The consumption of non-drinkable water foreseen for a building is directly determined by the number of users, apparatus and existing equipment (showers, swimming pools, washing machines, washing-up machines, green areas, etc.). The amount of rain water that can be collected depends on the features of the harnessing surface in horizontal projection, that is, its size, its permeability and the roughness of its finish.

Metallic roofs generally have a quicker response to rain and are more efficient and clean; this is because they do not have any roughness or retention points of residue that might be picked up by the water. Other roofs, such as tiles or concrete are slower and less efficient, yet equally suitable for harnessing water.

Start acting

It would be ideal in our country, where it rains during a large part of the year, if we could exploit this resource. Also the idea of exploiting grey waters could be the start of an obligation, not only for new building projects which are springing up like mushrooms in our cities, but also in our houses, industries, etc.

In our societies, the use, preservation and optimisation of water ought no longer to be a utopic poem; it should be an action in harmony with what it is really all about: the preservation of life.

5.4 More about renewables: wind power

Not so very long ago comfort in buildings was provided by natural means or, what is the same, by passive architecture techniques. Systems like wind towers or Canadian wells remind us that it is relatively easy to give an inside space ventilation and/or natural air-conditioning.

We should remember that a wind tower serves to cool the interior using a type of rectangular chimney on the roof with vertical openings to allow outside air to pass; these openings also - by overheating - serve to expel the hot air from the room to be air-conditioned.

On the other hand, a Canadian well is a system of a buried pipe that allows an air entrance on the outside and an exit into the inside of the building. Benefitting from the ground temperature, this buried pipe channels the air taken from outside to inside not without first taking the stable temperature of the ground which is kept cool in summer and warmer in winter.

Returning to our central theme, unfortunately today we tend to use only mechanical systems, pushing aside the advantages that the sun, wind, water and the ground where the building is located can offer, or even the orientation of the edifice. All this is possible with good practices of passive architecture; moreover, if we add the advances of current technology to this, we would have more opportunities of applying air-conditioning systems whose energy is generated with renewable resources and techniques.

Amongst the different technologies for the generation of clean energy used in architecture, it is probably wind[173] - or even mini-wind - energy that is less familiar to architects in their daily work. Certainly this type of generation system is more complicated to implement in cities. Obstacles such as buildings, trees, etc. and the combination of these with roads, all impede the free circulation of wind. Very often streets and buildings produce "wind tunnels" which in turn destabilise what would in the open country be an almost homogeneous air current.

What is clear is that in the outer radius of cities or in rural areas the implementation of this technology as part of the concept architecture + renewables is absolutely viable.

Mini-wind power, perhaps the best adapted to medium and small-scale architecture, is generated by small wind turbines connected to low voltage networks. These relatively low power turbines can produce up to 50kW. Obviously this could alter depending on the manufacturer, the model and, of course, on technological advances[174].

The investment and time for paying off a wind installation vary depending on the power installed, the model of wind turbine, the wind and the consumption involved. The useful life of these systems is calculated in some 15 to 20 years, or even more, as long as they are frequently checked and properly maintained.

Very often in the case of isolated buildings that have to produce all the energy they consume, these low power wind turbines are combined with other renewable systems such as photovoltaic plaques.

The field of wind energy in the general sense (in reference more to massive generation) has good perspectives, even though we are still on the road to making them more efficient. In the Global Wind Energy Outlook 2016 edition[175], it is foreseen that the present market will grow and that wind power will constitute 20% of the entire world electricity generation. If these previsions are fulfilled - we are doing everything we can in this direction - several thousand jobs would be created and the CO^2 emissions would be considerably reduced.

In this light, wind power is promising, but can architecture benefit from installations on a domestic scale? We believe that it can. And even though this possibility is conditioned by the development of improved wind turbines, we have no doubt that we are advancing in the right direction.

5.5 Biomass for heating. Some general culture

Architecture in warm tropical surroundings has nothing, or little, to do with heating questions. In the tropics it would be rather absurd in school classes to include any theme on installations related to providing heat to interiors. The climatic conditions do not require this.

This said, we would like to touch on the question of biomass[176] as fuel for heating, even though it is little more than general culture for professionals trained in the tropics.

In places where the winters and autumns are cold, this option is obviously valuable, even though the energy consumption for conditioning inside spaces is committed to CO^2 emissions.

Biomass[177]

The term biomass is a general one and is applied to very different procedures, from the production of biogas with livestock excrements, to wood stoves including the biofuel based on vegetal garbage. In short, the technology of biomass is any type of energy production that uses processed or specifically prepared vegetal or animal substances as raw material.

But what advantages does biomass have? Apart from the fact that it is the recycling of organic material, when biomass is burned it liberates the same CO^2 that it absorbed during its growth, that is, it does not produce new CO^2. If the burning is done correctly - not adding any other type of fossil fuel - the life cycle of the material closes and the level of CO^2 that passes into the atmosphere does not alter the existing balance. This is why biomass does not harm the environment.

The use of biomass for heating in buildings is generally quite effective and fulfils interior comfort objectives and energy efficiency. But when used as fuel for industrial processes this is not always so and environmental studies of the area should be carried out to verify its environmental and economic benefits. Some information in contrast: it also occurs that in excessively cold countries biomass is effective only to a degree because it is necessary to add the support of another type of renewable generation of energy for heating.

Burning biomass for heating should be done in an air-tight boiler and the material should be prepared for this type of use. Commonly used now are pellets, a type of biomass processed into a long shape and almost entirely composed of wood residue. Other types of fuel can be olive pips, almond shells and obviously the remains of pruning duly prepared for burning in a boiler.

One advantageous factor of biomass is its relatively competitive price in comparison with fossil fuels. If we add this to the advantages mentioned above, the biomass option is highly recommendable. It is true that a heating installation based on biomass is generally more expensive than one with conventional fuel, but it is also true that the final balance favours biomass because it is amortised in a relatively short term.

The key to biomass is in recycling the raw material. What do we mean by this? It is not a question of lopping trees to produce biomass; it is a question of taking advantage of the many available material vegetal remains. In countries like Spain, there is very often a surplus of biomass from agriculture and similar activities. Material is even destined from origin to be used as biomass. Obviously this has to be controlled so as not to jeopardise areas like food supply. In short, biomass should be sustainable so that its use is beneficial for all.

The use of biomass as fuel will never substitute fossil fuel. Biomass is merely one more element in the chain of energy alternatives that we have. The photovoltaic, solar thermal, wind power, to mention just a few, are part of this chain. We have a lot of technology available to continue altering our world system of energy supply. The first steps have been taken … we must continue.

6. ABOUT ZERO OR NEARLY ZERO ENERGY BUILDINGS: THE CONCEPT NZEB

6.1 The passive house standard: some general culture

In tropical climates the question of thermal insulation is a concept that is hardly ever used in the design or construction phases of buildings. When average temperatures oscillate between 18ºC and 30ºC, some may well think that it is really not necessary to insulate a building to avoid non-existent losses from heat transfer, but insulation in tropical and hot climates is possibly useful from another point of view, which could be dealt with in other articles[178].

For an architect in Helsinki, good thermal efficient and ecological insulation is a very important part of his design agenda; for an architect in Santo Domingo or in Havana, it is perhaps anecdotic and, at first sight, is why it is not much more than general knowledge. For the architect in the tropics, the big challenge should be perhaps to avoid over-heating of the roofing or the western façade, but this can be resolved by effective shading, a wall or vegetal covering (small high-rise gardens), or by adequate ventilation.

In countries with a temperate climate it is of vital importance to achieve correct insulation to guarantee the interior comfort of the users. With this conditioner on the work table, the objective of energy efficiency linked to the user's comfort is a main concern. There is a design and building standard known as *Passivhaus* (the Passive House Standard),[179 - 180] developed from 1988 by Professors Bo Adamson of the Lund University, Sweden, and Wolfgang Feist of the Institut für Wohnen und Umwelt in Germany. The purpose of this standard is to equip buildings with the techniques and systems necessary to obtain the best energy functioning from them, to the benefit of the user and the environment. This standard, or design protocol, if not a universal recipe, is a master guideline; it allows us to advance (adapting the solution according to the needs and demands of each specific case) towards optimal exploitation - near nil consumption - of the available energies round the architectonic organism.

Since 1991, when the first four semi-detached houses were built in Darmstadt, Germany, they have been working intensely in Europe on this building system. In general, to attain to the Passive House Standard, there must be good thermal insulation, a rigorous control of ventilation and infiltrations, maximum quality of inside air and active and passive use of solar energy.

This Standard achieves very low energy consumption with very high thermal comfort. When applied, it gives a reduction of 75% in energy requirements for the heating and cooling of buildings, in comparison to the present conventional method of building.

Energy efficiency and optimisation of resources are the general aims of the *Passivhaus* and they are obtained by the following specific objectives:
-    High thermal insulation.
-    Natural cross ventilation in summer.
-    Mechanical ventilation with recuperation of heat.
-    Rigorous control of thermal bridges.
-    Control of air and water tightness.
-    Quality and efficiency in all practicable closures.
-    Use of solar energy.
-    Control of excess solar energy by shading elements.

The Passivhaus Standard, originally developed in Germany at the beginning of the 1990's, is being mainly adopted in Central European and Nordic countries and, gradually, in the rest of the world. Its implementation in tropical countries would first have to undergo a process of adaptation to the local conditions, avoiding questions such as the need for heating, yet capturing the essence of passive architecture to achieve energy saving.

Passivhaus reflects the climatic conditions in a region of the world with different climatic conditions to our own, but it is the answer to the need to reduce consumption shared by everybody on the planet. It is an example of duty worthy of imitation and improvement (not merely repeating magical recipes), in accordance with the conditions in our own environment, so that we can, in our own way, respond to the hygrothermal requirements of the user, taking advantage of renewable energies and preserving the environment. We are convinced that the *Passivhaus* Standard is a good departure point and a good example to be imitated. Are we prepared to make a similar effort?

6.2 Solar Decathlon

Approximately every two years in autumn since 2002 the Department of Energy and the National Laboratory of Energies in the United States celebrate the international competition Solar Decathlon at the National Mall in the city of Washington, D.C.[181] This university competition in engineering and architecture consists in the construction by each participating university of a house completely supplied by solar energy able to maintain energy autonomy during a week with these conditions.

In the first edition in 2002 it was only student and professional teams from North American universities who participated. From the second edition in 2005 a foreign university was admitted which, in this case, was the Polytechnic University of Madrid.

Tests
Every house model presented in the competition has to pass 10 tests - hence the name of the competition - which are evaluated giving points for different aspects concerning energy efficiency, design and innovation.
1. Architecture: 200 points. Everything in the design is evaluated.
2. Engineering: 150 points. Systems and energy processes are analysed and evaluated.
3. Commercial capacity: 150 points. The commercial and economic viability of the prototype is evaluated.
4. Communication: 100 points. This consists in evaluating the communicational methods and marketing of the house/prototype and its equipment, especially emphasising the new technologies for information and divulgation.
5. Comfort: 100 points. The temperature (between 22 and 24ºC) is measured and the humidity (40 and 55% relative humidity), taking into account not only the data but also the thermal sensation and the atmosphere.
6. Functioning of domestic appliances: 100 points. The process of washing and drying clothes is examined, the preparation of food, temperatures in the fridge and freezer, the radio, PC, TV, taking into consideration the hours of use and temperatures for functioning.
7. Hot Water: 100 points. The heating of 56.8 litres of water to 43ºC is analysed in the morning and the evening.
8. Lighting: 100 points. Both natural and electric lighting are considered with the hours of use specified.
9. Energy Balance: 100 points. Measurement of the net production of electricity in the house as long as it is over -10 KWh (less than 10 kilowatts/hour).

10. Mobility: 100 points. The kilometres that an electric vehicle can run are measured with the "surplus" energy transferred from the photovoltaic systems of the house to the batteries of a small electric vehicle.

After the evaluation of each project, the prize will be awarded to those who have the most points on the basis of a total of 1,200 points.

Solar Decathlon Europe

In 2010 the first version of Solar Decathlon Europe was celebrated in the city of Madrid[182] with the participation of 17 universities with their respective teams, not only from Europe but from different parts of the world.

In 2012 the second edition of the 10-test competition was initiated[183]. The participating teams "constructed" houses for the competition where each detail and minute counted to assemble and make the components, pieces and prefabricated modules of the prototypes operative.

In the "Villa Solar" (Solar Town) in Madrid's Casa de Campo teams had 13 days to assemble their models and to test the correct functioning of their installations prior to the start of the competition. Also the organisation developed security and health inspections necessary to open the competition to the public.

For this edition there were 19 teams from 13 different countries who reached the final phase: Germany, Brazil, China, Denmark, Egypt, Spain, France, Hungry, Italy, Japan, Norway, Portugal and Romania.

The Solar Town, of approximately 38,000 m², was opened to the public during the second fortnight of September 2012.

The Solar Decathlon is open to all architectural and engineering schools in the world who wish to participate. Obviously, the aim of each participant is to win, but the final objective is to foment the use of renewable energies in architectonic activity and to incorporate them into the "collective DNA".

To imagine that a building, whatever its use, can be 100% self-sufficient might sound utopic, perhaps even more than the dreams of Jules Verne, many of which have become reality; or those of Isaac Asimov on which we have not yet given up hope. Fortunately, the tonic is that what today might be a dream, tomorrow might be reality, if we combine work and will.

6.3 Buildings with near nil energy consumption

The aim of designing and constructing buildings with Near Zero Energy consumption[184] is laudable in our contemporary world. It is obligatory and is in line with the relatively recent legislation of the European Union (Directive 2010/31/EU)[185] that aims at necessarily reducing unsustainable energy consumption.

Under this ruling member states of the European Union (who are obliged to make it law in their respective territories) pledge that, by 31 December 2020 at the latest, all - really all - new buildings should have near nil energy consumption and by 31 December 2018 also new public buildings which are occupied.

All this forms part of a wide-range objective known as 20/20/20[186 - 187] which pretends by 2020 to reduce greenhouse gas emissions (GHG) by 20% (30% if an international agreement is reached), to save 20% of energy consumption with greater energy efficiency (moreover, in each country 10% of the requirements of transport should be covered by bio-fuels), and to promote renewable energies to 20% above today's level. Today, however, taking into account the objectives actually reached, 2030 is the date referred to[188].

When we speak of near nil energy or very low consumption, we mean that it should be almost entirely covered by energy coming from renewable sources.

To achieve a Near Zero Energy Building (NZEB)[189] several measures must be involved such as an appropriate design of the building (in bioclimatic terms), the use of renewable energies as protagonists, the exploitation - if possible - of natural sources, as well as a control and automation system which efficiently and effectively reduces unnecessary energy consumption.

Each of these measures separately can help to significantly reduce energy consumption in a building. However only with unified, coordinated control in an initial integral design strategy can all of them reach the levels of saving desired without diminishing comfort.

There is no doubt that for the building sector and for professionals related to architecture and urbanism, this NZEB would signify a change in paradigm in the way buildings are planned; however, this question - at the risk of constant repetition - is a question of survival in the building activity.

On the other hand, for the user it would signify an important change in his cultural attitude, because a good design means nothing if the person who inhabits it is not aware.

Is Europe going to be able to reach the 20/20/20 objective? Will the (EU) be capable of constructing new buildings and adapting old ones to the NZEB model? We must give a positive answer to both these questions. Obviously a yes, conditioned by the promise to take on the cause seriously.

The Development Context

For developing countries like the Dominican Republic nearly nil consumption for buildings, with all the technical implications mentioned above, would be a real relief for their deficient national energy systems. Not only would they manage to reduce energy consumption and CO^2 emissions, but they would reduce the demand for a service which has never served as it should have done. Let us imagine for a moment that the electricity companies could resolve the energy deficit in their respective countries thanks largely to the fact that the building sector no longer constitutes a great energy sump. We do not deny that this sounds utopic, but on this basis a lot has been achieved. It is probable that the big solution to the energy deficit in many countries is to combine actions, that is, that the energy enterprises manage to "disentangle" their deficient networks;   and that the different levels of the administration simultaneously promote energy efficiency in buildings. This would be the first time that this has been done.

The subject is a long, interesting one; we shall continue with it and, hopefully, some brain in a responsible position might read it.

6.4 The aim of net zero energy buildings and their benefit for society I

A net zero energy building is one where the net energy consumption is zero or almost zero at the end of an established period of time, often a year; the definition of this concept has been the object of debate and it still is today[190]. To achieve this, the energy generation to guarantee that the building functions should come from renewable sources that equal its demand.

Today a Net Zero Energy building is actually more a reality in the laboratory and in inter-university competitions, such as Solar Decathlon[191], than in the market.

Transit from the prototype to commercial production

Many European universities are seriously considering the research and development of technology concerning energy optimisation of new buildings and even of existing ones.

This is the case of the University of Burgos which has promoted a most important initiative under the auspices of the European Union through a pilot experience of implantation and monitoring of new façades. This whole initiative in the framework of the programme Horizon 20-20 [192] corresponds to the discussions on "Energy-efficient Buildings H2020-EeB-02-2014. Adaptable envelopes integrated in building refurbishment projects".

Researchers at the Burgos University decided at the time to carry out activities and demonstrations so as to fully develop a low-cost, high energy efficient system that would in turn mean low CO2 emissions in the environment. Their research project is focussed particularly on the refurbishment of existing buildings.

The viability for applying these technologies is closely linked to the needs that big cities identify to effectuate the transit of consumption of fossil fuels in buildings to renewable energies.

A change in favour of the environment will not occur just like that; the relevant authorities will have to be in favour of changing to sustainability to protect their interests. Until this happens all this will remain as a prototype in the schools and universities of the first world.

Ignoring academic initiatives?

By what has been said in the previous paragraph it would seem that we wish to abandon the academic initiatives orientated to fomenting renewables in buildings or that at least that would be the natural tendency of things. Nothing further from reality in our opinion; competitions such as actúaupm[193] are proof that the subject has penetrated collective academic consciousness in depth. The fundamental aim, as actúaupm pretends, is to be able to transform the "prototype" to mass production on the market.

Learning from the masters

If there is one good thing that developing societies have it is that they can learn and copy the examples in technology of the more developed societies.

To reach the objectives of reducing emissions is an aim for industrialised countries (unfortunately not all of them and not the most contaminating). The desire to provide systems for buildings springs from this basic objective to permit saving conventional energy by fomenting renewables.

In the Dominican Republic the economic resources are not clearly identified to offer incentive to research in any field… But, if they could identify those funds and if the research in energy (applied to construction, buildings, industry, agriculture, etc.) were a priority on the national agenda together with education, health and food…? Then surely the country would be better for its citizens? We think so.

6.5 The aim of net zero energy buildings and their benefit for society II

There is no "global definition" of a net zero energy building, as explained by Sartori, Napolitano and Voss in reference[193]. Each country has its own standards for measuring the level of efficiency in its buildings depending on energy policies and its own legislation[194 - 195].

One of the big challenges for globalising the concept and the method for calculating energy performance is to use a definition which is more or less equal for countries in the same region. Obviously the efficiency levels that a building in Santo Domingo should perhaps reach and/or the scales to measure it will not be the same as in Stockholm, or vice-versa. What could, however, be viable is that they are the same for San Juan de Puerto Rico and Santo Domingo, Dominican Republic[196].

Some differences

Obviously the question of social, natural (climatic and environment) or geographic conditions determine the unification of the criterion of zero energy for a building. Apart from this, another evident difference for unifying this criterion is the aspect of connection to a public network…or otherwise. This means that for the moment there is no agreement on whether a zero energy building actually is zero energy, whether it functions autonomously or whether it sells its surplus energy into the public electricity network[197].

This point - that a building which produces energy using renewable sources can sell the surplus energy to the public network, or store it for possible future use - is one of the big themes under discussion in the European Union. Countries like Spain are in the process of defining this part of the story, but it is still not clear what direction local ruling will take.

Another non-unified aspect of the definition net zero building is the period of time it takes to evaluate the balance of generation and consumption of the building. Analysts in general opt for a period of twelve months as being the most acceptable; others, however, prefer to "subject" the building to a longer analysis which would include other factors in the evaluation such as the average costs of energy or the different sources, bearing in mind the period of amortisation of the construction, its useful life and related costs (mortgages, operative costs, etc.)[198].

General focus

These considerations on the matter are no more than a grain of sand on a large beach. However, they lead us to think positively about the question. The criteria are not entirely defined, although curiously enough things are reasonably clear; but what is extremely clear is the unified concept of saving and generation…saving of energy and generation of energy.

Buildings start off as mere containers or living spaces, yet they become large multi-systemic organisms which provide comfort for their occupants at a reasonable cost in energy terms … and even more, the building should represent a plus where generation is concerned.

Net zero energy building is, or should be perhaps from our viewpoint, the other name for Energy Plus Building (a building which has a surplus of energy generation). We are progressing towards this, even though the concepts are still in the process of being defined[199].

To finish on a curious note. In Wikipedia (the popular encyclopaedia that can boast of being more than relatively rigorous scientifically) we have found this definition that seems to us to be correct and illustrative: "…A net zero energy building is the term applied to buildings with a net energy consumption close to zero during a typical year….".

Good for Wikipedia! When the subject becomes of general interest to the population, then citizens will adopt it as their own…!

6.6 NZEB I

Like many concepts that come into fashion with new times, the concept NZEB has become famous over recent years.

NZEB are the initials for Net Zero Energy Building (or connected to the network). What does this mean? This term defines a building whose energy demand amounts to the energy it, or its immediate surroundings (i.e. its plot), can generate with renewable energy.

We could add something else to complete this widely-accepted definition. A net zero energy building is a building in which the final balance between the energy produced to run it and that consumed equals zero.

This definition will be subject to certain minor alterations depending on the organism establishing it. As we have already seen, some specialists also differentiate between ZEB and NZEB.

A Zero Energy Building (ZEB) defines a building that has a zero energy balance but is not connected to the general network for the supply of energy. Or, similarly, it has autonomous energy because, thanks to renewable sources of generation, it can supply itself[200].

The difference between ZEB and NZEB buildings is that the latter, like the former, achieves a zero energy balance thanks to renewables, as we have already said, but it is connected to a supply network with which it interacts.

The term Near Zero Energy Building. is often confused with Net Zero Energy Building because of its initials[201].

Towards a unification of criteria[202]

As we have been seeing, there are several concepts of zero energy building which coexist in the atmosphere. The important thing about all this, beyond any confusion that could arise, is that a whole technological tendency is being created that aims at ridding buildings of the stigma of being responsible for a large part of the global energy consumption.

Today buildings are certainly responsible for much more than a third of the consumption on the planet, if we take into account the initial process of manufacture of the building materials through to the running of the building and the possible demolition of the materials once the building's useful life has ended.

With regards to this last part, the final demolition of the materials, energy refurbishment is most important for closing the useful life cycle of the building or increasing this cycle during several additional years.

Specialists who study this define NZEB taking this part into account as well as the "total" life cycle of the materials. Other aspects are still pending unification and we shall look at them further on in these pages.

6.7 NZEB II

Continuing with this theme we are going to consider a concept that should be clarified and that is the Life Cycle Assessment (LCA) of materials[203].

A LCA in a general sense is the procedure that serves to evaluate the environmental implications of a product or activity. With this process we measure the use of energy and resources (and their impact on the surroundings) to evaluate and carry out environmental improvement strategies[204].

In other words it is the analysis made of a product (in our case building materials) from the extraction of the raw material for its manufacture and/or industrialisation, passing through the energy used to complete the production process and onsite delivery. In this analysis the useful life in use of the material should be included as well as its future demolition or re-utilisation. All this should be accounted for from the angle of energy and emissions consumption.

This LCA concept is considered vital to complete the evaluation of an NZEB. Concentrating directly on the useful life of the building, which goes beyond whether it is zero energy or not, the LCA is one of the best tools for evaluating the materials of a building, even if only to obtain a positive balance at the architectonic stage[205].

As with everything in life, there is no closed consensus on the LCA in general, although perhaps, in specific architectural terms there does exist a certain clarity of focus. From our point of view, we now give a synthesis grosso modo of LCA in building.

The first thing is to consider the LCA from the extraction of resources or raw materials, passing through the processing of the material for its use in public. From then on, factors such as distribution and onsite delivery of the material (storage and transport) must be considered, bearing in mind their ecological footprint. It is not the same to import material into Havana from Sydney as from Santo Domingo[206].

After this first stage, we reach the application/utilisation of the material: the construction. The building is then the receiver of the material, although prior to this it has demanded energy consumption and resources which allow the use of this material so as to make the building a finished product[207].

After its construction comes the running of the building and also the use of the materials on a daily basis by the inhabitants. Repair of these materials and also maintenance and restoration, together with their associated consumption, should be part of the global calculation of the LCA.

To close the life cycle of the material - or one of its cycles if it is intended to recycle - we reach the demolition or re-utilisation of it and the energy consumption involved in this[208].

Considerable progress would be made if every time we decide on the use of building material we guarantee its correct demolition or recycling. This would be the best way to have responsible architecture and certainly to follow in the pathway of the NZEB.

7.BIBLIOGRAFÍA - REFERENCIAS
7. BIBLIOGRAPHY - REFERENCES

1. Sobre diseño y arquitectura bioclimática
About design and bioclimatic architecture
1. Naciones Unidas (1998): Protocolo de Kyoto de la convención marco de las Naciones Unidas sobre cambio climático. Kyoto, Japón.
2. Olgyay, V. (2003): Arquitectura y clima. Manual de diseño bioclimático para arquitectura y urbanismo. Ed. Gustavo Gili. Barcelona, España.
3. Fariña, J. (2001): La ciudad y el medio natural. Ed. Akal. Madrid, España.
4. Neila, J. (2004): Arquitectura bioclimática. Ed Munilla Lería Madrid Ed. Munilla-Lería. Madrid, España.
5. Olgyay, V. (1969): Desing with climate. Bioclimatic approach to architectural regionalism Ed. Princeton University Press. N.J. , USA.
6. Sensonian; J. (1997): Bioarquitectura. Ed. Noriega. México, Mexico D.F.
7. Serra, R. (2004): Arquitectura y Climas. Ed. Gustavo Gili. Barcelona, España.
8. Hernández Pezzi, C. (2007): Un Vitruvio ecológico: principios y práctica del proyecto arquitectónico sostenible. Ed. Gustavo Gili. Barcelona, España.
9. Fargas, A. 1999. La Casa ecológica. Situación, materiales, orientación, hábitos para una vida sana. Ed. Tikal – Susaeta. Barcelona, España.
10. Olgyay, V. (2015): Design with Climate: bioclimatic approach to architectural regionalism.
New and expanded Edition. With new essays by Donlyn Lyndon, Victor W. Olgyay, John Reynolds, & Ken Yeang. Ed. Princeton University Press. N.J. USA.
11. AA.VV. (2011): TECTÓNICA 35. Ventilación. Ed: ATC Ediciones. Madrid, España.
12. Aflaki A.; Mahyuddin, N.; Mahmoud, Z.; Rizal Baharum, M. (2015): A review on natural ventilation applications through building façade

components and ventilation openings in tropical climates. Energy and Buildings 101; 153-162.

13. AA.VV. (2005): Guía técnica para el aprovechamiento de la luz natural en la iluminación de edificios. Ed. IDEA. Madrid, España.

14. M. Martín. (2006): El Manual de la Iluminación. Ed. Ayuntamiento de Las Palmas de Gran Canaria, España.

15. AA.VV. (2008): TECTÓNICA 26. Iluminación Natural. Ed: ATC Ediciones. Madrid, España.

16. AA.VV. (2015): Nota para los medios. El derecho humano al agua y al saneamiento. Ed. Programa de ONU-Agua para la Promoción y la Comunicación en el marco del Decenio y Consejo de Colaboración para el Abastecimiento de Agua y Saneamiento. Zaragoza, España.

17. AA. VV. (2009): Guía de conceptos básicos de edificios verdes y LEED (Core Concepts and LEED Guide). Segunda edición. Ed. U.S. Green Building Council. Londres, RU.

18. AA.VV. (2013): The business case for green building: A review of the costs and benefits for developers, investors and occupants. Ed. World Green Building Council. London, UK.

19. AA.VV. (2014): LEED User Guide v4. Ed. U.S. Green Building Council. Washington, USA.

20. AA.VV. (2015): BREEAM International Refurbishment and Fit-out. Ed. BREEAM . Watford, UK.

21. AA.VV. (2009): Directiva 2009/28/CE del Parlamento Europeo y del Consejo, de 23 de abril de 2009, relativa al fomento del uso de energía procedente de fuentes renovables y por la que se modifican y se derogan las Directivas 2001/77/CE y 2003/30/CE. Ed. Diario Oficial de la Unión Europea. Luxemburgo, Luxemburgo.

22. AA.VV. (2010): Directiva 2010/31/UE del Parlamento Europeo y del Consejo de 19 de mayo de 2010 relativa a la eficiencia energética de los edificios. Ed. Diario Oficial de la Unión Europea. Luxemburgo.

23. AA.VV. (2017): Documento básico (DB) HE Ahorro de energía; Código Técnico de Edificación. Ed. Dirección General de Arquitectura, Vivienda ; Ministerio de Fomento. Madrid, España.

24. Solcerova, A. ; Van de Ven, F. ; Wang, W. ; Rijsdijk, M. ; van de Giesen, N. (2017): Do green roofs cool the air? Building and Environment. Volume 111, January 2017, Pages 249–255.

25. Berardi, U. ; GhaffarianHoseini, A. ; GhaffarianHosein, A. (2014): State-of-the-art analysis of the environmental benefits of green roofs. Applied Energy 115 (2014) 411- 428.

26. Suter, I. ; Maksimovi, C. ; van Reeuwijk, M. (2017): A neighbourhood-scale estimate for the cooling potential of green roofs. Urban Climate 20 (2017) 33–45.

27. Alexandri, E. ; Jones, P. (2008): Temperature decreases in an urban canyon due to green walls and green roofs in diverse climates. Building and Environment 43 (2008) 480–493.

28. Sheweka, S. ; Mohamed, N. (2012): Green facades as a new sustainable approach towards climate change. Energy Procedia 18 (2012) 507 – 520.

29. AA.VV. (2014): Oportunidades para un uso más eficiente de los recursos en el sector de la construcción. Comunicación de la Comisión al Parlamento Europeo, al Consejo, al Comité Económico y Social Europeo y al Comité de Las Regiones. Ed. Comisión Europea. Bruselas, Bélgica.

30. Mercader, M.; Ramírez de Arellano, A.; Olivares, M. (2012): Modelo de cuantificación de las emisiones de $CO2$ producidas en edificación derivadas de los recursos materiales consumidos en su ejecución. Informes de la Construcción Vol. 64, 527, 401-414, julio-septiembre 2012 ISSN: 0020-0883 eISSN: 1988-3234 doi: 10.3989/ic.10.082.

31. Ortiz, N. 2007. Líneas guía de la Bioconstrucción. Ed. Mapaus, Master in Programmazione di Ambienti Urbani Sostenibili. Faenza, Italia.

32. Código Técnico de la Edificación. https://www.codigotecnico.org/index.html. Sitio desarrollado por el Instituto de Ciencias de la Construcción Eduardo Torroja. CSIC para la Dirección General de Arquitectura, Vivienda y Suelo. Madrid, España.

33. Rubinos, A. ; Rubio, J. (2009): Guía práctica de aplicación del Código Técnico de la Edificación (CTE) para arquitectos. Ed. Aenor. Madrid, España.

34. Carrión , A. (1998): Diseño acústico de espacios arquitectónicos. Ed. UPC. Barcelona, España.

35. Díaz, C. (2016): La envolvente acústica de los edificios. Ed. Munilla-Lería. Madrid, España.

36. AA.VV. (2009): Documento Básico HR-CTE. Protección frente al ruido. Ministerio de Fomento. Madrid, España.

(*) Gracias a Eloísa Cano Hutton, psicoanalista, por su colaboración.

37. AA.VV. 2012. Roxul, Soluciones Acústicas Para Tabiquería Seca. Ed. Rockwool Peninsular, S.A.U. Barcelona, España.

38. AA.VV. 2010. Catálogo De Elementos Constructivos Del CTE. Ed. Ministerio de Vivienda. Instituto Eduardo Torroja De Ciencias De La Construcción. Madrid, España.

39. Hess, A.; Weintraub, A. (2009): Oscar Niemeyer buildings. Ed. New York Rizzoli.

40. The pritzker architecture prize. (2017): http://www.pritzkerprize.com/. http://www.pritzkerprize.com/about/history. Madrid, España.

41. Fundación Princesa de Asturias. (2017): http://www.fpa.es/es/. http://www.fpa.es/es/premios-princesa-de-asturias/. Principado de Asturias, España.

42. Fundaçáo Oscar Niemeyer. (2017): http://www.niemeyer.org.br/preobra. http://www.niemeyer.org.br/preobra. Rio de Janeiro, Brasil.

43. Chanes, R. (2000): Deodendron : árboles y arbustos de jardín en clima templado. Ed. Blume. Barcelona, España.

44. Montero, G. ; Ruiz-Peinado, R. ; Muñoz, M. (2005): Producción de biomasa y fijación de CO_2 por los bosques españoles. Ed. Cifor-Inia. Madrid, España.

45. AA.VV. Evapotranspiración. (2017): http://www.mapama.gob.es/es/ http://www.mapama.gob.es/es/desarrollo-rural/temas/gestion-sostenible-regadios/Evapotranspiraci%C3%B3n_tcm7-188680.pdf.

46. Dañobeitia, P. (2013): Footballgrasskeeper. Ed. Punto Rojo Libros. Madrid, España.

47. Farré, C. ; Garcerán, T. (2008): El jardín mediterráneo. Ed. Hispano europea. Barcelona, España.

48. Oishi, H. ; Ebina, M. (2005): Isolation of cDNA and enzymatic properties of betaine aldehyde dehydrogenase from Zoysia tenuifolia. Journal of Plant Physiology162 (2005) 1077—1086.

49. Hochmuth, G. (2017): A guide to the manufacture, performance, and potential of plastics in agriculture. A volume in plastics design library 2017, Pages 79–105.

50. Ortega-Reig, M. ; Sanchis-Ibor, C. ; Palau-Salvador, G. ; García-Mollá, M. Avellá-Reus, L. (2017): Institutional and management implications of drip irrigation introduction in collective irrigation systems in Spain. Agricultural water management 187 (2017) 164–172.

51. Stewart, R.(2017): Aguas turbulentas estado mundial del agua. Ed. Water Aid. Melbourne, Australia.

52. International building exhibitions. (2006): http://www.iba-hamburg.de/en/story.html. Hamburg, Germany.

53. Quintans, C. (2014): Algas "bio-reactivas" en fachadas. http://tectonicablog.com/?p=56264. http://tectonicablog.com/. Madrid, España.

54. Saba, B.; Christy, A.; Yu, Z.; Co, A. (2017): Sustainable power generation from bacterio-algal microbial fuel cells (MFCs): an overview. Renewable and Sustainable Energy Reviews. Volume 73, June 2017, Pages 75-84.

55. Chueca Goitia, F. (1990): El siglo XX: de la Revolución Industrial al racionalismo. Ed. Dossat. Madrid, España.

56. Ford, Henry. (2017): My life and work. Ed. Enhanced Media. Ebook.

57. Alizon, F.; Simpson, T. ; Shooter, S. (2009): Henry Ford and the Model T: lessons for product platforming and mass customization. Design Studies. Volume 30, Issue 5, September 2009, Pages 588-605.

58. Pons, O.; Wadel, G. (2011): Environmental impacts of prefabricated school buildings in Catalonia. Habitat International. Volume 35, Issue 4, October 2011, Pages 553-563.

59. Sánchez González, J.C. (2016): Construcción modular ligera energéticamente eficiente. Tesis Doctoral. Universidad Politécnica de Madrid. Madrid, España.

60. Zabalza, I.; Valero; A.; Aranda, A. (2011): Life cycle assessment of building materials: comparative analysis of energy and environmental impacts and evaluation of the eco-efficiency improvement potential. Building and Environment. Volume 46, Issue 5, May 2011, Pages 1133-1140.

61. Mercader, Mª P.; Olivares, M.; Ramírez de Arellano, A. (2012): Modelo de cuantificación del consumo energético en edificación. Quantification model for energy consumption in edification. Materiales de Construcción Vol. 62, 308, 567-582; octubre-diciembre 2012. ISSN: 0465-2746, eISSN: 1988-3226, doi: 10.3989/mc.2012.02411.

62. Rozas Aristy, Eduardo. (1996): Teoría del diseño arquitectónico. Ed. Editora universitaria UASD. Santo Domingo, Rep. Dominicana.

63. Savoini,JJ.; Lafhaj; Z. (2017): Considering functional dimensioning in architectural design. Frontiers of architectural research. Volume 6, Issue 1, March 2017, Pages 89-95.

64. Parsaee, M.; Motealleh, P.; Parva, M. (2015): Interactive architectural approach (interactive architecture): An effective and adaptive process for architectural design. HBRC Journal. Volume 12, Issue 3, December 2016, Pages 327-336.

65. Rozas Aristy, Eduardo. (1998): Arquitectura y estrategia del Proyecto. Ed. Departamento de Arquitectura FIA-UASD (Material de estudio asignatura teoría de la arquitectura II) . Santo Domingo, Rep. Dominicana.

66. Laurie, M. (1983): Introducción a la arquitectura del paisaje. Ed. Gustavo Gili. Barcelona, España.

67. AA.VV. (2000): Ecourbanismo: Entornos humanos sostenibles. 60 Proyectos. Ed. Gustavo Gili. Barcelona, España.

68. AA.VV. (2007): Open building manufacturing; core concepts and

industrial requirements. Ed. ManuBuild/VTT Technical Research Centre of Finland (www.vtt.fi). Helsinki, Finland.

69. Rodríguez E., Arranz, B., Vega, S. et Neila González, J. (2013): "Influence of the use of PCM drywall and the fenestration in building retrofitting". Energy and Buildings 65 (2013) 464–476.

70. Pérez – Pujazón, B. ; Lauret Aguirregabiria, B. ; Ovando Vacarezza, G. ; Sánchez- González, J. ; Lirola, J. (2015): "Active Transparent Façades including Water-Flow Glazing". VII International Congress on Architectural Envelopes. May 27, 28, 29 - 2015, Donostia-San Sebastián, Spain.

71. Lirola, J. ; Lauret Aguirregabiria, B. ; Khayet, M. ; Rashevski, M. ; Claros, L. ; Perez-Pujazón, B. ; Ovando Vacarezza, G. (2012): "Energy consumption and thermal behavior of a light construction room-sized test cell".

72. Chen W.; He, Z. (2013): The analysis of the influence and inspiration of the Bauhaus on contemporary design and education. Engineering. 2013, 5, 323-328.

73. Harimurti, P.; Wijono, D.; Hatmoko, D.A.U. (2011): The Bauhaus's ideology concept and method in Architecture. ICCI, International Conference On Creative Industry 2011. Surabaya, Indonesia.

74. Luper, G.; Sigel, P. (2006): Walter Gropius, 1883 – 1969: propagandista del nuevo diseño. Ed. Tachen. Colonia, Alemania.

75. Schulze, F. (2016): Ludwig Mies van der Rohe: una biografía crítica. Ed. Reverté. Barcelona, España.

76. Bergdoll, B. (2009): Bauhaus 1919 – 1933: workshops for modernity. Ed. The Museum of Modern Art (MoMa). NY, USA.

77. Monedero, J. (2004): La investigación en arquitectura. Datos para una debate. Primeras Jornadas sobre Investigación en Arquitectura y Urbanismo. Sevilla, España.

78. Sanz. D.; García, S. (2006): Decálogo de bases para el fomento de la investigación en arquitectura. Segundas Jornadas Sobre Investigación en Arquitectura. Barcelona, España.

79. Vitruvio. (1997): Los diez libros de arquitectura. Ed. Alianza Forma. Madrid, España.

2. Sobre planificación y urbanismo bioclimáticos / About planning and bioclimatic urbanism

80. AA.VV. (2012): Vitoria-Gasteiz 2012. European green capital. Final report. European Commission. Fuente: http://ec.europa.eu/ environment/europeangreencapital/winning-cities/2012-vitoria-gasteiz/.

81. AA.VV. (2007): UN World Environment Day 2005, San Francisco, June1-5. Ed. United Nations. Fuente: http://www.vitoria gasteiz.org/wb021/http/contenidosEstaticos/adjuntos/es/57/03/25703.pdf.

82. Jong, M. ; Joss, S. ; Schraven, D. ; Zhan, C. ; Weijnen, M. (2015): Sustainable–smart–resilient–low carbon–eco–knowledge cities; making sense of a multitude of concepts promoting sustainable urbanization. Journal of Cleaner Production 109 (2015) 25-38.

83. Ding, X. ; Zhong, W. ; Shearmur R. ; Zhang, X. ; Huisingh, D. (2015): An inclusive model for assessing the sustainability of cities in developing countries – Trinity of Cities' Sustainability from Spatial, Logical and Time Dimensions (TCS-SLTD). Journal of Cleaner Production 109 (2015) 62–75.

84. Mersal, A. (2017): Eco city challenge and opportunities in transferring a city in to green city. Procedia Environmental Sciences 37 (2017) 22-33.

85. Fei, J. ; Wang, Y. ; Yang Y.; Chen, S. ; Zhi. (2016): Towards eco-city: the role of green innovation. CUE2016-Applied Energy Symposium and Forum 2016: Low carbon cities & urban energy systems. Energy Procedia 104 (2016) 165 – 170.

86. Walter Palm, E. (2002): Los monumentos arquitectónicos de La Española. Ed. Sociedad Dominicana de Bibliófilos. Santo Domingo, Rep. Dominicana.

87. Bosch, J. (2000): De Cristóbal Colón a Fidel Castro. El Caribe, frontera imperial. Ed. Corripio. Santo Domingo, Rep. Dominicana.

88. Bosch, J. (2000): Capitalismo tardío en la República Dominicana. Ed. Alfa y Omega. Santo Domingo, Rep. Dominicana.

89. Deliang C.; Hans Weiteng C. (2013): Using the Köppen classification to quantify climate variation and change: An example for 1901–2010. Environmental Development 6 (2013) 69-79.

90. Inoa, O. (2010): Diccionario de dominicanismos. Ed. Letra Gráfica. Santo Domingo, Rep. Dominicana.

91. Azcarate, J. ; Pérez, A. ; Ramírez, J. (1993): Historia del arte. Ed. Anaya. Madrid, España.

92. Boix, J. (1966): Arquitectura actual. Ed. Ceac. Barcelona, España.

93. Weingarden, L. (2009): Louis H. Sullivan and a 19th-century poetics of naturalized architecture. Ed. Ashgate. Farnham. UK.

94. Twombly, R. (1987): Review: William Le Baron Jenney: a pioneer of modern architecture by Theodore Turak. Journal of the society of architectural historians. Vol. 46 No. 2, Jun., 1987 (pp. 197-198) DOI: 10.2307/990198 .

95. Ochsner, J. (1982): H.H. Richardson : complete architectural works. Ed. MIT Press. Massachusetts, USA.

96. Miller, H. (1973): The Chicago school of architecture. A plan for preserving a significant remnant of america's architectural heritage. Ed. United States Department of the interior . National park service. Superintendent of documents, U.S. Government printing office, Washington, D.C. USA.

97. Moré, G. (2015): Trazos en el mar: Guillermo González, arquitecto de la modernidad dominicana. Ed. Banco Popular Dominicano. Santo Domingo, Rep. Dominicana.

98. Panov, V.I. (2013): Ecological thinking, consciousness, responsibility. Procedia - Social and Behavioral Sciences. Volume 86, 10 October 2013, Pages 379-383.

99. Higueras, E. (2008): El reto de la ciudad habitable y sostenible. (Presentación Resumen). http://www.coag.es/websantiago/pdf/ester_higueras.pdf.

100. Higueras, E. (2009): Desarrollo urbano sostenible y criterios de diseño urbano para ordenaciones residenciales. (Resumen de libro el reto de la ciudad habitable y sostenible). https://www.researchgate.net/profile/Ester Higueras Garcia/publication/.

101. Watts, G. (2017): The effects of "greening" urban areas on the perceptions of tranquillity. Urban Forestry & Urban Greening. Volume 26, August 2017, Pages 11-17.

102. Bruegmann, R. (2015): Urban sprawl. International encyclopedia of the Social & Behavioral Sciences (Second Edition) 2015, Pages 934–939.

103. AA.VV. (2012): Greenest City 2020. Action plan. Ed. City of Vancouver. Vancouver, Canada.

104. AA.VV. (2015): Greenest City 2020. Action plan. Part two 2015 – 2020. Ed. City of Vancouver. Vancouver, Canada.

105. Mercier, J. ; Carrier, M. Duarte, F. ; Tremblay-Racicot, F. (2016): Policy tools for sustainable transport in three cities of the Americas: Seattle, Montreal and Curitiba. Transport Policy. Volume 50, August 2016, Pages 95-105.

106. Ley 63-17: Movilidad, transporte terrestre, tránsito y seguridad vial de la República Dominicana. (2017): Santo Domingo, Rep. Dominicana, 21 de febrero de 2017.

(*) En 2017 la propuesta de muchos técnicos y de varias administraciones con respecto a un organismo único fue recogida por la administración del Presidente Medina con la creación del INTRANT.https://twitter.com/intrant_rd?lang=es.

107. Thomas, J. ; Molden, N. (2016): Emissions monitoring final report. Ed. Emissions Analytics. Stokenchurch, UK.

108. Laybourn-Langton, L.; Quilter-Pinner, H.; Ho, H. (2016): Lethal & ilegal solving london's air pollution crisis. Ed. Institute for Public Policy Research. London, UK.

109. Macedo, J. (2004): Curitiba. Cities. Volume 21, Issue 6, December 2004, Pages 537-549.

(*) Fragmento poema "Hay un país en el mundo" del Poeta Nacional dominicano, Pedro Mir.

110. AA.VV. (2017): World population prospects; the 2017 Revision. Key Findings and Advance Tables.Working Paper No.ESA/P/WP/248. Ed. United Nations, Department of Economic and Social Affairs, Population Division. New York, USA.

(*) Eslogan de campaña presidencial 2012 Partido De La Liberación Dominicana. Rep. Dominicana.

111. McHarg, I. (2000): Proyectar con la naturaleza. Ed. Gustavo Gili. Barcelona, España.

112. Cuenca Ozama. Programa La Barquita. (2017): http://www.cuencaozama.com/la-barquita/quienes-somos.php. Santo Domingo, Rep. Dominicana.

113. AA.VV. (2011): Accesibilidad universal y diseño para todos. Arquitectura y urbanismo. Ed. Ediciones de Arquitectura. Fundación Once para la cooperación e inclusión social de personas con discapacidad; Fundación COAM. Madrid España.

114. AA.VV. (2017): Previous winners of the access city award http://ec.europa.eu/social/main.jsp?catId=1325&langId=en.

3. Sobre eficiencia energética en la edificación
About energy efficiency in the building

115. Bernal Méndez, J. (2011): Primer principio. Física II Grado en Ingeniería de Organización Industrial; Primer Curso. Ed. Departamento de Física Aplicada III Universidad de Sevilla. Sevilla.

116. Dall'O', G. (2013): Green energy audit of buildings a guide for a sustainable energy audit of buildings. Ed. Springer. London, UK.

117. Dall'O', G. ; Speccher, A. ; Bruni, E. (2012):The Green Energy Audit, a new procedure for the sustainable auditing of existing buildings integrated with the LEED Protocols. Sustainable Cities and Society 3 (2012) 54–65.

118. AA.VV. (2012): Manual práctico de auditorías energéticas en la edificación. Ed. Colegio de Ingenieros Técnicos Industriales de Navarra (CITI Navarra) Colegio Oficial de Ingenieros Industriales de Navarra (COIINA). Navarra, España.

119. AA. VV. (2015): Auditorías Energéticas. Ed. Ae3 Asociación de empresas de eficiencia energética. Madrid, España.

120. Cálculo propio (números gordos) en función de una bañera de medidas 1700x700x400mm, con capacidad total para 183 lt., llenada hasta la mitad, para un individuo de 75kg y 175cm.

121. AA.VV. (2017): Ahorro ¿Es posible ahorrar en la factura del agua?. Fuente: http://www.f2e.es/es/ahorro-es-posible-ahorrar-en-la-factura-del-agua. Fundación para la eficiencia energética: Espaitec II, Universitat Jaume I. Castellón, España.

122. AA.VV. (2012): Guía sobre Hidroeficiencia Energética. Ed. Dirección General de Industria, Energía y Minas de la Comunidad de Madrid; Fundación de la Energía de la Comunidad de Madrid. Madrid, España.

123. Calculo propio, realizado a partir de los datos anuales de la Guía sobre Hidroeficiencia Energética (4) y la Hoja de Cálculo Automático de Emisiones Totales en Relación a los Consumos Energéticos de Sus Instalaciones de la Iniciativa Estrategia Aragonesa de Cambio Climático y Energías Limpias (EACCEL). Gobierno de Aragón Departamento de Medio Ambiente. Aragón, España.

124. AA.VV. (2011): Libro verde: Iluminemos el futuro acelerando el despliegue de tecnologías de iluminación innovadoras. Ed. Comisión Europea. Bruselas, Bélgica.

125. AA.VV. (2006): Guía técnica de iluminación eficiente. Sector residencial y terciario. Ed. Dirección General de Industria, Energía y Minas de la Comunidad de Madrid; Fundación de la Energía de la Comunidad de Madrid. Madrid, España.

126. Nardelli, A. ; Deuschle, E. ; Dalpaz de Azevedo, L. ; Novaes Pessoa, J. ; Ghisi; E. (2017): Assessment of light emitting diodes technology for general lighting: A critical review. Ed. Renewable and Sustainable Energy Reviews 75 (2017) 368 – 379.

127. AA.VV. (2015): Led en el Alumbrado, Madrid ahorra con energía. Ed. Dirección General de Industria, Energía y Minas de la Comunidad de Madrid; Fundación de la Energía de la Comunidad de Madrid. Madrid, España.

128. AA.VV. (2011): Guía práctica de la energía. Consumo eficiente y responsable. Ed. Instituto para la Diversificación y Ahorro de Energía (IDAE). Madrid, España.

129. Yarrow, J. (2008): 365 Soluciones para reducir tu huella de carbono. Minimiza el impacto de tus acciones en el medio ambiente. Ed. Blume. Barcelona, España.

130. Koomey, J. (2011): Growth in data center electricity use 2005 to 2010. Ed. A report by Analytics Press, completed at the request of The New York Times. Oakland, CA, USA.

131. AA.VV. (2010): Ashrae handbook refrigeration. Ed. American Society of Heating, Refrigerating and Air-Conditioning Engineers, Inc. Atlanta, USA.

132. AA.VV. (2013): Real Decreto 235/2013, de 5 de abril, por el que se aprueba el procedimiento básico para la certificación de la eficiencia energética de los edificios. Ed. Boletín Oficial Del Estado Núm. 89. Sec. I. Pág. 27548. Madrid, España.

133. AA.VV. (2010): Directiva 2010/31/UE del Parlamento Europeo y del Consejo de 19 de mayo de 2010 relativa a la eficiencia energética de los edificios (refundición). Ed. Diario Oficial de la Unión Europea L 153/13.

134. AA. VV. (2016): Comunicación de la Comisión al Parlamento Europeo, al Consejo, al Comité Económico y Social Europeo, al Comité de las Regiones y al Banco Europeo de Inversiones. Ed. Comisión Europea. Bruselas, Bélgica.

135. Lechner, N. (2001): Iluminación natural. Temas [T]tectonica-online. http://www.tectonica-online.com/temas/iluminacion/iluminacion-natural-norbert-lechner/26/. Madrid, España.

136. Boix, Oriol. (2004): Lámparas incandescentes http://recursos.citcea.upc.edu/llum/lamparas/lincan.html. Barcelona, España.

137. AA.VV. (2017): Guía de la compra responsable. Lámparas incandescentes, compactas, fluorescentes y LEDs. http://www.uncuma.coop/guiacompraresponsable/seccion5_7.html. Madrid, España.

138. AA.VV. (2009): Diario Oficial de la Unión Europea. L 285/10. 31.10.2009. Bruselas, Bélgica.

139. AA.VV. (2003): Arquitectura solar. Estrategias, visiones, conceptos. Detail, revista de arquitectura. Ed. Detail. Munich, Alemania.

140. Díaz P.; Peña, R. (2010): Energía solar térmica. Ed. Ediciones Robles. IMF Formación. CEU Universidad San Pablo. Madrid, España.

141. AA.VV. (2002): Energía solar térmica: Manual del arquitecto. Ed. Junta de Castilla y León-Consejería de Economía y Empleo. Ente Regional de la Energía De Castilla y León (EREN). Valladolid, España.

142. AA.VV. (2004): Energía solar fotovoltaica: Manual del arquitecto. Ed. Junta de Castilla y León-Consejería de Economía y Empleo. Ente Regional de la Energía De Castilla y León (EREN). Valladolid, España.

143. Martín, N.; Fernández, I. (2007): La envolvente fotovoltaica en la arquitectura. Criterios de diseño y aplicaciones. Ed. Reverté. Barcelona, España.

144. Sánchez González, J. C. (2009): Arquitectura solar en países tropicales emergentes. Tecnología solar Fotovoltaica, el escenario dominicano. Trabajo Diplomado de Estudios Avanzados (DEA). Escuela Técnica Superior de Arquitectura de Madrid (ETSAM). Madrid, España.

145. AA.VV. (2005): Arquitectura solar. Detail, revista de arquitectura 5 . Ed. Bilbao, España.

146. Cacciarini, M.; Skov, A.; Jevric, M.; Hansen, A.; Elm , J.; Kjaergaard, H.; Mikkelsen, K.; Nielsen, M. (2015): Towards solar energy storage in the photochromic dihydroazulene –vinylheptafulvene system. Chemistry – A European Journal. Volume 21, Issue 20, Version of Record online: 1 APR 2015.

147. AA.VV. (2008): Guía de rehabilitación energética de edificios de viviendas. Ed. Fenercom. Madrid, España.

148. Cuerda, E. et Neila, J. (2012): "Procedimiento de análisis y evaluación para la rehabilitación térmica de cerramientos de fachada en edificios residenciales. Caso de estudio en barrio Pinar del Rey, Madrid". Ponencia en congreso CONAMA (Congreso Nacional de Medio Ambiente) 2012. Madrid, España.

149. Capdevila, I.. ; Linares, E. ; Folch, R. (2012): Eficiencia energética en la rehabilitación de edificios. Guías técnicas de energía y medio ambiente. Ed. Fundación Gas Natural Fenosa. Barcelona, España.

150. Zaragoza-Fernández, S. ; Tarrío-Saavedra, J. ; Naya, S. ; López –Beceiro, J.; Álvarez – García, A. 2014. Rev. Fac. Nac. Minas Vol. 81, nº 186. Medellín, Jul/Ag. 2014.

4. Sobre sostenibilidad y medioambiente
About sustainability and environment

151. AA.VV.(2005): Guía de la energía solar. Ed. Madrid Solar; Obra Social Caja Madrid. Madrid, España

152. Rees, W. (2013): Concept of ecological footprint. Encyclopedia of biodiversity (Second Edition) 2013, Pages 701–713.

153. Wackernagel, M. and Rees, W. (1996): Our ecological footprint: reducing human impact on the earth. Ed. New Society Publishers. Gabriola Island, British Columbia, Canada.

154. Brooks, B. ; Larkin, D. (1997): Frank Lloyd Wright, Master Builder. Ed. Gustavo Gili. Barcelona, España.

155. AA.VV. (1987): Informe de la comisión mundial sobre el medio ambiente y el desarrollo. Organización Mundial de las Naciones Unidas. Nairobi. Fuente: http://www.un.org/es/comun/docs/?symbol=A/42/427.

156. AA.VV. (1992): Declaración de Rio sobre el medio ambiente y el desarrollo. Conferencia de las Naciones Unidas sobre el medio ambiente y el desarrollo. Organización Mundial De Las Naciones Unidas. Río De Janeiro. Fuente: http://www.cedaf.org.do/.

157. AA.VV. (2002): Informe de la cumbre mundial sobre desarrollo sostenible. Organización Mundial De Las Naciones Unidas. Johannesburgo. Fuente: http://www.un.org/es/comun/docs/?symbol=A/CONF.199/20.

158. Improving CO^2. (2010): Tecnology Centre Monsgstad. http://www.tcmda.com/en/About-TCM/

159. Pezzey, J.; Jotzo, F.; (2012): Tax-versus-trading and efficient revenue recycling as issues for greenhouse gas abatement. Journal of Environmental Economics and Management. Volume 64, Issue 2, September 2012, Pages 230-236.

160. Stiglitz, J.; Stern, N.; Duan, M. ; Edenhofer, O. ; Giraud, G.; Heal, G.; Lèbre la Rovere, E.; Morris, A.; Moyer, E. ; Pangestu, M.; Shukla, P.; Sokona, Y.; Winkler, H. (2017): Report of the High-Level Commission on Carbon Prices. Ed. Word Bank Group; Ademe; Ministère de la transition écologique et solidaire. Marrakech, Morocco.

161. AA.VV. (2012): www.eseficiencia.es. https://www.eseficiencia.es/2012/10/09/eeuu-estudia-imponer-un-impuesto-de-20-dolares-al. Madrid, España.

162. AA.VV. (2016): The EU emissions trading system (EU ETS). Ed. Publications office of the European Union. Luxembourg, Luxembourg.

163. AA.VV. (2012): Norma General No. 06-12 para la aplicación del impuesto por emisión de CO2 en vehículos de motor. Ed. Ministerio de Hacienda Dirección General De Impuestos Internos. Santo Domingo, República Dominicana.

164. AA.VV. (2012): Nota de prensa: la Sostenibilidad como motor de desarrollo vs barrera al progreso. El Estado de Nueva York aprueba una exención del IBI para los edificios sostenibles. Ed. Comunicados de prensa, SpainGBC. Madrid, España.

5. Sobre sistemas y energías renovables. About systems and renewable energy

165. Aguilar, F.J. ; Aledo , S. ; Quiles , P.V. 2017. Experimental analysis of an air conditioner powered by photovoltaic energy and supported by the

grid. Applied thermal engineering. Volume 123, August 2017, Pages 486-497.

166. AA.VV. 2011. Guía del frío solar. Ahorro y eficiencia energética con refrigeración solar. Ed. Dirección General de Industria, Energía y Minas de la Comunidad de Madrid. Fundación de la Energía de la Comunidad de Madrid. Madrid, España.

167. AA.VV. (Sin Fecha). FICHA+E-4 Refrigeración por Absorción y Adsorcion. http://www.medioambiente.jcyl.es/web/jcyl/MedioAmbiente/es/Plantilla100/1235465370192/_/_/_. Consejería de Fomento y Medio Ambiente de la Junta de Castilla y León Valladolid, España.

168. Santa Cruz, J. (2011): Viabilidad del aprovechamiento de las aguas residuales generadas en los edificios. Primer Informe. Dpto. de Tecnología de la Edificación. EU Arquitectura Técnica. Universidad Politécnica de Madrid. Cátedra Universidad-Empresa CMS. Madrid, España.

169. Dixon, A.; Butler , D.; Fewkes, A. (1999): Water saving potential of domestic water reuse systems using greywater and rainwater in combination. Water science and technology. Volume 39, Issue 5, 1999, Pages 25-32.

170. AA.VV. (2016): Guía Técnica de aprovechamiento de aguas pluviales en edificios. Ed. Aqua España 2016. Barcelona, España.

171. Al-Jayyousi, O. (2003): Greywater reuse: towards sustainable water management. Desalination I56 (2003) 18 l-l 92.

172. AA.VV. (2016): Guía técnica de recomendaciones para el reciclaje de aguas grises en edificios. Ed. Aqua España 2016. Barcelona, España.

173. Peña, R. 2010. Energía Eólica. Ed. Ediciones Roble. Madrid, España.

174. AA.VV. 2012. Guía Sobre Tecnología Minieólica. Ed. Fenercom. Madrid, España.

175. AA.VV. 2016. Global Wind Energy Outlook 2016. Ed. Global Wind Energy Council. Brussels, Belgium.

176. AA.VV. (2016): Sistemas automáticos de calefacción con biomasa en edificios y viviendas. Guía práctica. Ed. Dirección General de Industria, Energía y Minas de la Comunidad de Madrid, con apoyo del Programa Europeo Energía Inteligente. Madrid, España.

177. Alonso, J. (2010): Otras formas de energía. Volumen II: la biomasa. Ed. Ediciones Robles. IMF Formación. CEU Universidad San Pablo. Madrid, España.

6. Sobre edificios de consumo cero o casi cero: el concepto NZEB
About zero or nearly zero energy buildings: the concept nzeb

178. Wassouf, M. (2014): De la casa pasiva al estándar *passivhaus*. La arquitectura pasiva en climas cálidos. Ed. Gustavo Gili. Barcelona, España.

179. AA.VV. (2011): Guía del estándar *passivhaus*. Ed. Fenercom. Madrid, España.

180. AA.VV. (2014): Active for more comfort: Passive House. Ed. International passive house association. Darmstadt, Germany.

181. Solar Decathlon. https://www.solardecathlon.gov/ Solar Decathlon. U.S. Department of Energy

182. AA.VV. (2011): Solar Decathlon Europe 2010. Towards energy efficient buildings. Ed. 10 Action Project, Intelligent Energy Europe Program. Brussels, Belgium.

183. AA.VV. (2013): Solar Decathlon Europe 2012. Improving energy efficient buildings. Ed. Solar Decathlon Europe. Universidad Politécnica de Madrid. Madrid, España.

184. AA.VV. (2012): Early zero energy buildings definitions across europe. Ed. BPIE. Brussels, Belgium.

185. AA.VV. (2010): Directive 2010/30/EU of the European Parliament and of the Council of 19 May 2010 on the indication by labelling and standard product information of the consumption of energy and other resources by energy-related products. Official journal of the European Union. Volume 53, 18 June 2010. Ed. Publications office of the European Union. Luxembourg, Luxembourg.

186. AA.VV. (2010): Communication from the commission to the European Parliament, the Council, the European Economic and Social Committee and the Committee of the Regions. Analysis of options to move beyond 20% greenhouse gas emission reductions and assessing the risk of carbon leakage. Ed. European Commission. Brussels, Belgium.

187. AA.VV. (2020): Climate & Energy Package. https://ec.europa.eu/clima/policies/strategies/2020_en#tab-0-1

188. AA.VV. (2013): Green Paper. A 2030 framework for climate and energy policies. Ed. European Commission. Brussels, Belgium.

189. AA.VV. (2016): Recomendación UE 2016/1318 de la Comisión de 29 de julio de 2016 sobre las directrices para promover los edificios de consumo de energía casi nulo y las mejores prácticas para garantizar que antes de que finalice 2020 todos los edificios nuevos sean edificios de consumo de energía casi nulo. Ed. Diario Oficial de la Unión Europea. Bruselas, Bélgica.

190. Sartori, I.; Napolitano, A.; Voss, K. (2012): Net zero energy buildings: A consistent definition framework. Energy and Buildings 48 (2012) 220–232.

191. Rodriguez, E.; Rodriguez, S.; Voss, K.; Todorovic, M. (2014): Energy efficiency evaluation of zero energy houses. Energy and Buildings 83 (2014) 23–35.

192. Horizon 2020. The EU framework programme for research and innovation. https://ec.europa.eu/programmes/horizon2020/.

193. Competición de creación de empresas UPM, actúaupm. www.upm.es/investigacion/innovacion/CreacionEmpresa/Servicios/Competicion_Creacion_Empresas.

194. Musall, E. (2011): Net zero energy buildings - Definition and building concepts. Bergische Universität Wuppertal Department of Architecture – Building Physics and Technical Services; Prof. Dr.-Ing. Karsten Voss. Nullenergiegebäude – ein Begriff mit vielen Bedeutungen. detail green 1/12 2012 (1), Page 80–85.

195. Salom, J. ; Widén, J. ; Candanedo, J. ; Sartori, I. ; Voss, K. ; Marszal, A. (2011): Understanding net zero energy buildings: evaluation of load matching and grid interaction indicators. Proceedings Buildings Simulation 2011: 12th Conference of International Building Performance Simulation Association, Sydney, 14 – 16 November.

196. Marszal, A. ; Bourelle, J. ; Musall, E. ; Heiselberg, P. ; Gustavsen, A. ; Voss, K. (2010): Net zero energy buildings - calculation methodologies versus national building codes. Proceedings of EuroSun Conference 2010. Graz.

197. Voss, K.; Riley. M. (2009): IEA Joint Project: Towards Net Zero Energy Solar Buildings (NZEBs). SHC Task 40 ECBCS Annex 52. IEA Solar Heating & Cooling Programme - Task 40 and IEA Energy Conservation in Buildings and Community Systems Programme - Annex 52 Joint Project: Towards Net Zero Energy Solar Buildings.

198. National Laboratory / Assistant Al-Beaini, S. ; Borgeson, S. ; Coffey, B. ; Gregory, D. ; Konis, K. ; Scown, C. ; Simjanovic, J. ; Stanley, J. ; Strogen, B. ; Walker, I. (2010): Feasibility of Achieving a Zero-Net-Energy, Zero-Net-Cost Homes. Ed. Lawrence Berkeley Secretary for Energy Efficiency and Renewable Energy, Office of the Building Technologies Program, U.S. Department of Energy. California, USA.

199. Rodríguez, E.; Montero, C.; Porteros, M.; Vega, S.; Navarro, I.; Castillo M.; Matallanas, E.; Gutiérrez, A. (2014): Passive design strategies and performance of Net Energy Plus Houses. Energy and Buildings 83 (2014) 10–22.

200. Sartori, I. ; Napolitano, A. ; Marszal, A. ; Pless, S. ; Torcellini, P. ; Voss, K. (2010): Criteria fordefinition of net zero energy buildings. EuroSun Conference Graz, Austria.

201. Kurnitzki, J. ; Allard, F. ; Braham, D. ; Geoders, G. ; Heiselberg, P. ; Jagemar, L. ; Kosonen, R. ; Lebrun, J. ; Mazzarella, L. ; Railio, J. ; Seppänen, O. ; Schmidt, M. ; Virta, M. (2011): How to define nearly net zero energy buildings nZEB. REHVA Journal May 2011.

202. Torcellini, P.; SPless, S. ; Deru, M. (2006): Zero energy buildings: a critical look at the definition. Conference Paper to be presented at ACEEE Summer Study Pacific Grove, California August 14–18, 2006.

203. Khasreen, M.; Banfill, P.; Menzies, G. (2009): Life-cycle assessment and the environmental impact of buildings: a review. Sustainability 2009;1(3):674e701.

204. Zabalza, I.; Aranda, A. ; Scarpellini, S. (2009): Life cycle assessment in buildings: State-ofthe-art and simplified LCA methodology as a complement for building certification. Building and Environment 2009;44:2510e20.

205. Sartori I.; Hestnes AG. (2007): Energy use in the life-cycle of conventional and lowenergy buildings: a review article. Energy and Buildings 2007;39:249e57.

206. Biswas, W. (2014): Carbon footprint and embodied energy consumption assessment of building construction works in Western Australia. International Journal of Sustainable Built Environment (2014) 3, 179–186.

207. Kellenberger, D.; Althaus, H- J. (2009): Relevance of simplifications in LCA of building components. Building and Environment 2009;44:818e25.

208. Thormark, C. (2002): A low energy building in a life cycle e its embodied energy, energy need for operation and recycling potential. Building and Environment 2002;37:429e35.

www.ingramcontent.com/pod-product-compliance
Lightning Source LLC
Chambersburg PA
CBHW021342150726
47989CB00005B/2070